银行哲学大纲

欧阳卫民　著

人民出版社

自　序

在区（县）、市、省政府工作八年后，即 2019 年 10 月底，我又回到了老本行——银行业。感谢组织和领导的关心与信任！

回京半年时间里，中国和世界发生的最大事件，莫过于新冠肺炎疫情。一方面，大家为抗疫尽绵薄之力；另一方面，响应政府号召，居家隔离，保持社交距离，减少社交活动。于是，很多人有了更多的时间读书思考。据说，历史上，莎士比亚在黑死病疫情期间创作了《李尔王》，17 世纪牛顿在居家隔离期间构想出引力理论，普希金最伟大的一部分作品是在 1830 年封城期间完成的。《银行哲学大纲》这本书，是我在新冠肺炎疫情期间读书思考的结果。

1991 年，我从复旦大学毕业，一直在中国人民银行工作，经历过不同部门和不同岗位。2011 年到 2019 年，我离开了金融系统，但仍然联系和分管地方金融工作。现在干脆直接参与一家大型国有银行的经营管理了。几十年不间断学习、思考，摸爬滚打，比较借鉴，还是有些感触的。写出来，或许对同业学界、前浪后浪有启发。

这本书的特点是：第一，试图从哲学的角度解释、解剖银行及其业务，崇尚真理，力求发现一些带规律性的东西。第二，知行合一，相信实践出真知，相信理论指导实践、实践淬炼理论。既反对本本主义，也反对经验主义。书中的每一句话，差不多都在实践的熔炉里冶炼过。第三，原创。怎么想，怎么说，怎么干。老老实实办银行，规规矩矩做业务。从自己做起，从身边做起，从学术做起。第四，微言大义。尽可能将银行的道理讲清楚，讲透彻，同时直奔主题，言简意赅，不说或少说废话套话，不拐弯抹角，不搞穿靴戴帽、拖泥带水那一套。第五，有一定针对性。书中讲的道理，并不高深，都在辩证唯物主义和历史唯物主义认知范围内。但在现实中，包括学术界，王婆卖瓜式形而上学现象还是比较严重的，必须予以澄清。比如，片面理解和夸大金融功能，用军事语言描述金融市场，断定会计师掌控人类命运，中央银行玄乎其玄，等等。回归常识，看透、想透、讲透银行，需要从哲学层面入手。

　　互联网技术和语音输入软件，极大地解放了码字工，打通了人类意识流最后一公里。我是受益者之一。此外，这本书要感谢陈逸飞、蒋伟同志，他们在收集、整理、编排本书过程中付出了不少节假日。本书正式出版前，部分内容已由贾瑛瑛同志摘要、编辑、连载于《中国金融》杂志 2020 年 6 月以后各期，真的感谢她和杂志社，由于其推介，文章获得无数点赞。人民出版社曹春同志格外认真，为本书出版做了大量工作。

欧阳卫民

2020 年 10 月 1 日于北京

目　录

自　序 1

第一章　通论（上）...1
　　第一节　银行历史 1
　　第二节　银行体系 17
　　第三节　货币政策 30
　　第四节　银行与财政 33

第二章　通论（下）...39
　　第一节　银行信用 39
　　第二节　银行理念 48
　　第三节　银行未来 75
　　第四节　银行学说 81

第三章　货币与生息资本 88
　　第一节　货　币 88
　　第二节　资　本 105
　　第三节　利　息 120

第四章　负　债 127

　　第一节　综　论 127

　　第二节　存　款 132

　　第三节　债　券 136

　　第四节　政策性资金 140

　　第五节　资本金 141

　　第六节　巴塞尔协议 143

第五章　资　产 146

　　第一节　贷　款 146

　　第二节　评审授信 158

　　第三节　投资控股 167

　　第四节　抵押资产 171

　　第五节　不良资产 174

第六章　利率、金融市场 182

　　第一节　中国历史上的利率 182

　　第二节　利率一般论述 183

　　第三节　金融市场 193

第七章　客户与产品 199

　　第一节　企业客户 199

　　第二节　政府客户 207

　　第三节　客户维护 210

　　第四节　产品创新 218

　　第五节　融资模式创新例证 221

第八章 经营管理 229

　　第一节 规划管理 229

　　第二节 支付营运 232

　　第三节 统计会计 237

　　第四节 数据管理 248

　　第五节 后台支撑 252

第九章 国际金融 256

　　第一节 业务开发 256

　　第二节 债务控制 259

　　第三节 外汇经营 263

第十章 风险控制 269

　　第一节 银行监管 269

　　第二节 制度建设 280

　　第三节 合规审计 291

　　第四节 风险化解 296

第十一章 做一个真正的银行家 314

　　第一节 党管银行 314

　　第二节 取之有道 319

　　第三节 服务实体 324

　　第四节 其命维新 332

　　第五节 从业准则 335

　　第六节 成事在人 340

　　第七节 做一个伟大的银行家 360

第一章
通论（上）

关键词： 银行历史　银行体系　货币政策　银行与财政

第一节　银行历史

提要： 银行的人要学点历史。成功的银行的历史，是一部银行业的普遍原理与银行所处的具体环境相结合的历史，是具有自身特色的历史。银行既不是神、上帝，也不是鬼、妖怪。银行的诞生和最初的发展并不是一帆风顺的。银行的历史和习俗，应该是银行发展的基础和动力，只有与时代同呼吸、共命运的银行，与时代并行不悖的银行，才能经久不衰。

银行是个舶来品，钱庄、票号才是中国的土特产。乾隆时代中国的普通利息率，据说是百分之十二。股份公司，包括股份银行的出现，是资本主义生产方式的扬弃和进步。近代中国银行理论，是西方银行理论输入并初步植根中国的结果。新中国成立前28年的红色金融史可歌可泣。在计划经济年代，银行是政府的一个部门。中国改革开放前30年，金融组织和金融政策、管理，基本上遵循的是列宁制定的规则。银行作为公共簿记系统和金融资源市场分配者角色，拥有强大的功能和极大权力。"没有大银行，社会主义是不能实现的。"

只要碰了存、贷款等特许业务，叫不叫银行没有关系。不叫银行也是银行。只要允许一个机构做支付业务，存、贷款等业务的开展，是迟早的、必然的。一个支付清算系统不够强大的银行，是没有前途的银行。哲学本身追求的是全面与客观，然而，不同哲学派别的存在，证明这是一项极为艰巨、几乎不可能完成的任务。

学习银行史，有助于办好银行。历史让头脑更清醒，步子更稳健。以古鉴今，所以不惑。

银行的人要学点历史。历史是明灯，能洞察古今；是说客，能说服人；是源泉，能从中吸取智慧。历史就是我们的一切。不顾历史，就是不顾一切。

银行历史是银行哲学的实践史。反过来，银行哲学是银行历史的理论概括和规律总结。银行历史是银行哲学的注解，银行哲学是银行历史的精华和灵魂。

银行理论与银行历史相辅相成。银行的理论必须经得起银行历史的检验和印证，银行历史必须在银行理论的指导下进行梳理和总结。历史能产生和深化理论，理论能更好地把握历史及其规律。

成功的银行的历史是有特色的。成功的银行的历史，是一部银行业的普遍原理与银行所处的具体环境相结合的历史，是具有自身特色的历史。

银行历史是成就史与教训史的总和。银行的历史，不仅仅是银行的成就史，也是不良资产形成及其背后教训的历史。说成就，是为了增强银行员工的自信心、自豪感；说教训，是为了强化银行员工的忧患意识、危机意识。两方面都要认真总结，银行才能够行稳致远。

银行史像一面镜子。写银行历史，首先是真实。当然，真实存在的人和事未必都能入史，但入史的人和事必须真实。其次，以史为鉴，弘扬正气，彰扬道德。历史是故事，更是教育工具，是镜鉴。银行从小到大，从弱到强，是一部奋斗史，像家谱。"由贱而贵者耻言其先，由贫而富者不录其祖"（苏洵：《谱例》）要不得。早年弱小，并不可耻。中间坎坷，甚至出了大案、要案，也不能一死了之，要吸取教训，负重前行，从严治理，稳健经营。

银行成长像一棵树。银行，从无到有，从小到大，从弱到强，与一棵树的成长史并无区别。银行的历史和传统是土壤，国家法律和政策是阳光，客户的钱财是雨水。贫瘠的土地长不出大树，阳光不足的地方结不出好果，干涸的地方只有枯萎。

银行的诞生并非一帆风顺。银行的诞生和最初的发展并不是一帆风顺的。"外界的敌视很强烈。"金匠们非常嫉妒银行，典当业者在大肆咆哮。可以说，银行是在斗争中成长起来的，是在政府扶持和商人支持下发展起来的。

银行历史应该得到尊重。传统的、习俗的、宗教的、文化的，一切历史的东西，好像过眼烟云，已然无影无踪。事实上，现实中，无处不在，无时不有。它们像幽灵，出没在日常生活中、前进道路上。处理好历史与现实的关系，方可行稳致远。银行的历史和习俗，应该是银行发展的基础和动力，而不应该是经营管理过程中的障碍和负担。智者尊重历史，择善而从，与时俱进。既不能像中国古代某些人说的"天不变道亦不变",也不能像尼采那样"我不是人,我是炸药",或者"从掘墓人中产生我的灵魂"(桑德福斯:《尼采与希特勒》)。要慎用绝对化的概念和表述,有时这标志着狂热的偏见,僵化的意见和信念。

银行必须与时俱进。时空有时候是可以穿越的。有生活在现代的古人,也有生活在古代的现代人。是古人还是现代人,并不总是取决于其生卒年月。从思想史角度看,就是这样。同样,一家银行,是不是现代银行,并不取决于其大楼是否气派、行员的平均学历等有形的东西。而是取决于其经营之道,取决于银行经营管理的思想和理念。如果一家银行信奉的是乘人之危,巧取豪夺,那么,它的本质,不是银行,而是高利贷。它是一家名为银行,而实为高利贷的古代金融机构。相反,11 世纪中国的王安石,试图用免役钱替代劳役,他的想法和做法完全是现代式的。历史和实践证明,跟不上时代或超越时代,都将失败。只有与时代同呼吸、共命运的银行,与时代并行不悖的银行,才能经久不衰。

银行历史与逻辑同样重要。关于历史和经验的借鉴与启示的意义,人们论述、体悟甚多。关于理论和逻辑的作用,相对来说认识不够,甚至被嘲笑。或者说,比如银行,在年轻的行员面前,人们强调和炫耀的往往是经验和资历,而忽略、轻视年轻人掌握的理论的价值、逻辑推理的作用和意义。公元前 200 年,古希腊埃拉托色尼用最简单的方法和几何原理,测算了地球大小,与今天轨道卫星精准测量结果误差不到 1%。亚里士多德则从月食时地球会在月球表面上留下弧形阴影,推断出地球是圆的。显然,银行经营之道,不是非要全部彻底经历和实习一遍才能掌握的,有些是不言而喻的公理,有些是逻辑必然的道理,有些是尽人皆知的常识,有些是数字运算的结果。所以，银行哲学，既要善于从银行历史中发掘和总结真理，也要善于从银行理论和逻辑中推演规律。

基线对银行历史研究的启示。在天文学上，由于观测者位置的不同，导致前景天体相对于背景恒星的位置发生了改变，这种现象叫视差。越靠近观测者视差越大，换句话说，视差的大小与天体的距离成反比。小视差意味着该天体的距离非常远，相反，大视差表明天体的距离较近。在已知视差大小和基线长度的情形下，通过三角测量法容易得到天体的距离。谋划银行的未来，制定银行的规划、计划，类似测量天体距离。第一，要选取两个不同点观测，已知基线长度。第二，已知视差大小。两个观测点，一个是现在，一个是历史。基线即历史的跨度。历史研究跨度越大、越透彻，未来看得越清楚、越明白。

中国人不适合办银行吗？今天要取得一张银行牌照，是很难的，大家都想办银行。可是，在郑观应（1842—1922）写作《盛世危言》（1894）的年代，办银行还要人劝呢！这位把银行称之为"众人之总账房"的广东人，详细列明了创办银行的好处，讲解其如何利人利己，如何挽回国家利权。同时，批评了当时社会上流传的错误看法：认为中国人不具备办银行的信用环境，中国人情向多疑，咸有戒心，"始疑其不成，继疑其不稳，终疑其不能长久……决不肯轻易出借，亦不肯轻易借人之银"（卷七《银行》）。今天听上去像笑话，而当年就是这样子。观念的进步远比技术进步难。好在几年后，中国终于有了第一家中资银行，即盛宣怀办的中国通商银行。

艰难的本土化。外来文化进入中国，有一个本土化、中国化的过程。这个过程既是一个接收的过程，也是一个改造的过程；既是一个传播的过程，也是一个碰撞的过程。银行及其文化没有例外。银行是个舶来品，钱庄、票号才是中国的土特产。但 BANK 译成"银行"本身，体现了十足的中国传统。从第一家外资银行进入中国（1845年，丽如银行）到第一家中资银行（1897年，中国通商银行）的诞生，足足花了半个世纪！而且，也没有做到形神兼备，名副其实。"权归总董"，还是盛大人宣怀个人说了算。

银行不能"立于不贷之圃"。《庄子·天运》："古之至人，假道于仁，托宿于义，以游逍遥之虚，食于苟简之田，立于不贷之圃。逍遥，无为也；苟简，易养也；不贷，无出也。古者谓是采真之游。"文中"不贷"，一般解释为不施与、不宽恕，也有解释为不贷款的。从庄子所处的自然经济时代，即"男耕女织、自给自足"，同时，存在民间借贷活动，以及庄子志趣，即"吸风饮露、鼓腹而游、上若标枝、民若野鹿"两方面看，不贷，不出，有不参与借贷活动的意思。不过，这一点，庄子可以，至人可以，做银行的人不可以。银行是商品经济高度发展的结果，借贷是它的主业。自耕农可以而且应该、必须立于不贷之圃，银行则万万不可。银行不从事借贷活动，干什么呢？吃什么呢？

是不是银行关键在"做什么？"叫什么，远远没有做什么重要。西方人说，你不能凭书的封面，判断书的好坏。中国人说，人不可貌相。两者讲的是一个道理。企业叫什么，并不重要，重要的是，企业干什么。明目张胆，未经许可，挂银行的牌子，做银行的业务，除了傻，没有任何别的理由。而骗子和不法分子并不傻。他们往往打着创新的幌子，比如，金融信息技术公司、互联网金融公司、众筹、P2P等，做存贷款业务，搞非法集资，玩庞氏骗局。监管机构不能掩耳盗铃，自欺欺人，睁一眼闭一眼，以为没有挂银行的牌子，不是自己查处的对象，结果养虎为患，给贪婪而幼稚的投资者造成巨大的损失和伤害。这一点，我们甚至不如百余年前（1908 年）载泽的认识水平，不如大清《银行通行则例》的认识水平："凡开设店铺经营左列之事业，无论用何店名牌号，总称之为银行，皆有遵守本则例之义务，一、各种期票、汇票之贴现。二、短期折（拆）息。三、经理存款。四、放出款项。五、买卖生金生银。六、兑现银钱。七、代为收取公司、银行、商家所发票据。八、发行各种期票、汇票。九、发行市面通用银钱票。"可见，大清帝国都知道关心做什么，不关心叫什么。只要碰了存、贷款等特许业务，叫不叫银行没有关系。不叫银行也是银行。监管机构、司法机关有权力查处，有义务查处。否则，失职渎职，要反过来追究责任。

大清帝国《银行通行则例》的启示。晚清政府虽然很腐败、很无能，但它的《银行通行则例》却水平不低。1.通过报告和稽查，严格控制银行纸币发行，防止滥发。2.清晰界定银行经营权和监督权。银行有呈报之义务，政府有检查的权利。报告之外，"各项贸易事业，公家概不干预"。3.严惩监管腐败。"如官有藉端需索等情，准该行呈禀度支部查明，从严参办。"4.大清银行提供流动性支持。5.强调诚信。报告、布告，如有隐匿、作弊行为，要处以罚款（5—1000 两白银）。

政府在金融兴衰中的作用。经济学里有一个诺思悖论，即"国家的存在是经济增长的关键，然而国家又是人为经济衰退的根源"（道格拉斯·C.诺思：《经济史中结构与变迁》）。用中国的俗话说就是，"成也萧何，败也萧何"。因此，诺思悖论也可以称为萧何悖论。用这样一个悖论，来解释山西票号和江南的钱庄之兴衰也是合适的。山西票号因清政府的支持而兴旺，又因清政府的腐败而垮台。江南钱庄因当时政府放任私人生息资本满足市场需要而兴旺，又因国民政府管制、官僚资本的扩张、挤压而式微。

银行与票号、钱庄有本质区别。庄子说：名者，实之宾也。从票号、钱庄的退出，到近代银行的兴起，绝非换个称呼之简单。尽管做的事大同小异，但其组织框架、运作机制和理念差别很大，甚至有本质区别。这是银行史研究者不能不注意的。

钱庄的启示。钱庄早于银行存在，历经中国近现代而最终因社会主义改造，退出历史舞台。它的启示是明显的：1. 钱庄的全部业务，起源于支付结算。因此，只要允许一个机构做支付业务，存、贷款等业务的开展，是迟早的、必然的。2. 钱庄有其成功、持续的原因，也有其失败、退出的原因。1927 年前，钱庄以人际信用贷款为主，随着业务规模扩大，抵押比例不断提高。政府与钱庄的关系若即若离，井水不犯河水，钱庄因应市场变化而变化，以行业自律管理为主，一路顺风顺水。1927 年以后，政府视金融为钱袋子，银行不断挤压过来，钱庄日子每况愈下。3. 作为古老的自发的民间金融机构，在私有制没有消灭前，私有财产仍受法律保护的前提下，不管叫不叫钱庄，民间借贷活动都会存在甚至十分活跃，换句话说，钱庄能借"尸"比如说小额贷款公司、资金互助社等还"魂"，重现金融市场。4. 办钱庄的人，最初都是些经营煤、米、布等生活必需品的商人，体现了自然经济时代金融业的特点。外资银行进入后，钱庄通常向其拆借资金（7%），转放给商人（10%），体现了西方列强资本输出需要和中国半殖民地性质。5. 钱庄主要为商业资本服务，长缺（长期贷款）3—6 个月，浮缺（短期放款）即日拆。贷款期限短，反映了中国近代产业结构特征，即第二产业比重低。6. 钱庄的可靠性，一是建立在东家（股东）负的无限责任上；二是建立在东家与经营管理层的血缘、地缘、人缘等天然联系上。7. 钱庄源于支付清算，亦基于支付清算，由于清算功能的强大（汇划总会），扎差结算的推出，其功用"不啻是一个中央银行"（许涤新、吴承明：《中国资本主义发展史》）。这是钱庄能与银行长期（至少到 1933 年 1 月上海票据交易所成立前）并存的重要原因。一个支付清算系统不够强大的银行，是没有前途的银行。

近代中国银行理论（上）。近代中国银行理论，是西方银行理论输入并初步植根中国的结果。近代中国学者在西方银行理论宣介方面，功不可没。在本土化方面，也很努力，其成果构成了中国近代特有的银行理论。由于多数人有留学背景，视西方理论和做法为真理，因此，一方面批判现实，另一方面无可奈何。清政府不听他们的，国民政府也不听他们的。他们真心希望银行成为国民经济的心脏，而政府只想把银行当作赤字财政的帮凶，搜刮民财的工具。

近代中国银行理念（中）。从 1845 年英资丽如银行先后进入中国广州（代表处）、上海（分行）后，第一个提出办银行的中国人，居然是太平天国的洪仁玕（1859 年）！此后，朝野陆续有人提出类似主张。尽管半个世纪过去，中资银行才真正付诸行动。纵观近代中国历史文献，可圈可点的银行理念，包括但不限于以下几点：1. 肯定银行功能定位，而且相当形象。或总枢（郑观应）、或血脉（陈炽）、或心脏（陈家瓒）、或母鸡和新谷（孙中山论央行）。2. 肯定银行的巨大作用。或谓"商务之本莫切于银行"（郑观应），或谓"理财之道无他，善用银行而已"（康有为）。3. 倾向于民办。"坚商民之信，而利商业之用"（张謇）。4. 主张央行相对独立。"中央银行为一独立机关，不能与行政相浑"（谢霖等）。5. 调控利率但不宜频繁。"投机乃银行原则所悬为厉禁也"（梁启勋）。

近代中国银行理念（下）。南京国民政府建立后，可圈可点的银行思想，包括但不限于以下几点：1. 马寅初第一个宣介中央银行政策工具，特别是再贴现（1929 年，《中华银行论》）。2. 吴其祥等强调央行的独立性（1933 年，《中国银行制度》）。3. 余捷琼对银行资产负债比例控制比较关注（1937 年，《中国的新货币政策》）。4. 朱斯煌就银行经营出版专著，力求实现银行之道德（1939 年，《银行经营论》）。5. 刘泽霖鼓动银行国有，采用总分行制（1942 年，《银行国有论》）。6. 许涤新认为银行的买办性胜过钱庄，主张取消外资在华银行特权，大银行国有，小银行和地方银行不完全否定。

民国《银行法》的启示。 1931 年，民国政府颁布《银行法》，共五十一条。有几点启示，包括：1. 银行从事特许业务。涉及特许业务之一者，不管叫不叫银行，都视同银行管理监督。2. 资本金要求有地区差异，不搞一刀切。3. 银行业务分主营和附属两大部分，附属业务里有投资。4. 严格隔离借款人与股东，不允许股东掏空银行。5. 原则上银行不得从事信托业务。如有信托，必须分账管理。6. 单一客户贷款余额，不得超过银行资本金的 10%。防止把鸡蛋放在一个篮子里。7. 对银行不实记录和陈述、虚伪公告等"欺蒙"政府和公众行为不手软。

中华人民共和国成立前 28 年的红色金融史是伟大的。 从 1921 年中国共产党成立，到 1949 年中华人民共和国成立，28 年的红色金融为当代银行业留下了什么宝贵经验可资借鉴呢？1. 将马克思主义的普遍原理同中国实践、中国革命结合起来，开创了一条先在农村革命根据地建立银行，然后在全国建立统一的社会主义银行的道路。2. 坚持以人民为中心，无论是最早的（1928 年）海陆丰劳动银行，还是随后的赣西东固平民银行、江西工农银行、中华苏维埃共和国国家银行，无不体现银行鲜明的人民性。以陕甘宁边区银行为例，贫农贷款占比高达 92.49%，雇农占 5.56%。当时票子的背面印有"工农银行是劳苦群众自己的银行"，"我们工农既是银行的主人，应该拥护自己的银行，假如不信用银行票币，便是帮助了敌人的封锁，损害自己的利益"。正是因为人民性，苏区货币拥有非常巩固的群众基础，涌现很多感人的故事。3.党员干部带头。银行组建，缺资本金，党员干部带头或捐或借。4.保持币值稳定。毛主席当年就讲，这里必须充分注意，国家银行发行纸币，基本上应该根据国民经济发展的需要，单纯财政的需要只能放在次要的地位。苏区的纸币上印有，"驳兑现洋"，"一律通用，随时兑换"，"凭票即付银币"等字样。5.坚定地为经济发展和革命战争服务。成立信用社，打击和摆脱高利贷盘剥，支持农业生产。发行货币，吸收存款，发放贷款，一切为了革命战争的胜利和根据地人民生活的需要。当时发行的票子背面都印有政策宣传内容，有的印着"实行革命经济，冲破敌人经济封锁"，有的印上"发行票币是防止现金流出，活泼苏区金融，发展苏区生产事业，冲破敌人经济封锁的好办法"。6.在与国民党法币斗争中，形成了一套行之有效、弥足珍贵的做法，即把货币斗争同贸易斗争结合起来，把经济斗争同行政管理结合起来，把对敌斗争同人民群众利益保护结合起来。这些做法，放在今天国际货币斗争中，也富有启发。

计划经济时代的银行可有可无。在计划经济年代，银行是可有可无的。最初一些专业银行被撤销，并入人民银行。后来，人民银行分行也被撤销，并入省市财政局。分设各类银行，机构变得越来越庞大，网点变得越来越多，是改革开放以后随着市场经济规模不断扩大而出现的现象。

改革开放初期的中国银行体系。在沃尔克看来，改革开放初期，中国的银行体系是"原始的"，中央银行的概念还没有被很好地理解

（《坚定不移》作者中文版序）。其实，那时候中国的银行体系，是计划经济模式，不是什么原始的，而是计划的，并且，能满足当时经济对银行的简单的偶然的需要。

改革开放前30年银行政策制定遵循的是列宁规则。列宁专门拟写过《关于银行政策的提纲》，明确了社会主义银行建设的基本原则和政策，这就是：1.银行国有。银行是从事金融业务的统一的国有企业。2.一切货币贸易的周转集中于银行。3.银行是全社会会计的枢纽机构和统一的核算机构。4.银行存款不可侵犯。5.集中统一管理。地方无权制定金融规则和政策。可以说，中国改革开放前30年，金融组织和金融政策、管理，基本上遵循的是列宁制定的上述规则。

改革开放前30年中国金融制度和政策形成的缘由。1930年前后，斯大林领导全党进行信用改革，把列宁的一些想法变成了具体的实践，那就是，取消企业单位之间相互借贷的商业信用，把信贷业务集中于国家银行；合并多种信用机构，由国家银行统一办理短期信贷业务；成立专业银行负责办理基本建设拨款和长期贷款；对各单位规定了使用现金的范围和限额，大额交易的资金收付一律通过国家银行办理转账结算；企业流动资金的来源划分为自有资金和借入资金两部分，即财政拨款和银行贷款；农村信用合作社先改办国家银行业务，最后在1931年干脆并入国家银行，成为其分支机构。研究新中国金融史，必须明白这段历史，否则，难以理解改革开放前30年，中国金融制度和政策形成的缘由。

邓小平眼中的银行。任何事物，夸大或贬低，不是无知便是故意。19世纪，有人说，"从今以后，银行家要统治国家了"。今天，还有人通过美联储股权结构分析和货币发行制度描述，把美国总统等政治家们看作是银行家的马仔和傀儡。这是一个极端。另一个极端，有人习惯于贬低银行、诅咒银行、排斥银行，把银行当作财政的出纳、政府的金库、贪婪的高利贷者。两个极端都是错误的、有害的。客观评价银行，非常重要。1979 年前后，小平同志关于银行功能、定位的一番话很中肯："银行是现代经济的核心，银行要成为发展经济革新技术的杠杆，要把银行真正办成银行。"注意，银行是经济组织，不可能去领导国家。银行的作用，在助力经济发展和技术进步，是杠杆，资金杠杆。它对存款人负责，按市场经济原则经营，不是任何部门的附庸。

马克思眼中的银行。马克思说，银行制度，就其形式的组织和集中来说，是资本主义生产方式造成的最人为的和最发达的产物。因此，像英格兰银行这样的机构，对商业和工业拥有极大的权力，虽然商业和工业的现实运动仍然完全处在它的领域之外，而它对于他们的现实运动也是采取被动的态度。当然，银行制度同时也提供了社会范围的公共簿记和生产资料的公共分配的形式，但只是形式而已。马克思这段话，实际上告诉了我们，与分散的、小生产方式相比，资本主义生产方式是集中的、大规模生产。在这样一个生产方式下，银行作为公共簿记系统和金融资源市场分配者角色，拥有强大的功能和极大权力。

列宁眼中的银行。列宁在《帝国主义是资本主义的最高阶段》一书中指出，到了帝国主义阶段，随着工业生产集中和垄断的形成，银行也在大鱼吃小鱼的竞争中越来越集中，少数大银行垄断了整个金融业。这时银行就由普通的中介人变成万能的垄断者，他们支配着整个资本家和小业主的几乎全部货币资本，以及本国的和许多国家的大部分生产资料和原料来源，形成金融资本和掌握这种资本的金融寡头，控制全国的经济命脉，操纵国家的政治大权。或者说，银行变成了金融资本的中心和金融寡头的司令部，成了全部国民经济体系的神经中枢，集中了全国财富并在整个国家内进行分配。它的分支机构遍布各地，它是一个精巧而复杂的机构，所以，银行以及资本家的联盟准备了一个对产品的生产和分配过程实行社会调节的机构。但是，列宁并未因此把银行当作怪物看，更没有把银行当作风车斗。十月革命后，列宁明确指出："没有大银行，社会主义是不能实现的。"并且指出使它成为更巨大、更民主、更包罗万象的机构，成为"社会主义社会一种骨干"。银行的簿记、核算和分配功能，银行经营的产品即货币，实在是太强大了，太有意义了！乃至于最"左"的年代最"左"的人，对银行和货币的存在都无可奈何。

华尔街是走狗吗？ 贺敬之先生是新中国的颂扬者、共产党的讴歌者，同时，也是资本主义的唱衰者。他在《放歌集》中没有忘记批判华尔街："杜鲁门 / 满嘴白沫，华尔街的走狗们 / 翘起了 / 一千条尾巴。"众所周知，华尔街是美国金融资本的代名词，它必须效忠华盛顿，但同时，华盛顿决策也深受其影响。所以，严格说来，它既是走狗，也是主人队列里的人。

金融是不是累赘？ 自从美国次贷危机发生后，有人说，金融是现代社会的累赘，是危机的罪魁祸首。自古以来，人们一方面需要生息资本，另一方面谴责甚至痛恨它。尤其在危机出现后，百业凋敝，有人破产、有人失业的情况下，原有的资产缩减了，现在的生活艰辛了，未来的生活不确定了，人们将怨恨发泄到经营一般资产（金融资产）的金融业，是可以理解的，因为现代社会人们的资产主要表现为金融资产。但事实不应该这样，因为经济的繁荣与萧条，都不决定于银行等金融机构，它们的作用，最多表现在一定条件下的反作用。而对金融业，包括银行从业人员来说，经济繁荣时，不要盲目自负，自吹自擂；经济萧条时，也不必自暴自弃，过于自责。银行既不是神、上帝，也绝不是鬼、妖怪。

股份银行的意义。马克思对股份公司的成立，给予了充分的肯定。他说，生产规模惊人地扩大了，个人资本不可能建立的企业出现了，同时以前曾经是政府企业的那些企业，变成了社会的企业。那种本身建立在社会生产方式的基础上，并以生产资料和劳动力的社会集中为前提的资本，在这里直接取得了社会资本（即那些直接联合起来的个人资本）的形式，而与私人资本相对立，并且他的企业也表现为社会企业，而与私人企业相对立。这是作为私人财产的资本在资本主义生产方式本身范围内的扬弃。实际执行职能的资本家转化为单纯的经理，别人的资本的管理人，而资本所有者则转化为单纯的所有者，单纯的货币资本家。通俗地说，股份公司，包括股份银行的出现，是资本主义生产方式的扬弃和进步。由于股份化，中西方找到了结合点，纯国有和纯私有的结合点，资本主义和社会主义的中间地带。亦即马克思说的，明显地表现为通向一种新的生产形式的单纯过渡点。在这里，不难发现社会主义生产关系的基因和社会主义经济制度的曙光。

银行定义的变迁。不同时期，不同地方，对银行的定义是不同的。例如，1987年，美国国会的定义是，凡加入联邦存款保险公司的机构，都是银行。1991年后，美国金融从分业走向混业，银行几乎变成了金融百货公司。因此，很难再用特殊的经营范围定义银行了。不过，大多数学者仍然倾向于用存、贷、汇定义银行。

哲学本身追求的是全面与客观。然而，不同哲学派别的存在，证明这是一项极为艰巨、几乎不可能完成的任务。不同派别哲学的形成，正是因为其片面。例如，佛教讲善与恶，道教讲虚与实，基督教讲罪与赎。共产党哲学讲的是真与假。实事求是，是其活的灵魂。而事实上，我们在一些问题上，依然存在欠缺。例如，改革开放前，中国实行单一的、大一统的银行制度。据说是根据马克思、恩格斯起草的《共产党宣言》中的一句话，即，无产阶级夺取政权以后的一项重大措施，就是通过拥有国家资本和独享垄断权的国家银行，把信贷集中在国家手里。(刘鸿儒：《社会主义货币与银行问题》，1980 年版）的确，《共产党宣言》讲，无产阶级将利用自己的政治统治，一步一步地夺取资产阶级的全部资本，把一切生产工具集中在国家即组织成为统治阶级的无产阶级手里，并且尽可能快地增加生产力的总量。谈到具体措施时，《共产党宣言》明确讲的是，这些措施在不同的国家里当然会是不同的。但是，"最先进的国家"几乎都可以采取下面的措施。而"把信贷集中在国家手里"列在第 5 条。显然，这里讲的措施是有前提的，那就是"最先进的国家"。而新中国成立前后的中国是最先进的国家吗？即使经过 40 年改革开放，中国仍然是一个发展中国家，仍处于社会主义初级阶段，怎么能断章取义、囫囵吞枣呢？将自己的错误想法和做法甩锅到马克思、恩格斯那儿去呢？

通货、税制与民生（一）。通货膨胀，物价飞涨，民生凋敝，这是历史上常见的、人们也容易理解的现象。相对而言，通货紧缩如何导致民生疾苦不容易说清楚。例如，咸丰年间，"银价太昂，……真有日不聊生之势。"（《曾国藩全集·备陈民间疾苦疏》）怎么回事？原来咸丰期间，一石米约铜钱三千或银三两。由于税银本身及其数量政策不变，银价翻倍后，农民在以粮易钱换银过程中实际税负翻了倍。因此有日不聊生之势。

通货、税制与民生（二）。

假定税率不变，三者关系可以如下图所示：

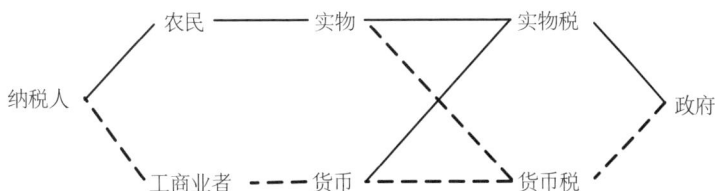

说明：

———— 第一种情况，实物税制下，货币对农民税负没有影响。

- - - - 第二种情况，货币税制下，货币升值，工商业者名义税负未变，但实际税负增加；反之，减少。

—— — —— 第三种情况，货币税制下，货币升值，农民实际税负相应增加，苏东坡、司马光、曾国藩等人指责的就是这种情况。他们替农民说话。货币贬值，农民税负相应减轻。

—— — —— 第四种情况，实物税制下，货币升值，工商业者名义税负没有变动，但实际税负减轻；反之，税负加重。

　　一部经济史，是自然经济与商品经济比重变化的历史，是货币权力不断上升的历史。在自然经济比重仍然很大的社会，农业税占税收比重仍然很大的社会，实行货币税，通货紧缩，铸币升值，对农民的伤害最大。所以，历史上批评声音最多。王安石等人之所以挨批评，就是因为伤害了农民的利益。而农民是古代中国政权的根基。

第二节　银行体系

　　提要：银行的基本业务、银行经络、银行系统、金融市场参与者。银行业是一个令人美慕的行业，同业竞争是相对的，行业垄断是绝对的。银行之间没有本质区别，全能的银行是没有的。银行之间的相互联系、竞争和冲突是同业工会、协会、学会产生的原因。

银行就像大海。国家政权不允许一业独大。没有比合法政府的承诺或一纸命令更好的资本金了。

存、贷款：银行的基本业务。
一、图示：

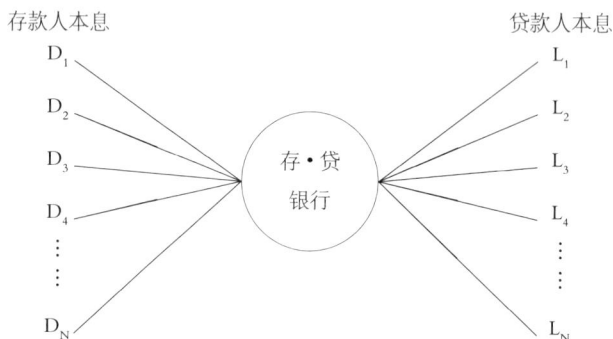

二、公式：

正常情况下，存款本息小于贷款本息

$$\sum_{i=1}^{n} D_i < \sum_{i=1}^{n} L_i$$

或：贷款本息减存款本息等于利息收入

$$\sum_{i=1}^{n} L_i - \sum_{i=1}^{n} D_i = I$$

三、说明：

（一）银行是存、贷款活动中介机构。

（二）存、贷款既是对立的，又是统一的。银行是总借款人（相对于存款人）和总贷款人（相对于借款人）的统一。客户是分散的存款人，也是分散的贷款人。

（三）正常情况下，贷款本息总和一定大于存款本息总和，其差等于银行的利息收入（I），利息是银行利润的主要来源。否则，银行将出现亏损。

汇款：银行经络（支付系统）。

一、图示：

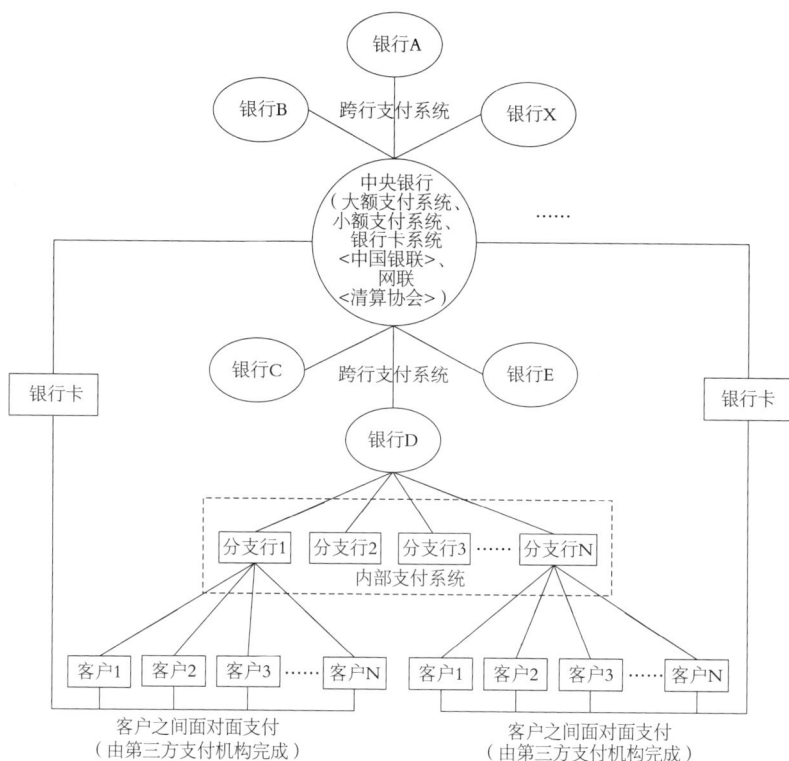

二、公式：

全额清算：银行系统汇出资金（RO）总和等于汇入资金（RI）总和。

$$\sum_{i=1}^{n} RO_i = \sum_{i=1}^{n} RI_i$$

汇划费（F）由汇出方支付，银行根据费率（R）按量收取。

$$\sum_{i=1}^{n} F_i = \sum_{i=1}^{n} E_i \times R$$

当费用超过一定量时，可能封顶，按笔（N）收取最高限额费。

$$\sum_{i=1}^{n} F_i = n \times F_{max}$$

扎差结算公式：银行汇出减汇入的差即结算金额。

$$\sum_{i=1}^{n} RO_i - \sum_{i=1}^{n} RI_i = \sum_{i=1}^{n} S_i$$

汇划费由央行清算系统按笔或量收取。

三、说明：

（一）所有的客户在银行都有账户，由银行内部支付系统和央行跨行支付系统联通。

（二）所有的账户都是资金的"家"和"旅馆"。

（三）总分行共享账户资源，所有账户由内部支付系统联通。（客户资金在同一家银行汇划，走的是该行的内部支付系统。由于资金并未离开该行，所以汇划往往是免费的。）

（四）跨行支付系统由央行建立、运维，一般实行扎差清算。所有银行都在央行开立账户，解决跨行支付问题。央行根据扎差结果，对各行账户数字做变更。

（五）客户之间的零售支付由第三方支付机构（如微信支付、支付宝等）完成，这些支付与银行卡绑定，通过清算协会"网联"跨卡清算，从而打通了支付"最后一公里"，方便了商家和消费者，同时账户和资金仍在各银行的掌控中，所以没有对银行形成"威胁"。

（六）全部资金踪迹都留在了支付系统。资金运动规律及其包括的经济意义都在里面。所以分析支付数据，能更加准确地掌握全国乃至世界经济状况和趋势，以及客户经济行为。

银行系统。
一、图示：

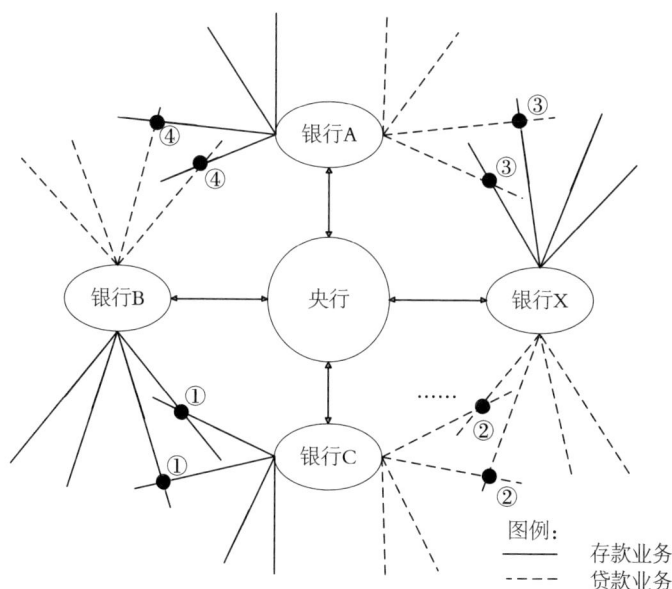

图例：　　
—— 存款业务　
---- 贷款业务

二、说明：

（一）银行像行星，央行像恒星，银行围绕央行运转。央行通过再贷款、再贴现、回购、清算等与银行发生关系。

（二）银行存款户可能交叉，从而产生存款市场竞争（情形①）；银行贷款户也可能交叉，从而产生信贷市场竞争。在信贷资源紧张情况下，可能产生寻租现象（情形②）。

（三）一个银行的贷款户成了另一个银行的存款户，这是信用创造的潜在形式（情形③）；一个银行的存款户成了另一个银行的贷款户，这是信用创造的实现形式（情形④）。

（四）客户出现在交叉点上的次数越多，说明客户对单一银行的忠诚度越低。反之，越高。

银行：金融市场参与者。

一、图示：

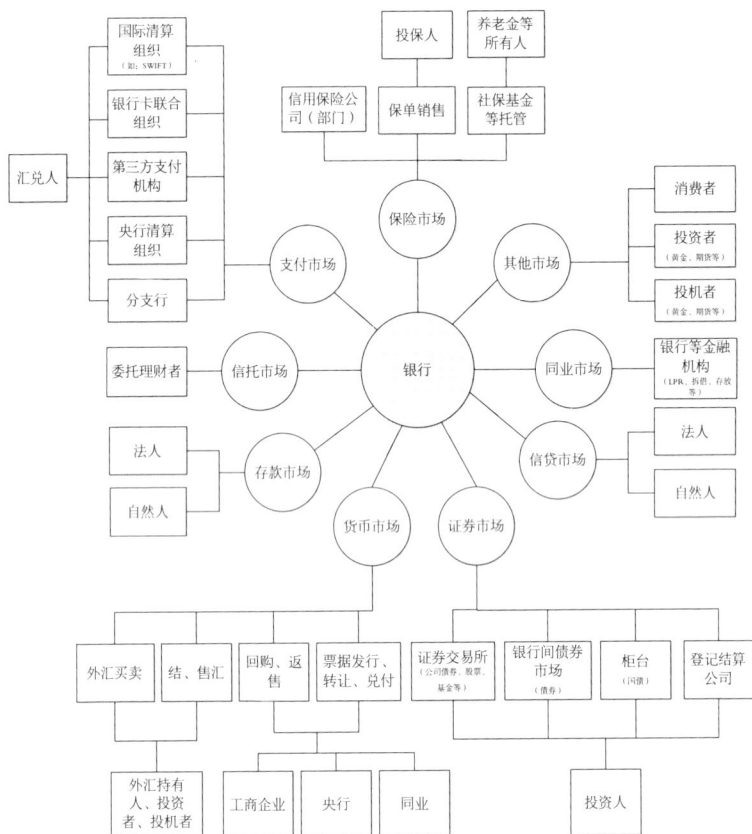

二、说明：

（一）银行是金融市场的重要参与者，其广度和深度均令人吃惊。

（二）银行通过金融市场服务不同身份的人：存款人、贷款人、投资者、投机者、投保人、汇划者、法人、自然人、同业等，并获取可观的利息和中间收入。

（三）银行不只是现代经济的核心，也是现代生活秩序的维系者。

银行业为什么令人羡慕？ 人的能力有大小，创造和拥有财富的能力有区别。银行并不创造任何具体财富，但却拥有抽象财富的支配权。因此，它成为一个令人羡慕的行业。

银行高收益、高收入状况， 存在多方面原因。比如，垄断，行业垄断，造成高收益、高收入。这是政策造成的，是特权，不可持久。再比如，处于生物链上端。这是产业分工造成的，是自然的、可持续的、难以改变的。又比如，假象，把负债当利润，把奢侈当实力，把高工资当业绩。这是犯罪，绝对不允许。最后，经济形势好，银行经营又稳健规范，银行业收入随着社会平均收入上升而水涨船高。这是正常的。

银行与银行系统的不同视角。 个体与整体是辩证统一的，银行和银行系统也是辩证统一的。从单一银行看问题，与从整个银行系统看问题，结论不一样。例如，中央银行等监管部门，通常从整个银行系统观察和思考问题，而各家商业银行就不这样，它只能而且必须从自己的银行角度去考虑生存与发展。因此，屡禁不止的现象会屡禁不止。

银行应该有边界。 有些银行的边界是很清晰的，另一些却不一定。例如，中央银行，有人将它描述为处于"政府和银行之间"的一种机构。（约翰·辛格顿：《20世纪的中央银行》）再如，开发性金融机构，有人将它描述为处于"政府与市场之间"的金融机构（陈元：《政府与市场之间：开发性金融的中国探索》）。

竞争与垄断的前提。在严格的银行持牌制度下，同业竞争是相对的，行业垄断是绝对的。

银行间不存在本质区别。银行的特殊性和优越感，源于其经营管理对象的特殊性、唯一性，即一般等价物。所有的实体企业，生产经营管理的对象，都是商品的使用价值。由于使用价值千差万别，从而形成形形色色的企业。而银行之间，除了名字不同，没有本质区别。

银行是相互联系的，又是各自独立的。每一间银行都是独立的：独立的法人，独立结算、核算框架内容，独立承担法律责任。银行又是相互联系的。这种联系不仅体现在同业市场上，也体现在行业声誉上，行业地位和权益上，共同的清算规则和平台上，同一经营物件（货币资本）上，甚至相互竞争和冲突上。这就是中央银行及银行同业工会、协会、学会产生的原因。

银行要处理好自身风险与同业风险的关系。做一个负责任的银行。银行不能有意将自身风险转移到同业去。牺牲声誉求稳定，辜负同业谋发展，这样的银行是走不远的。

银行要错位发展。找准定位，深耕细作。切忌人云亦云，亦步亦趋。全能的银行是没有的，正像全能的上帝不存在一样。

银行必须错位发展。例如，商业银行是普通企业和居民的银行；国家开发银行是中央政府的银行，中央企业的银行。服务国家战略需要，是国家开发银行的天职。

商业银行与政策性银行是有区别的。商业银行是企业和个人的银行；政策性银行是政府的银行、国家的银行。恪尽职守，坚守初心，对金融业同样重要！

认清特点，发挥特长。政策性银行和商业银行不一样。有特色的地方，往往有优势。扬长避短，才能更好地发挥作用。

理念是行动的先导。银行要走到前面，必须有先进的理念。我国仍处于并将长期处于社会主义初级阶段，就是说，开发空间还很大，开发时间还很长。所以，开发银行大有作为、任重道远。

更好发挥政策性金融作用。市场有优势，也有缺陷；政府有缺陷，也有优势。两手抓，两手都要硬。同理，商业性金融要发展，政策性金融也要发展。开发银行，体现的是国家意志，中央政府的意志，长远的意志，民主的意志，公共的意志。追求的是社会效益和经济效益高度统一。所以，中央要求"更好发挥政策性金融作用"是完全正确的。

开发银行的定位。开发银行是中央政府银行，是中央企业银行，是国家大型项目建设银行，是国际战略合作银行，是长期的、批发的、大规模信贷银行，是债券银行，是货币政策直接传导银行。对于商业银行的监管和经营指标，开发银行可以借鉴，但不能照搬照抄。

开发银行的初心、使命、职责、任务。 中国作为发展中国家的地位没有变，处于社会主义初级阶段的基本国情没有变，因此，开发性金融机构的使命和职责不会变。开发性金融，大有作为。

只要社会主义初级阶段没有跨越，发展中国家地位没有改变，国家开发银行的使命和初心就没有改变。

只要不平衡、不充分的矛盾没有解决，开发性金融的任务就没有完成。

银行的膨胀速度超过其实业集团。 在商品经济社会，一切都可以变成钱，变成存款，变成银行的借贷资本。所以，银行就像大海，海纳百川，借贷资本与日俱增，势不可挡。与此相比，生产资本的积累要困难得多，不仅有量的门槛，而且有生产力的天花板，生产周期的局限，业务的边界，市场的容量以及相对独立和封闭特点。由此也可以理解，所有开办银行的实业集团，为什么不久即被自己的银行远远甩在后面，有尾大不掉之叹，有分家出走之悲！

银行业比任何其他行业都容易赚钱，是由银行业所经营的产品的性质决定的。 银行经营的是货币资金，从事的是信用中介，按时间不间断地算取利息。任何别的行业必须劳逸结合，有时工作，有时休息，即利润或收益创造是间断的，非连续性的。按照每天 8 小时工作制，不考虑节假日，实业资本要付出 3 倍的努力，才能获取生息资本同样的回报。此外，其他任何行业的产品随着时间推移，会发生折旧，尘世价值日益消瘦。只有银行业的产品，不但没有折旧，相反，随着时间推移，钱生钱，利滚利，像雪球一样，越滚越大。

谨守银行经营范围。 不同的金融机构，就像不同的物种。各有千秋，相安共存。由于越位并多少得到监管机构的认同，"早期的银行业务被认为是对资产和负债实行谨慎管理，而现代的银行业务从事的主要是风险管理，即如何管理风险，同时保持较高的收益，充实所有者资本以及使之具有可行性。"（彼得・S. 罗斯：《商业银行管理》）实践证明，金融机构包括银行，贪多求全，忘了主责主业，是很危险的。换句话说，忘了精耕细作，必然陷入广种薄收状况，甚至因为鞭长莫及而失控，出现巨亏。

财务公司和信用社具有内部性。与银行不同，财务公司和信用社（真正意义上的信用社）由于其封闭性，而具有行业特点和固定服务对象。它们的目的，更多的是为了方便和节省内部资金成本。一旦它们摆脱隶属的企业或者合作社，走向社会，它们就与银行没有区别。人们很快会发现，它们"青出于蓝而胜于蓝"。它们的母体，无论资产、盈利能力、影响力，都远远不如它们。

分业经营的真正原因。美国罗斯福时代颁布的《格拉斯—斯蒂格尔法案》，将商业银行和投资银行分开，将证券业务和信贷业务分离。表面上看，这只是分业经营政策的确立。实际上，这是对金融资本特别是对银行资本操纵国家经济的能力的限制和打压，体现了国家政权对金融资本势力膨胀的担忧。银行作为债主和作为股东出现，它的影响力是完全不一样的，银行通过信贷还是通过投资，对企业的控制力也是完全不一样的。当投资权利从商业银行手中剥夺以后，银行就失去了公司法赋予的对实体经济的控制力。同时，投资银行即证券业离开商业银行母体后，它就像断奶的孩子。没有巨大的资金支持，它的投资能力和市场影响力也是有限的。无论什么年代，也不论哪个国家，国家政权都不允许一业独大。因为政府有责任，也有能力和手段，平衡各方势力，实现共同繁荣。

银行的组织形式可以多种多样。 与其他公司的组织形式一样，银行可以采取独资、合伙、有限责任、无限责任、股份公司等多种形式。历史上，中国的工商企业多以独资或者合伙的形式出现。票号、钱庄与银行的重要区别在组织形式上的不同。在自然经济占统治地位的年代，政府不可能颁布《公司法》之类的法规，明确股东的权利和义务，制定公司日常运作规则、对外收购兼并办法以及经营失败情况下清算破产程序等，甚至不可能有这样的想法。股份公司固然有其优势和能耐，但不能神化。比如，说股份公司是一种使其他一切形式都黯然失色的组织。以其财政力量，能征服整个世界。类似观点，既极端又狭隘。实践证明，国家或中央政府办银行，可以不要资本金，甭提募股了。政府的征税权和货币发行权足以确保银行信用。没有比合法政府的承诺或一纸命令更好的资本金了。何况与银行的负债总额相比，资本金最多算主妇做菜用的佐料，危难关头，起不了什么作用。所以，国有独资商业银行，一定要股份化，才能走出所谓困境的说法和做法，是令人怀疑的。此外，能相信少数大股东会比政府更好地维护中小投资人或存款人的利益吗？国家无法化解的不良资产，大股东神通广大能化解？总之，银行的组织形式不是只有"股份公司"一种。

同业市场的纯洁性。 一些银行资金多，贷款意愿低，热衷于体内循环，是贵族化的表现。另一些银行资金少，贷款冲动，盯上同业，滥用同业市场资格和信用，是骗子化的表现，它们像披着羊皮的狼出现在同业市场：以高收益率大量套取同业资金，或为其股东筹资，或贷款给高风险项目，或以并购形式转移资产。而拆出银行睁一眼闭一眼，利令智昏，直到自己的资金有去无还。所以，同业不纯，是银行风险频发并可能导致系统性风险的重要原因。

同业市场规范。 同业市场一定要加强管理，这是银行业的俱乐部、共济会，必须确保其纯洁性。一要加强资格管理，时刻保持警醒，清除害群之马。二要进行限额管理，不能无限制地拆借，要与资本金挂钩。三要重申用途，只能用于头寸调剂，临时周转，不能进行贷款或投资。四要实时监测，发现大量、频繁拆借行为，要深入调查，严肃处理，坚决制止。

税负对金融机构注册地选择有大的影响。金融企业在哪儿都是纳税大户，由于税种、税率、税负不同，金融企业往往选择税种少、税率低、税负轻的地方注册。这是离岸金融产生的关键原因，也是一般实体企业选择离岸注册的重要原因。其实，在岸，即在同一主权国家，不同城市也会对金融企业征税采取事实上不同的政策，以便吸引更多金融企业到本地注册。即使不能明目张胆地减税，也要变相退还部分已征税额或以奖励名义返还金融高管或抵扣部分税额。为什么要这样呢？因为地方可以获得更多金融企业税，金融高管可以少缴许多个人税，双方皆大欢喜。因此，注册地选择，的确与税收政策密切相关。"无论是离岸还是在岸，本文认为税收作为金融中心存在的理由是最重要的影响因素……没有人应该比应付税负支付更多的税款，纳税人有权选择金融中心作为减税的途径，但是纳税人无权逃税。"（希尔顿·迈克威尔：《离岸金融》）

银行像一支上战场的军队。有指挥（董事会、高管等），有先锋（规划评审放款部门），有垫后压阵（法规纪检监察审计），有后勤保障（资金政工后勤等部门），有打扫战场（处置不良资产的部门负责打扫战场）。呆账、坏账像死去的士兵，只能埋葬、封账。逾期、本息偿还困难的账，像受伤的士兵，要救。回收率就是存活率。

总分行。世界上的银行组织体系，有单行制，也有总分行制。

各有千秋，各有利弊。采用总分行制者，总行相当于大脑、指挥部。运筹帷幄，决胜于千里之外。晋代裴頠说："众之从上，犹水之居器也。"（《崇有论》）总行要有权威，分行要有执行力，总分行须高度一致。权威基于宏观视野和预判能力，执行力基于服从上级的自觉性和知行合一的应变能力。

总行和分行要分工，要有侧重。总行要管方向，管目标。要制定规划，确立基本原则。要释疑解惑，及时发布指导原则。要总结经验教训，推广经验，吸取教训。要营造比学赶超的氛围，鼓励先进，鞭策落后。分行要有执行力。同时，要创造性地工作，在实践中摸爬滚打，发现干部，培养干部，使用干部。上下一心，其利断金。

总行各部门分工不分家。各部门既要相互制衡，确保业务方向正确准确，审批程序合法合规；又要密切配合，确保成功。立行为公，分工协作。制衡不是掣肘，协作不是共犯。

第三节　货币政策

*提要：*不懂央行功能及其重要性的人，不懂银行和金融。中央银行的公正与无私，对金融市场的稳定与公平至关重要。"最适货币量"这个命题本身，误人子弟。控制物价，最重要的是控制货币供应量，主要是银行信贷规模。外汇被严格控制，是进一步开放的大障碍。

不懂央行功能及其重要性的人，不懂银行和金融。

中央银行的独立性，说到底，是物价稳定的重要性。

中央银行，业界戏称央妈。因为她有奶，即资金、货币源泉。

银行像一座座水库。一方面聚水，一方面放水。聚而不放，水库失去了意义。水库有调剂作用，银行也有类似功能。经济下行，要放水。反之，要落闸。

操纵市场最恶劣。然而，这在金融市场最常见。维护市场公平、公正，莫过于防范和打击操纵行为。操纵，可以左右价格，从中渔利，所以很难根绝。马克思讲，伦敦的最大资本势力，当然是英格兰银行。但它的半国家机关的地位，使它不可能用这样粗暴的方式来显示他的统治力量。尽管如此，它还是清楚地知道要用什么手段和方法来牟取私利，特别是从 1844 年银行法公布以来。中央银行是货币的源泉，是金融市场最有实力的机构，所以中央银行的公正与无私，对金融市场的稳定与公平至关重要。

最适货币量。自从有了货币，就有了通货膨胀（通货贬值）和通货紧缩。历史上，通货膨胀的时间、程度和频率，远远超过通货紧缩。所以，流通中多少货币合适或最适货币量问题，成为千百年来人们苦苦探索和计算的一个难题。亚当·斯密在《国富论》第二篇第二章中说："一国流通的货币，对于靠它而流通的货物的价值，究竟保持着什么比例，也许没有确定的可能。"马克思在《资本论》第一卷中探讨过货币流通量问题并给出了简单的计算公式，但难以操作，谁知道货币流通速度呢？其实，货币流通量是否合适，取决于货币供应量。而货币供应量是否合适，要看物价，看物价指数。所以，物价指数或者说物价目标，比如，年度 CPI < 3%，是中央银行货币投放和货币市场操作的一个重要参照指标，也是中央银行一定时期制定政策的重要依据。精准计算货币流通量，确保每一次货币投

放和回笼都分文不差是不可能的，也是不必要的，还是错误的。"最适货币量"这个命题本身，误人子弟。

物价控制。政府不是神，市场同样不是神。控制通货膨胀或者通货紧缩，没有什么高深的学问。从方程式的另一端看，就是控制物价。所以，物价指数是可以用来监测、指导通货膨胀控制。在中国，商品生产是方程式的一端，另一端是货币供应量，所以，控制物价，最重要的是控制货币供应量，主要是银行信贷规模。

外汇管制。人民币不能自由兑换，外汇被严格管制，是改革开放面临的最大障碍。自由贸易和自由投资是表面的，货币自由兑换、进出是实质性的。如果不能或不愿解决货币对外开放问题，贸易自由和投资自由是有限的。此外，一个国家的货币，如果不能经风雨、见世面，像商人一样奔波于世界，那么，货币当局的不自信是显而易见的。

香港货币发行局制面临的挑战。1983 年，香港实行联系汇率制度，规定港元与美元的按 7.75/7.85 固定汇率建立联系。它的优势，实践已证明。它的问题和潜在风险这里需要指出：港币与美元挂钩，而香港的贸易、投资、人员往来又与中国大陆日益密切，可以说，这一矛盾是联系汇率制度面临的最大挑战。

港币的可靠性。2020 年 2 月末，香港外汇储备超过 4000 亿美元，相当于其流通货币的 6 倍，但只占广义货币 M3 的 46%。可见，从发行准备角度看，是充分的、十足的，因而是可靠的。但从存款、金融资产变现和兑换美元的角度看，又是不足的。

第四节　银行与财政

提要：资金很乖，听主人的；资本很野，听市场的。财政是政府的大财务。货币也可以用于结构调整。信贷政策的公平与差异是一对矛盾。地方舍贷款而求诸债券，舍银行而求诸财政，回到改革开放初期，是退步的表现，未必是件好事。银行，到今天，在中国，仍然保留影子财政的特色。财政资金能更好地满足人们的占有欲，更受欢迎。资金当资本，财政越位做了银行；资本当资金，银行错位做了财政。二者都是错误的。

稳定靠财政，发展靠银行。财政是政府的大财务，银行是整个社会和经济主体的大财务。

资金的性质决定融资主体及其融资模式和功能定位的区别。财政、信贷、股权，性质不同，主体、模式、作用完全不同。

货币也可以用于结构调整。有人说，货币是总量政策工具，不适用于结构调整。而财政是结构性政策工具。其实，货币也可以用于结构调整。实践证明，扶贫贷款、助学贷款等，取得了显著成效。

财政为什么比银行更让人亲近？与借贷相比，贡和赐历史更长，人民更习惯，更喜欢。许多地方长官，千方百计把控财政，不习惯与银行打交道。在政府报告中，夸大财政的功能，忽略银行的作用。财政如数家珍，银行一知半解。

财政是经济发展的结果，银行是经济发展的动力。靠财政发展经济是错误的，也是不可能的，恰恰相反，财政靠经济发展。经济是因，财政是果，不能因果颠倒。发展经济靠金融，而且主要靠银行。眼睛盯着财政，眼里没有银行，不知道怎么跟银行打交道，这样的地方，经济是不可能发展起来的。

利用银行、财政资金反映不同的精神状态。 成天盼望上级政府转移支付，或热衷于乡贤捐款捐物，这样的地方这样的人，与懒汉乞丐没有本质区别。一个地方、一个人，一定要奋斗，要自力更生。向别人要钱与向银行借钱，体现的是不同精神状态。借钱创业体现的是积极作为，敢于担当；有本事有能力有想法有办法。当然，借而不还，又与骗子无异。

支持制造业，财政和金融要同时发力。 在中国，制造业三分天下有其一，占经济总量约30%，而其银行贷款余额仅占10%。银行不愿意给制造业贷款，原因之一是制造业不良贷款比率倍于平均水平。此外，因法律限制和其他原因，贷款期限过短，与生产周期不匹配，人为导致逾期多。制造业风险由银行一家承担，在市场经济条件下，是不可能的，也是不可持续的。怎么办？办法是财政发力，特别是税收政策方面，要向制造业倾斜。对其所得，要实行低税甚至免税政策，鼓励更多的人和资本去从事制造业。其他税种也要优惠制造业，鼓励更多的人和资本创造物质财富。制造业有利可图，银行更愿意助其发展。

信贷政策的公平与差异是一对矛盾。 信贷优惠政策，最重要的内容是利率或资金价格优惠。由于某些特殊原因，银行通常要实行差别信贷政策。这样矛盾就出来了：一方面，政策包括信贷政策的生命，在于一视同仁，在于公平；另一方面，在政府的倡导、鼓励、号召下，某类行业或企业享受更优惠的融资价格，例外的金融服务。不公平因此产生了。这种不公平现象产生的根本原因是，国有银行的利息收入或利润，是财政收入组成部分，而不是市场投资者的收入。所以，这种优惠与财政贴息并无本质差别。换句话说，银行，到今天，在中国，仍然保留影子财政的特色。如果民营银行或者上市银行也这样，它们扮演的角色，就不是影子财政，而是响应政府号召的捐款股东。

银行资金与财政资金性质不同。银行的资金，包括存款、贷款，是资金使用权的让渡。利息是使用权让渡的回报。还本付息是银行资金的本质特征。与银行资金不同，财政资金是资金所有权的让渡。无偿取得（税），无偿付出。所以，财政资金能更好地满足人们的占有欲，更受欢迎。当然，由于资金源自强制性无偿取得（税），所以它也会更遭人抵触和反感。由于存在还本付息要求，银行资金的使用者会产生内在压力。而财政资金的使用者最多能感受外部的监督。如果同时用于经济建设，财政资金的效益必然低下。所以，经济建设中来自银行的资金和来自财政的资金的比例不同，整个社会资金的使用效率和效益会出现差别，即财政资金占比越高的地方，社会资金使用效率和效益越低，政府比市场强势。

名债实股。股是股，债是债。股和债反映的经济关系以及承担的法律责任是完全不一样的。名股实债，名不副实；反过来，名债实股，同样欺世盗名。当然，可转换债是另一码事。第一，投资者有选择权；第二，有言在先，双方平等自愿。中国地方专项债券募集资金，届时要还本付息，与银行贷款没有太大的区别。利率低一点（2015—2019 年，平均发行成本 3.58%）但管理成本高一点，而且，债券从发行日始，全额计息，而贷款可根据用款计划分批分段计息。

地方舍贷款而求诸债券，舍银行而求诸财政，回到改革开放初期，是退步的表现。如果项目运作困难、失败，还不了贷款同样还不了债券投资者。而且偿还约束力更强，即刚性兑付，两级财政特别是中央财政只能兜底。何况，是中央财政（注意：不是投资人自愿选择；也不是地方政府强求）允许债券资金做资本金呢！中央财政兜底后，即多了一堆在地方形成的低效甚至无效的国有资产。2015—2019 年，平均发行期限 6.79 年，兜底是必然的。

银行贷款与地方债比较。从利率（3.57/4.9）、资金成本（均为 2）、资本占用成本（0.3/1.5）、费用（0/0.1）四项测算，地方债的收益空间 246BP，贷款收益空间 101BP，可见，银行投资地方债比自己放贷款获利空间还大。原因是，政府免征地方债利息所得税（25%）和增值税（6%）；再加上贷款风险权重规定为 100%，本金可能损失，而地方债风险权重规定为 20%，资本占用少，地方债自然有了吸引力，银行也乐意购买，不仅收益高，而且资产安全多了政府这层屏障。问题是，政府不为银行贷款担保，变成为银行债券投资担保，担保的事实并没有改变；地方专项债券靠免税获取优势，人为造成金融市场竞争不公平；财政介入微观经济活动，同时将银行挤出，一个越位，一个失责，资金效率和效益都会下降。

资金很乖，听主人的；资本很野，听市场的。财政的资金听财政部门的。它取之于民，用之于民；取之于无偿，用之于无偿。由于它的所有权会随着支付完成而发生不可逆的转移，所以财政可以做经济民生等领域结构性优化和调整，可以补短板强弱项。虽然资金使用过程中可能存在腐败风险，但大头始终在指定用途上。然而，资金一旦进入银行，性质立马改变，其本质上是资本。资本的逐利性，决定其必须听市场的，必然跟着实体经济利润指标走。试图阻止、查处资本自由流动，事实证明，无知无畏亦无效。利润随时随地在呼唤、吸引着更多的生息资本（贷款）。对资本来说，利润的魅力是无限的，可以生死相许。父母之命媒妁之言有前提，即风险由指定者承担，银行只是经手人。在这种情况下，资本的性质改变了，即变成了类财政，变回了纯粹的资金。所以，试图做结构调整的中央银行和监管部门，与幻想拿财政资金搞有偿投资的财政部门，是同样可笑的，迟早要露馅的。财政管资金分配，有去无还，至少去多还少；银行管资本，有借有还，借少还多，再借不难。资金当资本，财政越位做了银行；资本当资金，银行错位做了财政。二者都是错误的。恪尽职守，不忘初心，对双方都是一个提醒。地方政府和市场主体很快会发现，它们对投资性质的财政资金的兴趣，不会比类财政的银行专项贷款更大！凯恩斯的办法，赤字财政，政府主动，扩大的是政府开支、公共消费，增加的是就业岗位、有效需求，绝不是让政府做生意，搞经营，赚利润。一句话，凯恩斯鼓励政府拿出的，是资金不是资本，是消费不是投资，是公私部门结构调整不是货币总量扩张，是创造就业不是与民争利，是赤字提高不是物价上升通货膨胀。中国要走市场经济道路，回到财政主导经济发展，回到改革开放初期，是有问题的。同样，通过规定较高的存款准备金率，将商业银行的存款变为中央银行的专项再贷款来源，实现所谓定向扶植、结构调整，也是徒劳无功的。换句话说，将无偿资金有偿化和将有偿资金无偿化同样错误。财政、央行必须做自己该做的事。况且，是经济决定财政、金融，而不是相反。财政、金融只有反作用，而且是有限的。降税、降息，才是正道。扩大公共消费，维护社会信用，才是办法。地方和市场主体并不缺钱，所以，专项债也好，专项贷款也好，不要过高评估自己。对市场主体而言，本事、创新、拳头产品、市场、营商环境比资金重要得多。对地方政府而言，简政、放权和部委信任比资金重要得多。财政不要只想做"好人"（加大投资），不想做"坏人"（提高赤字率）。银行也不要只想做"好人"（稳定物价），不想做"坏人"（提高通胀率）。赤字货币化，无异于财政让央行做"坏人"；维持甚至提高税费率，弥补赤字，无异于央行让财政做"坏人"。二者必须以大局为重，在减税、让利上下功夫，共克时艰，共渡难关。经济问题，最终取决于企业竞争力提升，取决于市场拓展，而不是财政、金融。

第二章

通论（下）

关键词：银行信用　银行理念　银行未来　银行学说

第一节　银行信用

提要：信用是银行的生命，银行家经营的是信用本身。守信，与银行打交道很简单；失信，与银行打交道很艰难。银行不是一口永不枯竭的井。银行要人相信，也要相信人。不良率、核销率、回收率，管信贷资产生命全周期、管信用轮回。客户的信用在人品和口碑上。中国政府是一个讲信用的政府。P2P的失败是必然的。

人无信不立。银行是跟立信的人打交道的。

讲信用，才能获得银行信用；不讲信用，很难得到信用。

守信，与银行打交道很简单；失信，与银行打交道很艰难。

穷人比富人更珍惜信用。很多穷人，因为坚守道德底线，不屑于为富不仁。

银行是媒婆。脱媒是异想天开，不懂历史的表现。

银行要人相信，也要相信人。银行在存款人面前，表现出绝对可靠可信，而在贷款人面前，却顾虑重重。

银行是信誉极高的媒婆。就这样，仍需要严厉的监管。那些脱离监管的信用中介，自以为创新的互联网金融、P2P，完全是骗人的把戏。

银行业是信用行业，信用是银行的生命。而声誉是银行信用的重要组成部分，即道德伦理方面信用。

银行，是"绝对信用"的机构化、具体化和形象化。银行做的是票子业务，但面子比票子还重要。维护银行的公众形象，是每一个银行人的义务、职业道德。银行的面子没了或者说声誉扫地，它的命根子就没了，死期也就到了。

银行的信用应该比主权信用还高，政权政府可以更替，而银行的存款和贷款，不能打水漂。

社会信用环境越好，银行工作越轻松；坑蒙拐骗越多，银行面对的外部环境越凶险。

客户的信用不在报表上，在人品和口碑上。报表可以做假，人品和口碑做不了假。

银行是信用机构。信用是银行的生命。有些国家动不动冻结别人的财产，这是拿信用在开玩笑。短期看有一定的威慑力，长期看是自我伤害，是自残行为。

银行具有信用创造能力，包括背书，尽管它创造出来的是虚拟资本，但却能给银行带来实实在在的利润，这是银行炼金术秘诀之一。

法定代表人的信用。法定代表人的人品、声誉、能力，比公司的资产负债表、损益表、抵押物重要得多。不懂这一点的人不懂"现代信用"。

金融业是信用行业。金融业即经营信用的行业。信用不仅包括贷款，也包括票据、股票、债券等。贷款、票据、股票、债券等，都是信用工具，不是别的什么东西。而一个人实际拥有的或公众认为他拥有的资本本身，只是成为信用这个上层建筑的基础。不管以存款的形式，还是以投资的形式出现。

银行的根本是信用，银行的生命是守信。旧中国有个叫陈光甫的银行家说："银行业务之两大原则，即在受信与授信。本身无信用，固无资格受托社会之资金。顾客无信任，更不可与其往来。信用实为金融界之原动力。"（上海商业储蓄银行编印：《陈光甫先生言论集》）银行是信用中介。仁、义、礼、智、信，对银行来说，信是第一位的。

全面、准确衡量信贷质量和社会信用状况。仅以不良率衡量信贷质量和社会信用等级是不够的，甚至是片面的。必须综合贷款不良率、核销率和回收率三个指标三个维度，才能正确评价信贷质量和社会信用状况。不良率低并不完全等于社会信用好，信贷质量高。因为不良率既是衡量信贷质量和社会信用状况的一个指标，也是银行处置风险资产，将表内业务向表外转移的人为结果，所以，它是片面的和不够的。核销率可以反映风险信贷资产处置以前的状况，核销率高的地方，说明过去的信贷质量较差，社会信用不高。回收率可以说明信贷资产未来管理状况。回收率高，说明信贷资产管理水平较高，一个地方社会信用在好转，相反，管理水平较差，社会信用状况没有得到改善。不良率、核销率、回收率，管信贷资产生命全周期、管信用轮回。

信用中介是永恒的职业。自由恋爱与"父母之命，媒妁之言"相比，有它的好处，但也有它的坏处。随机性更大，而匹配度更低，上当受骗更容易，第三方信用保证缺乏，因此，离婚率比较高。同理，银行在存、贷款双方间充当了媒婆角色，信用中介角色。银行的本质是信用，双方的绝对信用。这是存款人把钱放在银行的前提条件，也是银行对不良贷款穷追不舍的原因，拨备核销封存的原因。所谓互联网金融，异想天开，试图摆脱银行，摆脱中介，由资金供求双方在网上自由借贷。不知信用是根本，确保信用是关键。银行专司信用业务，仍然防不胜防，存在大量不良资产。互联网的信用谁来保证呢？谁来监管呢？怎么追溯呢？而保证、监管、追索难道不需要费用吗？所以，金融脱媒论很荒唐很幼稚，银行的人大可不必为此焦虑。

发挥两种信用的协同效应。过去企业数量少，银行对客户贷前调查详尽一些是可能的，随着市场主体越来越多，比如，现在中国企业数量近 4000 万户，银行要对每一个客户全面细致了解并跟踪，几乎是不可能的。贷前调查、贷中关注、贷后跟踪，变得越来越困难。银行一对多，而且，这么多的企业在不断变化，市场和企业经营形势在变化，银行要及时准确了解企业，调整信贷，越来越困难了。因此，银行要与时俱进，将银行信用与商业信用结合起来，并利用商业信用，以点带面，扩大信用。换句话说，大银行可以利用中小银行转贷款，也可以利用大的龙头企业、核心企业、总部企业对其关联企业进行转贷款。将银行信用转变为商业信用，是现代银行必须采取的一大策略。这样做，银行的经营成本会显著下降，相应地，企业融资成本也会跟着下降，而银行信用结构因为商业信用加入比单打独斗时更加牢固。这样做，对资金量大，而行员较少、分支机构较少的银行尤其合适。当然，两种信用结合、转换也会有风险，但是，风险出现以后，处置起来比单纯的银行信用，手段要多，效果又好，也更自然。由于在同一供应链、产业链上，货款容易被用来抵扣贷款。如果仍不足以抵扣，形成了坏账，那么，债权也容易转变为股权，并且在这样一个转变过程中，十分自然，相当于企业间兼并和收购了。

银行必须讲原则。银行不能学基督徒，人家打你的左脸，不但不还手，还把右脸伸过去。也不能学佛教徒，抠掉左眼给人，再抠右眼。或者，以身饲虎。对于不守信的客户，银行要讲原则，要学学威尼斯商人，要冷血一点。信用是银行的生命，契约精神是商品经济的灵魂。人家要你的命，你不能无动于衷。

信用保险要真正精算。银行信用保险要不要赚钱？当然要。问题是赚得太多，比如，交了23亿美元的保费，但累计获赔才1.7亿美元。信用保险公司赚得是不是太多了？回答是肯定的。保险是一个薄利多销的行业。赚钱越多、越狠，实际上，越没有前途。

为什么信用保险比例偏低？ 有贷款企业的原因，比如，融资成本因素。更有信用保险公司自身的原因，比如，赔偿条款苛刻，理赔慢，一些做法不近人情。信用保险公司的工作重点，应该是与投保人一道共同防范和降低风险，而不是与投保人理论和对立。三十六计，走为上计。如果投保人总是吃亏，不爽，没有什么好处，投保人就不会再投保，信用保险市场也就无法拓展。

欧式定律。中国政府是一个讲信用的政府。这不仅表现在中央政府身上，也表现在各级地方政府身上。棚改贷款、扶贫贷款、专项建设贷款的不良率远远低于业界贷款不良率平均水平。与政府相比，民营企业信用建设道路还很漫长。尤其是走出去的民营企业，信用风险非常大。几粒老鼠屎，坏了一锅汤，是民企融资难一个重要原因。换句话说，越讲信用，越容易获得信任；越不讲信用，越难获得信用。一个企业讲信用，同类受其赐；一个企业不讲信用，同类受其害。这个现象，可以叫欧氏定律。

人品即信用。依据各种经济指标，对一个国家或地区进行风险评估固然重要。但是，一个国家或地区的文化、历史、资源乃至性格也很重要。评价一个地方，固然要看硬实力，也要看软实力；既要看有形的一面，又要看无形的一面。有时候无形的一面更重要。就现代信用而言，更注重对人的信用，即对人的品性和潜能的信用。

非法集资和庞氏骗局。马克思讲信用冒险家一段话，让我想起当代非法集资或庞氏骗局的情形。他说，到处奔波的信用冒险家使国家陷入不安。他们能够支付高额利息，因为他们是从他人的钱袋掏出钱来支付的（而与此同时，也就参与决定对一切人适用的利息率），并且在此期间，靠预计中的利润，过着阔绰的生活。同时，正是这种情况能够给工厂主等提供实际上极为有利的营业。回流由于这种借贷制度而变得完全不可靠了。事实证明，非法集资或 P2P 爆雷后，资金清偿率极低，参与者损失惨重，社会稳定压力大。

P2P与非法集资。马克思对银行的论述既通俗又深刻，他说，银行家把借贷货币资本大量集中在自己手中，以致与产业资本家和商业资本家相对立的，不是单个的贷出者，而是作为所有贷出者的代表的银行家，银行家成了货币资本的总管理人。另外，由于他们为整个商业界借款，他们也把借入者集中起来，与所有贷出者相对立。银行一方面代表货币资本的集中，贷出者的集中，另一方面代表借入者的集中。银行的利润一般地说在于：它们借入时的利息率低于贷出时的利息率。即息差。P2P的错误在于，逆信用集中潮流而动，幻想利用互联网技术将借入者和贷出者直接挂钩，实现所谓脱媒，去中介化。不知道银行身份集中的同时，也是信用的集中，不知道银行成功的秘密和关键在于绝对信用。"银行家经营的是信用本身。"P2P将两个陌生人，通过网络连在一起，他们之间的信用谁来保证呢？所以，它不可能成为可靠的可持续的商业模式。它的失败是必然的。何况有人假借这种模式，行非法集资之实，干庞氏骗局之勾当。

P2P只能是信息中介，而不是信用中介。虽然都是中介，但性质完全不一样，正像媒婆不是新娘一样。P2P做信用中介，完全是无牌经营，浑水摸鱼，以假乱真，其后果与危害极大，必须坚决清退，斩草除根。

银行信用通常最受企业欢迎。由于商业信用、银行信用、货币信用高度发达和便利。"每一个工厂主或商人个人无需握有巨额的准备资本，也不必依赖现实的资本回流。"（马克思）在比较债券发行和银行贷款优劣时，一些人只看到利率的差别。殊不知，项目投资或者工厂主使用资金的方式，通常是渐进的，根据需要确定的。回收资金也是渐进的，根据市场销售状况确定的。资金不是大进大出，或集中进出，像暴饮暴食似的。因此，银行信用方式往往最受实业界欢迎。况且，即使贷款利率高于债券利率，最终支付的利息总额，因为财务安排更为合理也未必更多。

债务奴隶。杀人偿命，欠债还钱，天经地义。可是，还不了怎么办？在古代，卖身为奴是一种方式。尽管政府并不提倡，甚至禁止。如梭伦立法中的"解负令"，即强制取消一切债务。古埃及博克贺利斯法典明文禁止债务奴隶制。《摩奴法典》对利率设有60%的上限（张寿民：《外国经济法制史》）。虽然因债为奴有些过分，毕竟自由是人生最宝贵的财富。高利贷亦十分可恶，理当设法限制。但也说明，古人讲信用，还不了债，卖身在所不惜。人无信不立，自由和诚信都是社会稳定、繁荣的根基。

"拉俄墨冬现象"在银行几乎不存在。拉俄墨冬是希腊神话中非常有名的无赖，当两位大神给他干完活后结算工钱时，他居然耍赖拒付。当然，按照邪不压正原理，神话给他和他的家人安排的下场非常惨。在当代中国，这种现象叫"欠薪"，每年因此而引起的劳资纠纷、群体上访、恶性事件不少，政府整治力度也在加大。在经济金融学中，欠薪可以叫"拉俄墨冬现象"。所有的行业都可能出现这种现象，除了金融业。因为金融机构职员工资付不了，意味着该机构声誉扫地，被同业彻底抛弃，被市场坚决拒绝，比倒闭还严重。金融业特别是银行是唯一能够以新的负债不断掩盖、延缓支付危机的合法机构。一般企业负债倍率远远低于银行。银行即使破产了，薪水支付仍然没有问题。首先，与巨额窟窿相比，工资不足挂齿。其次，一旦欠薪，谁还再敢给它存款、拆借……提供源源不断的资金呢？所以，按期足额支付薪水也是不良银行苟延残喘、制造假象的手段！一般企业发不出工资，经营肯定难以为继；而银行足额支付工资，经营未必没有问题。

社会信用破坏后成本上升。企业或个人用破产的办法赖掉债务，例如，逃废银行贷款，与流氓地痞没有本质区别。因为，他们一样破坏了社会信用，使彼此防备到了极点，经济交往或社会交往的成本迅速提升。

失信应该受罚。欠债还钱，天经地义。《史记·高祖本纪》："与父老约，法三章耳；杀人者死，伤人及盗抵罪。"盗，要判罪。企业借债不还，老板照旧过着奢侈生活，与"盗"相比，有过之而无不及，怎么能放任不管呢？现在某些法律规定就是这样：个人失信，要录入征信系统，限制消费和其他权力。个人注册一个有限责任公司，当法定代表人，做老板，向银行贷款，掏空企业，过奢侈生活，不还本息，没事。即使银行起诉，得诉讼赢得诉讼，银行要将被告人法人代表、主要责任人、明显转移资产的人，录入失信名单，居然做不到：第一，要取得当事企业授权；第二，法院只执行到法人，不执行到法定代表人。这样，个人欠点小钱，寸步难行；而个人注册企业，以公司名义欠大钱，倒毫发无损。真是大盗窃银行，小盗窃钩，窃银行者无事，窃钩者受罚，很不公平。国有企业、政府项目，资产负债与法定代表人的确没有所有权意义上的关系，充其量他们是代理人、管理者。法人和法定代表人要分开，法定代表人不应该承担法人债务拖欠责任和惩戒。而个人办的公司和企业，全资或控股，法人欠债与法定代表人本人欠债并没有本质上区别。因此，应该承担责任，受到惩戒，应该录入征信系统。至少债权银行应建立内部征信系统和内部黑名单。

贷款难、融资难或银行信用的有限性。贷款难、融资难，是一个世界性的话题，也是一个长期存在的问题。但是，只要了解银行信用并非无限，银行不是一口永不枯竭的井，这个问题就不是问题了。关于这一点，200 年前，亚当·斯密在《国富论》第二篇第二章中讲得很清楚。他说，对于各种事业，苏格兰"银行的帮助已经是尽了全力了"，"它们只能办到这样"，不幸，逐利常情，得陇望蜀，商人们、企业家们还以为不足，"他们以为银行信用事业可任意推广"，推广银行信用事业，除了添少数纸张费以外，用不着增添什么费用。他们埋怨银行理事先生们眼光狭小、态度畏葸。他们说，银行信用事业还没有扩充到和国内各种事业的扩充相称的程度。他们所谓事业推广，很明白，是指把事业推广到超过他们自己的资本，或能够凭借抵押品向私人借贷的资本所能经营的范围。"他们以为，他们短少的资本，银行有设法供给的义务。他们觉得，他们所希望得到的全部资本，银行是义当供给的。"他们似乎认为银行按照他们所希望的借款期限和借款利息借给他们资金，乃是银行的义务。但银行方面的意见不同。银行的贷款必须考虑收益和安全，必须是有效供给。银行的信用不能膨胀，膨胀到物价飞涨、社会动荡。也不能不对存款人负责，膨胀出一大堆烂资产，乃至出现存款兑付危机。

第二节　银行理念

提要：开门办银行，项目不会从天上掉下，客户不会从地下冒出。跳出银行看银行。银行是财富和严谨的代名词。银行必须讲认真二字。存款看数量，贷款看质量。贷款放不出去是不作为的表现，贷款收不回来是乱作为的结果。伟大的银行都是寿星，不是霸王。成功的银行都是相似的，失败的银行各有各的原因。银行不是杂货铺，经营银行是技术活，也是艺术活。把握好分寸，才能做好银行。经验和教训是用钱买来的。银行要节约，但不能吝啬；银行要大气，但不能浪费。找回银行的"本我"。银行恒无心，以实体经济之心为心。做银行也要讲良知。伟大的银行算大账、算总账。

办法是用来克服困难的。总有办法，要有这个信念和信心、能动与能力。畏手畏脚、裹足不前、不作为、没办法，是无德无能的表现！

坐在屋子里全是困难，走出去都是办法。开门办行，银行一定会越办越好。画地为牢，自我封闭，绝对没有前途。

庸人、懒人、自私的人，眼前全是困难；能人、勤奋的人、一心扑在工作上的人，心里总有办法。

完成任务，实现经营目标，不需要任何理由。完不成任务，实现不了目标，才需要找这个、那个理由。

开门办银行，是原则，更是策略。银行是一座大厦，有很多的门。东门、西门、南门、北门；正门、侧门；等等。"窗含西岭千秋雪，门泊东吴万里船。"有门真美好！首先，开正门、堵邪门。例如，为实体经济服务，这是正门，要常开、大开；以贷谋私，这是邪门，要堵，要堵死。其次，开实门、装纱门。开实门，让新鲜空气进来。装纱门，不让蚊虫乘虚而入。对银行来说，干事创业的人、诚实守信的人，好比新鲜空气，要让他们进来。而坑蒙拐骗、骗贷洗钱的人，好比蚊虫，不能放他们进来。尽调、评审、风控等部门，即纱门。最后，开门和关门，是辩证的。什么时候开，什么时候关，对谁开，对谁关，是有选择的。"朋友来了有好酒，若是那豺狼来了，迎接它的有猎枪。"中央企业、政府项目是朋友，诚信民企、外企、个体户也是朋友是自家人，要开门迎客。相反，要关门，关得死死的，不能虚掩。

开门办行，重视调查研究。重视调研，是做好银行工作的关键，是银行重要的经营管理方法。习近平同志讲过，领导干部不论阅历多么丰富，不论从事哪一方面工作，都应该始终坚持和不断加强调查研究。做银行、搞金融，无非是将金融资源配置到最需要的地方去，实现金融的可持续。贷款放不出去是不作为的表现，贷款收不回来是乱作为的结果。银行既要作为，又不能乱作为，办法是调研，开门办行。各级银行员工都应该积极主动调研，深入实际，深入客户，深入项目，深入一线，多层次、全方位调研。不能走马观花，要注重时效，解决问题。银行的问题是什么呢？是廉价资金平台与渠道建造，是优良客户开拓和选择，是项目评估、论证、储备和转化，是风险控制，等等。调研就是为了解决这些问题。

银行是财富和严谨的代名词。银行必须从形式和内容上都体现这一点。

银行应该是良好的社会风气发祥地：严肃、认真、诚信、白纸黑字、规范、有序……

文化是银行的灵魂，制度是银行的骨架，客户是银行的衣食，员工是银行的血肉。

银行不是杂货铺，不是什么都可以做的。做杂了，精不了，而且容易失控。

银行要专注。扬长避短，是银行竞争术之一。银行要有特色、特点、特长，而专心致志，不可或缺。凡事高人一等，长人一寸，是不可能的。银行性质与定位，初心与使命，要牢记和践行。永远不要难为自己，做与性情不相符的事。"猢狲入布袋，鲇鱼上竹竿。"（宋·梅尧臣）既滑稽，又可笑。

银行的本事是放得出钱收得回钱。贷款放不出去是不作为的表现，贷款收不回来是乱作为的结果。做银行的人，既能把款放出去，又能把款收回来，这叫真本事。

做银行要深耕细作。要追求质，追求特色，而不是量和规模。伟大的银行都是寿星，不是霸王。霸王别姬，是悲剧，不是喜剧。

经营银行，不要刻意去追求速度和规模。但不能不思进取，更不能每况愈下。必须在做精做细做实的基础上追求速度和规模。

世界是矛盾的，银行也是矛盾的。有了矛盾并不可怕，可怕的是面对矛盾不知如何处理。庖丁解牛，游刃有余，关键在了解。清楚银行业务，忠诚银行事业，矛盾都可以解决。

银行是坐贾更是行商。做银行的人，像旧时代的小女子，大门不出二门不迈，等着别人提亲是不行的。项目不会从天上掉下，客户不会从地下冒出。银行员工必须走出去，银行客户要请进来。与客户互动，才能发掘项目，寻找商机。

做实银行。越有实力的银行越不张扬，她本身就是品牌和广告。

无须再虚张声势，扭捏作态，故作多情。

任何一家银行都是一个小社会。生老病死，喜怒哀乐，良莠不齐。然"直道不泯，此天下之公论也。"（《曾国藩全集·遵议大礼疏》）律己正人，以简制繁，处事公允，待人真诚，则银行如一家矣。

成功的银行都是相似的，失败的银行各有各的原因。优质的贷款都是相似的，不良的贷款各有各的问题。

从资源到资产到资本到财富是一个完美的过程。银行家不限于做物理学家，更是化学家。贷款，不只是一个注水、输血过程，更是添加化学制剂的过程。对许多富于资源而短于资金的地方或国家，银行家要善于做化学实验，追求理想的化验结果，即货款抵贷款，产权变抵押权，死资产变活，资金变资本，贸易金融联动，自然资源变社会财富。

银行要坚守主责主业。每一家银行都有自己的主责主业。偏离主责主业，就是不务正业。中国的银行都有定语。例如，国家开发银行，"国家开发"这四个字就是定语。这四个字不能忘，忘了，意味着忘了本行的初心和使命，就会走偏，甚至走火入魔。

探索银行规律。有物必有则，银行哲学要探讨的是银行运行规律。发现规律、尊重规规、利用规律，即银行经营之道。宋·程颢《遗书》说得好："万物皆有理，顺之则易，逆之则难，各循其理，何劳于己力哉！"银行的"理"在哪儿呢？这就需要业界同人，博学之、审问之、慎思之、明辨之、笃行之了！

不打折扣不加码。银行管理要有规矩意识、法制意识。既不打折扣，也不加码。打折扣，右；加码，左。极左和极右都有害。原原本本、原汁原味，循规蹈矩。上级规定，法定要求，一般来说，是经过反复思考，反复比较，综合各方面意见后形成的。打折扣或加码，都不算严格执行，不算守规矩。

讲究平衡艺术。经营银行是技术活，也是艺术活。平衡艺术很重要。平衡（equilibrium）即不走极端（two extremes）。例如，资金与成本要平衡，风险与收益要平衡，资产与负债要平衡，总部与分支机构要平衡，损失与拨备要平衡，授信授权与能力要平衡，等等。平衡好了，银行经营差不到哪儿去。

哲学研究的是普遍规律。哲学是各行各业共同的灵魂。银行哲学是银行经营管理的核心理念。管长远，管全局，管方向，管目标。没有哲学指导的银行，无异于行尸走肉。没有哲学的银行，一定杂乱无章，东一榔头西一棒，得过且过，劳而无功。

银行哲学是不是科学？ 银行哲学是不是科学，要看是否具有以下特征：1.可检验。这是同宗教哲学、伪科学相区别的关键。2.可不断地被检验。而且，每一次检验，都证明正确。3.简单。大道至简，微言大义。4.大多数银行家额外的偏好。即更通俗、更简单，因此，更容易被人接受。

银行哲学中的"危言"。庄子说："以危言为曼衍，以重言为真，以寓言为广。"（《天下篇》）危言者，不言之言也。很多事只可意会不可言传。同一家银行，在不同人的眼中或心里，形象不同、风格不同、评价不同、经营思路不同。银行哲学探讨，不限于银行显性的、共性的、规律性的东西。精妙之处，虽难以言表，也要引导读者去感悟和想象。

银行得分轻重、主次。 银行一定要把主要精力集中在信贷资产安全上，对每一笔不良或损失追查到底，不轻易放过，尽量减少损失。如果把主要精力放在银行内部鸡毛蒜皮的事情上，内斗内行，外斗外行，对内没有亲和力，对外没有战斗力，那是很危险的。几亿、几十亿、几百亿的损失，大家无所谓，背后的原因不去深挖，核销后不去追讨，教训也不总结，很不负责。相反，为一点福利，为出差标准，为伙食补贴等，斤斤计较，上纲上线，一本正经，真是可悲可笑。要记住：没有境界和眼界的银行，不知主次、轻重、缓急的银行，是办不好的。

去行政化才能市场化。 纯粹的行政化或纯粹的市场化银行，边界和定位是清晰的，责任和方向是明确的，目标和路径是清楚的。令人困惑的是，一方面要求去行政化，另一方面不断强化行政色彩，南辕北辙，事与愿违。工资总额和分配方案要报政府部门审批，机构和编制要报政府部门审批，信贷总量和投向甚至某些项目要报政府部门审批，资本金增减、预决算、大额投资要报政府部门审批，重要人事变动要报政府部门审批，债券额度和外汇买卖要报政府部门审批……银行经营自主权不断被侵蚀，哪来的市场化呢？

做银行的人不要幼稚。 读了《美国陷阱》，想想哪有纯粹由市场说了算的经济？哪有绝对自由不受任何约束的交易？哪有真正公平的竞争。国与国、企业与企业、党派间人际间，利益斗争会扭曲市场及其交易，让它面目全非。做银行的人，不要那么幼稚，以为自己是自由经济市场经济的保护神、主心骨。

　　银行面前的两只大手。亚当·斯密的两只手理论，在经济学界家喻户晓。崇拜市场经济的人坚信，银行是市场主体，是企业，应该去行政化，应该拥有大的经营自主权。而崇拜计划经济的人认为，银行是计划部门的跟班，财政部门的出纳，应该听行政机构指挥。公说公有理，婆说理更强。到目前为止，银行的定性定位仍欠清晰。奇怪的是，一方面，大家承认，银行是企业，应该去行政化；另一方面，所有的体制、机制都在强化行政色彩：银行的高管由组织部门任命。银行的工资和人数由财政部门控制。工资实行所谓总额管理，"增人不增资"。银行的主要业务由中央银行和银行监管部门确定。政府与市场，哪只手更长、更强，没有明确规定。权力边界不清晰，责任划分就不明确。市场是海，银行是船，这样做是危险的。

　　银行要把握好度。做人有度，做事有度，凡事有度。无度必走极端，失度恐遭诟病。列宁说，真理只要向前一步，哪怕是一小步，就会成为谬误。曾国藩说：美德所在，常有一近似者为之淆。辨之不早，则流弊不可胜防。如，敬慎与琐碎；好古与尚虚；广大与骄矜（《曾国藩全集·敬呈圣德三端预防流弊疏》）。儒家讲中庸，民间讲分寸，其理一也。银行不例外，不能因为审慎而不放款，也不能因为发展而不审慎；不能因为追责而不做业务，也不能因为做业务而不管制度；不能因为拉存款而不计成本，也不能因为成本而拒绝存款负债；不能因为效率而不了解客户，也不能因为了解客户而影响效率……把握好分寸，才能做好银行。

　　银行必须讲认真。大家都明白"认真"的重要性，都明白不认真的后果：轻则犯错、重则要命。可是，知易行难，不认真的现象比比皆是。认真，是很辛苦的；认真，是得罪人的；认真，是要能力的。懒人、老好人、蠢人，不可能认真。而银行必须讲认真二字。数字是钱，账户是库，支付是交易，密码是钥匙，文字是契约，客户是衣食父母也可能是骗子……得过且过，敷衍塞责，行吗？认真是一种态度。为什么自己吃一毛钱亏要理论半天，而银行损失几十亿不心痛？因为有公私之分。为什么自己亲人生病了很着急，而别人的亲人病故了也没啥感觉，因为有亲疏之别。所以，认真与否是一种态度。爱行如家、敬业乐业的人，不可能马马虎虎。人的品质很多。认真也是一种品质。作为银行员工，恪尽职守最重要。工作让人舒心，办事让人放心，靠的是长期的、一贯的认真的品质。认真是一种素养。重程序，讲依据，守规矩。自然，自发，自觉。不是做给别人看的，发乎内心，近乎本能。认真是一种能力。发现问题，解决问题，圆满完成既定任务，除了主观态度外，需要真本事。能力不足，本领恐慌，想认真也办不到。学习认真是一切认真的前提和基础。

银行经营既要看行为也要看动机。成功的银行都是经验，失败的银行都是教训。这叫结果导向，是功利主义、实用主义的表现。成功或失败可以分一时和最终，因此，必须考虑动机和手段。动机不纯，违法违规，虽一时"成功"，必不能善终。银行不择手段，唯利是图，是必败无疑的。所以，行为与动机，结果与手段，必须兼顾。经营银行，不能顾此失彼。

评价银行要客观。成功了，有很多经验可以总结，不是经验的经验也叫经验。失败了，有很多教训可以借鉴，不是教训的教训也叫教训。银行成功与失败，同样影响银行理论和银行经验教训总结。成功的银行总是出经验，失败的银行总是出教训。经验和教训总结是否准确、科学，与成功和失败本身密不可分，通常会被夸大。一白遮百丑或者一无是处，两个极端都会发生。

经验和教训是用钱买来的。银行的许多经验和教训、制度和做法，通常是用损失换来的。例如，经营目标完成和风险控制要平衡；一家客户只能对一家机构，不能对若干分支机构；跨分支机构业务，总行要深度介入和管控；不良贷款急于出表的分支机构，可能存在廉洁风险；转让底价和核销决定是商业秘密，不能告诉客户；偏离主责主业，可能留下风险隐患；企业法定代表人和主要负责人的品性是信用的关键；分拆转让和分项目核销，不能放过该客户的其余资产；正常的经营风险和诈骗、洗钱等犯罪是两码事，不能混同，该报案要报案，该追究刑事责任的要追究刑事责任。

摩根银行的经营方法值得分享。摩根银行是一家老银行（1862年成立）。华纳领导它走向新时代，方法不外乎以下几点：1.集中精力研究战略。著名的"不准离家的软禁"即指其集中高管进行长达月余的封闭研讨。2.把银行的离心力（官僚主义，等级制）变成向心力（上下一致，凝心聚力）。3.尊重逻辑和程序。4.提拔年轻人做中层干部。5.下放权力，压实责任。6.重视客户，与客户谈话。"只有当你抓住问题的本质，你的话题才会涉及面广，然后你才能制定策略。资金流动了，问题也井井有条了，这就是公司的金融教育。"（李转良、李安龙：《世界金融强人》）

银行失败的原因。成败有内因，有外因，但关键是内因。《三国志·刘封等传评》："览其举措，迹其规矩，招祸取咎，无不自己也。"唐·柳宗元《天说》："功者自功，祸者自祸。"一句话，咎由自取，怨不了天，尤不了人。考察失败的银行，莫不如此。股东把银行当金库，尽量掏空；高管把银行当盛宴，尽量吃光；虾兵蟹将、走过路过的把银行当唐僧肉，能分一块分一块。银行垮了，怨谁呢？银行是大家的银行，每一个行员都要有主人翁意识，视行如家，不允许个别人把银行当作谋私的工具。唯其如此，银行才能立于不败之地。

银行要分清楚小钱与大钱。银行要节约，但不能吝啬；银行要大气，但不能浪费。水、电、气、吃、行、用等项上抠，是抠不出利润和收益的，这是小钱，小到微不足道。抠，反而有损银行形象和士气。银行风险控制住，少一点不良，少一点损失，足够花了。所以，贷款、投资、拆借、担保，这是大钱，大到足以让银行清算破产，要慎之又慎，尤其是国际金融业务，一定要摸清情况，搞准信息，防控风险。

图腾体现信念。图腾，既是原始部落人格化的自然崇拜、保护神、始祖，也是到目前为止社会组织的 LOGO（徽标）。图腾，有迷信的成分，更有信仰的内核。银行也有图腾。英格兰银行的徽标暗示了银行的起源。中国的银行徽标，大多数由天圆地方的古铜钱演变而来。银行门前摆件，大堂布置，往往暗示某种信念。甚至，种什么树都有讲究。例如，在北京，某些银行喜欢在门前屋后栽种银杏，谐音银信，即强调银行可信赖！

银行要有自信心。银行的门槛比较高，进来工作的人应该有自信心。然而，事实证明，银行某些人缺乏自信心，所以，容易被骗子忽悠，把骗子当重要战略客户，乃至于造成重大损失。还愿意到比自己银行经营差得多的外资银行接受培训。自信心不足，表面上看，是能力不足。实际上，是私心太重，投机心太强。

银行经营中"无"和"零"的概念。在银行经营过程中，"无"和"零"的概念经常出现和使用。不仅统计和会计常用，经营管理也不少见，如，营运零差错，腐败零容忍，全年无重大风险案例，等等。事实上，"零"是一个数学概念，"无"是一个哲学概念，自然现象中并不存在。但是，在数学计算和哲学思考时，"无"和"零"必不可少。弄清了有无和正负零，即弄清了银行经营管理的方向和目标。所以，"无"和"零"是银行哲学的重要命题。张载说："言有无，诸子之陋也"，表明儒家思想的片面性。老子讲："圣人无常心，以百姓心为心。"套用到银行经营管理上：银行无常心，以实体经济心为心，不是十分贴切和正确么？

银行如道枢。在庄子那儿，"万物皆种也，以不同形相禅，始卒若环"。而道与万物不同，道是枢，得其环中。道枢，不是环的任何一节点。恰如银行是现代经济核心，实体经济或一般企业如万物"始卒若环"，反复经历再生产各环节。银行不介入再生产环节，是道枢，贷款给企业，再从企业那儿收回本息。但是，要让道枢和万物闭环都运作正常，确保银行向心力与离心力平衡，企业不断链，从起点回到终点，再生产继续下去，至关重要。

银行需要"一心定"。在庄子看来，"天下脊脊大乱，罪在撄人心。"（《在宥》）所以，"一心定而王天下"，"一心定而万物服"（《庄子·外篇·天道》）。具体讲，反（返）其性情复其初（《庄子·外篇·缮性》）。经营和管理一家银行，道理一样：首先，要上下一心、心无旁骛（一心一意）办银行。其次，要平心静气、气定神闲做业务。最后，不忘初心（复其初），明确方向；牢记使命（反其性情），咬定目标。

银行要追求纯粹性。1939 年，毛泽东主席在《纪念白求恩同志》一文结尾这样写道："现在大家纪念他，可见他的精神感人之深。我们大家要学习他毫无自私自利之心的精神。从这点出发，就可以变为大有利于人民的人。一个人能力有大小，但只要有这点精神，就是一个高尚的人，一个纯粹的人，一个有道德的人，一个脱离了低级趣味的人，一个有益于人民的人。"这里提到"纯粹"的概念。战国时代，庄子也讲纯粹："纯粹而不杂，静一而不变，……故素也者，谓其无所与杂也；纯世者，谓其不亏其神也。能体纯素，谓之真人。"(《庄子·外篇·刻意》) 毛泽东笔下的白求恩与庄子心目中的"真人"，有一个共同的特点：纯粹。毛泽东的纯粹，指"毫无自私自利之心"。庄子的纯粹，按照玄德释义，有类似意思；按照《天道》和《刻意》中的阐述，有专心、一心的意思。银行和其他金融机构要不要思考纯粹问题呢？回答是肯定的。金融业是服务业，理应利他，必须利他，利他是利己的前提。不同的金融机构提供不同的服务，不同的银行主责主业不同。要不要坚守主责主业，即涉及银行的纯粹性。实践证明，放弃纯粹性，银行和金融机构会偏离方向，误入歧途，甚至破产清算。例如，巴林银行、大和证券参与期货投机，做多或做空，最后做掉自己；包商银行、绵州银行高息拆借，害人害己；海南发展银行深陷房地产市场不能自拔；政策性银行介入零售商业业务损失巨大；等等。

从庄子"吾丧我"说银行的多重性。庄周梦为蝴蝶，众所周知，阐述的是物化问题，或者说，"我"的多重性：本我（真我），假我（非我）；物质或生理的我，精神或情感的我；正面的我，负面的我；等等。庄子"吾丧我"，故其有梦中我，有变成蝴蝶的我，有蝴蝶变成我的我。人的多面性，是"我"的多重性的外在表现。同理，银行也有多重性：同一家银行，有法定的，有现实的，有理论的，有自己心目中的，有别人眼中的，有历史的，有未来的，如此等等，不一而足。银行的多重性，一方面，建立在"本我"上，离开"本我"，没有其他"我"，重即重在此处。另一方面，每一个"我"又不同，如，现实与法定的差别，表明监管与规范的目标；现实与历史的差别，表明银行的发展状况；自己与客户的差别，表明银行服务的距离；等等。多即多在此处。一旦认识银行的多重性，银行经营管理的重点和切入点，就找到了。银行经营之"道"，说穿了，是邓小平同志说的那句话，把银行办成"真正的银行"，即找回银行的"本我"。真正的银行是什么呢？是想象和体悟的产物，正如庄子哲学的真人、真知，数学中的无穷大，可以向往而不可至，只能在实践和理论探讨中无限接近，但永远不能到达和实现。银行哲学的研究对象及其魅力就在这儿。

银行要有银行的样子。银行当然欢迎客户来，但也要主动到客户那儿去。交朋友，谈想法，干正事，求实效。银行要有银行的样子。皇帝女儿不愁嫁，对客户爱理不理，是官僚习气；皇帝女儿也愁嫁，有钱贷不出去，是形式主义和不作为的表现。开门办银行，要在互动。

银行的功能远不止资金融通。就银行谈银行是狭隘的。如果我们把普遍信奉的理念、社会学、教育学追求的目标等融入银行的产品和业务，银行会变得更受人欢迎和尊重。希布斯狼疮信托基金会创始人约翰·希布斯给6岁的女儿克桑塞办了一张英国斯塔林银行卡，作为教她理财的第一步。现在多家银行，瞄准青年儿童的金融科技市场，培养终身用户，推出儿童银行卡，父母可以向儿童卡转账、设置限额，并且可以收到孩子的账单明细。父母，例如希布斯颇有感触：我们越早开始叫他使用银行卡，他就可以越早领会到马不是说买就能买的。

经纬、定位与秩序。通过经度和纬度，可以确定地球上任何物体的位置；通过赤经和赤纬，可以确定天体在空中的位置。尽管经纬线、天球都是想象中的、约定成俗的，但十分管用。天体位置相对固定，各有各的运行轨道，而这恰恰是确保空间秩序，避免冲突的关键和根本。在国家和监管当局看来，每一个金融机构，每一家银行，都应该有自己的定位，像星宿固定在天球坐标系上一样，运行不悖。经营范围等限制的存在，相当于为金融系统、银行系统甚至具体机构或银行设定了经纬线、坐标系。所谓恪尽职守，不越位，不错位，不缺位，是国家和监管当局对每家机构的基本要求，也是其监管的目标之一。

银行要谦虚。银行多了，就会比来比去。国内比，国际比。比资产，比利润。排在前面的自然得意扬扬，排在后面的往往灰头土脸，而没有进入前 100 前 1000 家大银行的，更似无脸见人。知耻而后勇，发愤图强，当然是好事。但排在前面，自以为很了不起，得意忘形甚至趾高气扬、不思进取，那是很危险的，迟早会掉下来。《老子》说："以其终不自为大，故能成其大。"宋代邵雍《皇极经世》说："凡言大者，无得而过之（四时四维）也，亦未始以大为自得，故能成其大，岂不谓至伟至伟者与！"不自得，就是要谦虚，保持平常心态，审慎经营，埋头苦干。

大国银行要为大国经济服务。大国经济不同于小国经济，它的人口规模，国土资源和市场潜力等，足够形成自己的特色，如，完整的产业体系和闭环的产业链、供应链，备份产业系统，完全可以做到内循环，同时留有接口，不妨碍其对外开放。各种所有制企业共生并存，取长补短，等等。大国银行要为大国经济服务，经济目标即银行信贷政策依据。大国银行要有大国银行的样子：大国银行不只是规模大实力强，大国银行有自信心，坚定走中国特色社会的银行道路，培植自己的产业基础和中介服务机构，同时它不拒绝国际金融合作。

跳出银行看银行。在一家银行干久了，或者说长期在银行系统工作，就会像井底之蛙，形成一些片面的错误的看法和偏见。空间上，苏东坡很有同感。他的《题西林壁》这样写道："横看成岭侧成峰，远近高低各不同。不识庐山真面目，只缘身在此山中。"时间上，邵雍《皇极经世》颇有心得："夫古今者，在天地之间犹旦暮也。以今观今，则谓之今矣；以后观今，则今亦谓之古矣；以今观古，则谓之古矣；以古自观，则古亦谓之今矣。是知古亦未必为古，今亦未必为今，皆自我而观之也。"自观、自省、自警、自励，都是必要的。但不能止于此，像患了自闭症似的，这不好。做银行的人，一定要跳出银行看银行。跳出看，更清楚、更明白、更准确。比如，经济萧条或者自然灾害、战火频仍以至于百业凋敝、民不聊生，银行经营困难、效益差，是很自然的，不必自怨自艾、自暴自弃。反过来，银行也不必自吹自擂。所以，做银行，既要自观，更要跳出银行来旁观、外观。

银行的因与果。因果论起源很早。佛教《因果经》上说："欲知前世因，今生受者是；欲知来世果，今生作者是。"莱布尼茨也说，任何事物的存在都有其"充足理由"，虽然人们未必都认识。银行呢？同样受因果律支配。银行今天的状况，即是昨天所作所为的结果；银行明天怎样，取决于今天所作所为。如果不总结经验，吸取教训，则今天所遇到的难点、痛点、堵点，明天还会遇到。所以，银行上下必须爱行如家，功成不必在我，功成必定有我，打基础，利长远，不给后人添麻烦、酿恶果。否则，正如杜牧《阿房宫赋》中所说："秦人不暇自哀，而后人哀之；后人哀之而不鉴之，亦使后人而复哀后人也。"

银行的道与器。全面、系统地看问题，似乎很简单，尽人皆知。因为懒、极端、情绪化、信息缺乏等原因，形而上学看问题、做事情的人，实际上更多、更容易。例如，银行的道与器，或者说银行的经营理念、方向目标与具体业务和规章的关系，并不是每一个人都始终清楚明白。宋代程颢在《遗书》中说："形而上为道，形而下为器""器亦道，道亦气"，这很好地阐释了道器的辩证关系。银行日常工作中，人们往往偏离主责主业，甚至离经叛道，酿成重大风险，而纠正时，又往往矫枉过正。比如，业界均知银行资本之重要，但未必都清楚资本充足率并非越高越好。

银行的独与对。按照朱熹的说法，万事万物皆有对，相对双方各自又有对。"虽说无独必有对，然独中又自有对。"（《朱子语类》）银行复式记账法，资产负债表和损益表编制方法，总分账明细账账户体系设置，等等，无一不基于类似朱熹的理论。如，存款对贷款，存款又分定期、活期，贷款又分流动、固定。收益对损失，收益和损失也可以不断地分。所谓精细化管理，即建立在这种细分的基础上。所谓经营之道，即力求对立面的平衡。如资不抵债，所有者权益为负数，意味着破产清算，银行玩完了。

银行的道和理。从老庄的"道"，到程朱的"理"，是汉语"道理"的原始出处和基本含义，包括事物的本质、本源、事物运动的规律等。银行的道理，一是体现在银行经营之道上；二是体现在银行学术理论中。凡事讲道理，做银行的人不能不讲道理。讲道理，首先要懂道理。所以，要终身学习，勤于调研，勇于实践。一句话，学思践悟。

银行的赏与罚。赏罚体现爱憎、是非、功过。唐代刘禹锡《天论》有一段话很精彩："人能胜乎天者，法也。法大行，是为公是，非为公非，天下之人蹈道必赏，违者必罚。"银行管理，赏罚分明很重要。赏罚分明，才能井然有序，知敬畏，有方向，行稳致远。该赏不赏，则人无动力，无荣誉感；该罚不罚，则人无畏惧，无羞耻心。为银行发展作出贡献的人，就应该赏；给银行带来风险和损失的人，就应该罚。吃大锅饭，良莠不分，没有是非的银行，是很危险的！

银行的天理与人欲。说到天理和人欲，人们对朱熹乃至宋明理学有很大的误解，以为"存天理，灭人欲"冷酷、伪善之极。朱熹的确说过："圣贤千言万语，只是教人明天理，灭人欲。"（《朱子语类》）可是，什么是天理，什么是人欲，要弄清楚。否则，妄加评论，让人嗤笑。比如，"饮食者，天理也；要求美味，人欲也"（《朱子语类》）。以此类推到银行事务，贷款者，天理也；以贷谋私，人欲也。存款者，天理也；以存谋私，人欲也。基建者、采购者、招聘者，天理也；索贿受贿，人欲也……银行管理难道不需要存这样的天理灭这样的人欲么？

银行的民主与集中。银行客户之多，业务之杂，账目之繁，变化之快，没有人能以一己之力胜之，因此，民主是必需的必要的。宋代邵雍在《皇极经世》中说得好："我亦人也，人亦我也，我与人皆物也。此所以能用天下之目（耳、口、心）为己之目（耳、口、心），其目（耳、口、心）无所不观（听、言、谋）矣。"即集思广益，众志成城，充分调动人民群众积极性和主动性，广开言路，听取意见建议，一句话，民主是解决问题的最佳路径，也是银行经营管理必经之道。众人的事情众人办。当然，民主是一个过程，最后还需要集中。而集中的方式方法多种多样，如表态式、举手式、鼓掌式、计票式，等等，万宗不离其宗，终归在"少数服从多数、下级服从上级、个人服从组织"这些基本原则下进行。否则，议而不决，浪费资源，贻误时机。总之，银行决策，民主讨论是过程，集中是结果。在民主过程中，银行领导要善于甄别、引导、解说；在集中时，要坚持原则，择善而从，当机立断。

银行的知与行。知行合一，现在成了妇孺皆知的道理。但是，历史上并不是每个人都这样认为，现实中也不是每一个人都能做到。宋代程颐主张以知为本。"知之深，则行之必至。无有知之而不能行者。知而不能行，只是知得浅。……笃行便是终之。"（《二程遗书》）而一些极端行动派完全看不起墨水瓶。一间伟大的银行，一定是知行合一的银行。例如，它既明白存款立行的道理，也会激励员工一家人跟着忙。相反，银行不良资产存在，有经济、市场风险固有的原因，更有知而不行，评审流于形式，风险疏于管理，甚至内外勾结明知故犯等原因。关于知行合一的最佳解释，还是马克思主义实践论认识论。朱熹较程氏兄弟进了一步，"致知力行，用功不可偏。……论先后当以致知为先，论轻重当以力行为重。""知行常相须，如目无足不行，足无目不见。""方其知之而行未及之，则知尚浅。既亲历其域，则知之益明，非前日之意味。"（《朱子语类》）但仍有欠缺，陷入先知论和知行不能并重的泥坑。不知理论指导实践，实践出真知，知行循环往复，相辅相成，以及实践是检验真理的唯一标准等道理。

知行本体。在王守仁看来，知行本体，知行合一。"未有知而不行者；知而不行，只是未知。圣贤教人知行，正是要复那本体。……又如知痛，必已自痛了方知痛，……知行如何分得开？……知是行的主意，行是知的功夫；知是行之始，行是知之成。若会得时，只说一个知，已自有行在；只说一个行，已自有知在。"冥行妄作者，晓之以知；悬空思索者，晓之以行。"此是古人不得已补偏救弊的说法。"

（《传习录》）知行合一，不能将知行"分作两件"去做。事实上，知行是辩证关系，合有道理，分也没错。按照数学排列法，每一种情形，都有事实对应，因此都没有错。比如，贷款有风险（已知），因为出现过损失（曾行），于是，制定防控措施（现行），但仍有意外的情形出现（未知）。别人教训（他知）可以借鉴（自知），自己成功的业务模型（自行）别人可以仿照（他行）。如此等等，不一而足。

心外物理。王守仁讲，无心外之理，无心外之物。"身之主宰便是心，心之所发便是意，意之本体便是知，知之所在便是物。"（《传习录》）心身分离，身不受心主宰或心乱主宰，即疯癫、错乱、分裂。然心思之成，或应身体所需，或为环境所逼，故身心互为影响。物源于心，谓人事算勉强，谓客观世界则大谬。物及其理皆客观存在，不以个人意志为转移。比如，你没听说某行（心外），遑论其业务人事（物）和经营之道（理），但事实上这家银行存在，业务经营还不错，你能否认吗？心外真的无物无理？如果这样办银行，一定会夜郎自大，一定会犯主观主义错误。存在可以被感知，也可以不被感知。

心与理。程朱理学求事理，而陆王心学求心理。求事理者，泛化儒家思想；求心理者，内化儒家理念。前者谓天下一理，故格物致知；后者谓天下一心，"心即理也"，"至善是心之本体"（《传习录》）。故固守良知。鹅湖论辩，角度不同而已。若说到银行经营管理，理学可资规律探索，心学可资信念确立。天下学问，皆为我所用。

心与势。以人心为心，以时势为势，则所向披靡，无往而不胜。一个真正的银行家，必以客户之心为心，以经济大势为势。无论如何，银行为客户服务，要从客户那儿分一杯羹，怎么能不以客户之心为心呢？银行是现代经济核心，主要是从结算和资金的视角看的。银行的经营形势，取决于经济形势。经济形势好，银行差不了；经济形势不好，银行好不了。所以，银行要以经济大势为势，支持经济发展。形势研判，方向目标明确，对银行来说极其重要。古人说，旱则资舟，水则资车，是一种研判，一种逆周期思维，也可以借鉴。

只在此心。人是一根会思考的芦苇。心动而后行动。理想信念滑坡是最大的滑坡。心是总开关。所以，正心守心极其重要。王守仁说："都只在此心。心即理也，此心无私欲之蔽，即是天理，不须外面添一分。"（《传习录》）从金融系统查处的腐败案件看，从当事人的忏悔录看，无不印证这一点：私欲蔽心，利令智昏。

意识和无意识。人脑中有两套系统，即无意识系统和意识系统。无意识系统好像总在说故事，而意识系统通过反省乃至质疑做出选择。前额叶损伤后，故事一般变得离奇古怪，牵强附会。同样，如果把银行比作一个人，以营利为目的或者说致富的故事，总由银行的无意识系统确定并讲述。而君子爱财、取之有道，这个"道"由意识系统掌控。银行前、中、后台分开，各部门相互制衡，分级授权，目的是确保银行大脑里"前额叶"健全，不让它处于无意识状态。

聋人与盲人。聋人能听见吗？为什么他们中有人幻听？盲人能看见吗？为什么他们中有人声称梦中看见什么？思想是无声的语言吗？心语真的存在吗？熟睡的身体为什么在梦中能活动自如？为什么梦境仿若现实世界、醒来却觉得荒唐？……所有这些，神经医学都可以解释，他们像解释信息科技一样解释大脑，视每一种感觉为一股信息流，视丘脑、枕叶、皮层、神经、突触、前额叶，等等，为信息处理机上功能不同的零部件。唯一的区别是，血肉筋与油塑钢的不同。

各种精神疾病，不过是大脑零部件损伤和失灵的结果。了解大脑运作原理，对银行特别是其总行的决策和"三定"极有帮助。例如，银行自我监控紊乱，其结果与精神分裂症患者一样，任何错误都会归咎于外界，而不是自己。

自我与非自我。正常人能清楚而迅速辨认自我与非自我。而精神分裂症患者做不到。正常人不能挠自己痒痒，精神分裂症患却可以。如同象鼻鱼，人的一个念头产生（放电）和接收几乎同时（据说小于 4 毫秒），动员与准备几乎并进，所以，正常人可以轻松辨认出自我和非自我。而精神分裂症患者因为放电与接收系统联通故障，不能分辨两者，将自我当作非自我，从而产生被人控制、迫害、植入等感觉。银行要做到一盘棋、一条心，很重要一点就是，确保放电（号召、牵头、指令等）与接收（配合、执行等）系统实时联通。因此，共商共议、沟通协调、胸怀坦荡，在银行日常工作中变得十分重要。而参与才能融为一体，交流才能自我认同，无私才能众志成城。

现象与逻辑。逻辑靠推理，现象靠核实。逻辑不通看现象背后的事实，现象混乱复杂讲逻辑。逻辑与事实可以相互佐证。在银行经营管理过程中，这种情况是经常的。例如，利率倒挂，逻辑不通。深入了解后，必有意外情形非常要求存在。又如，同一家银行或同一个部门甚至同一等级，有的人收入高，有的人收入低，从平均分配角度看，这一现象是反常的。但从收入与业绩挂钩这一逻辑推断，无疑又是正常的。实事求是，必符合逻辑；逻辑推理，必符合事实。

学问没有止境。七十二行，行行出状元。学思结合，知行一体。先知、天才、神工鬼斧……唯物论者王充认为是不存在的。他说："不学自知，不问自晓，古今行事未之有也。……故智能之士，不学不成,不问不知。"(《论衡》)银行业是一个行业,银行学是一门学问。学问学问,一学二问。既要从书本上学,更要从实践中学。既要内省,也要讨教。不要以为自己读了几年金融专业就足以管一辈子,也不要以为自己在银行干了一辈子就无所不知。学问是没有止境的。

意识体验。存在与意识,形与神,意识体验产生及其差别形成的原因,一直困扰着哲学界。现在看来,不惟世界是物质的,意识本身也是物质的。大脑与信息处理机并没有区别。神经医学告诉我们,人脑深处的逻辑系统会将我们所有的思想和知觉,组装成一个合理的故事,成为我们的人生经历和自我感,从而创造我们的意识体验。比如,安东综合征,即视觉系统和监控它的脑区联系切断了,从而造成患者事实失明而自己意识不到失明。所以,思想、意识的形成及其差别,不惟客观世界或者信息来源不同,人脑本身逻辑功能差异亦须探究。面对同一家银行、同一堆数据、同一件事,大家看法不同,观点不一,而且,都自以为是,看来大脑深处逻辑系统的差异,不可忽视。

银行要讲良知。心学的目标是致良知。何谓良知?王守仁是这样说的:"尔那一点良知,是尔自家的准则。尔意念著处,他是便知是,非便知非,更瞒他一些不得;尔只不要欺他,实实落落依著他做去,善便存,恶便去,他这里何等稳当快乐,此便是格物的经诀,致知的实功。"(《传习录》)可见,良知,即做人的准则,是非善恶标准。美德体现良知,良法亦体现良知。做人要讲良知,做银行也要讲良知。比如,明明存款利率、债券利率下来了,贷款利率怎么能不下调呢?即使客户不知道,银行也应该主动低转。又如,明明电信费率下调了,支付清算收费怎么能不下调呢?明明小额账户并不花费什么计算机内存成本,怎么能收取所谓小额账户管理费直到将存款人账上零

钱清零为止呢？私心太重，则良知泯灭。"知善知恶的是良知，为善去恶的是格物。"（《传习录》）

银行要有忧患意识。人是应该有点忧患意识的。《诗经》："温温恭人，如集于木；惴惴小心，如临于谷。"近代有个叫魏源的湖南人演绎说："不乱离不知太平之难，不疾痛不知无病之福。故君子于安思危，于治忧乱。"（《默觚》）银行属风险行业，无审慎之心，必不能致远；是竞争行业，无忧患意识，必不能独立。

银行管控功能不能失效。认知神经科学中用管控功能一词来描述脑的最高级功能，包括计划、决策、对注意力的控制、自我监控等。管控功能对脑的作用相当于银行行长对银行的作用。它使我们能够在大体上控制自己的想法和行为。当一个人额叶受伤，管控功能受损，他就可能失去计划和决策能力，甚至无法将自己行为克制在社会礼节之内。此外，他们的举止会变得好像习惯行为。（埃利泽·斯滕伯格：《神经的逻辑》）银行业是一个风险行业，必须处于管控状态。额叶，在银行，相当于董事会、党委会和行长办公会，绝不能有丝毫受损，否则，管控功能就会失调。而民主决策、科学决策、审慎决策，是健康额叶的标志。

硬椅子效应。2010 年，一场模拟商务谈判开始，86 名志愿者一个个前后参加一辆车的讨价还价。但是，一半人坐了硬邦邦的椅子，另一半人坐了软垫椅子。谈的结果是，坐硬椅子的人态度也硬，砍价更厉害。这就是著名的"硬椅子效应"。银行是服务业，贷款合同，债券发行，存款吸取……无人需要讨价还价。椅子实验结果告诉我们，营造舒适的谈判环境多么重要。银行的营业场所、办公场所，不是用来炫富的，而是用来做生意的、做成生意的。

阴阳图及其蕴含的原理。 中医基于阴阳、五行理论。银行也存在许多对立统一概念和现象需要分析、说明，阴阳论有一定的启示。银行是一个矛盾体，由既相互对立又相互统一的概念和现象构成。比如，银行监管和银行经营自主，银行稳定与发展，贷款表面收益与实际风险，银行资产与负债，存款与贷款，拨备与分红，等等。这些对立统一的概念和现象，可以纳入阴阳论。从阴阳图看，银行可以解释为一个阴阳对立而又合二为一、泾渭分明而又相互一体的有机组织。其中，两个黑白小圆分别代表阴中有阳，阳中有阴。银行的经营之道、监管之方，说到底，是维护银行的阴阳平衡。"阳盛则热，阴盛则寒。"比如，银行遇到困难、瓶颈，士气低落的时候，要看到成绩，鼓舞斗志！正像毛泽东在《为人民服务》一文中说的："我们的同志在困难的时候，要看到成绩，要看到光明，要提高我们的勇气。"相反，胜利在望、功成名就之际，要想到 1949 年毛泽东在七届二中全会上讲的几段话："因为胜利，党内的骄傲情绪，以功臣自居的情绪，停顿起来不求进步的情绪，贪图享乐不愿再过艰苦生活的情绪，可能生长。""可能有这样一些共产党人，他们是不曾被拿枪的敌人征服过的，他们在这些敌人面前不愧英雄的称号；但是经不起人们用糖衣裹着的炮弹的攻击，他们在糖弹面前要打败仗。""务必使同志们继续地保持谦虚、谨慎、不骄、不躁的作风，务必使同志们继续地保持艰苦奋斗的作风。"

银行民主化与民主银行业。 银行的复杂性及其股权结构的多元化，决定银行经营、管理民主化趋势。这方面，《公司法》《银行法》《证券法》等法律，都有很好地体现和具体的条款，无须赘述。相比之下，民主银行业很少论及。允许民营企业申办银行，就算最高认识和最大步伐了。事实上，这是机构准入的突破，并非民主银行业、民主金融业概念，并非民主管控银行贷款业务。银行和企业仍处于对立状态，互不信任状态，讨价还价状态。一方面，又是担保，又是抵押和质押；另一方面，又是骗贷，又是逃废和诉讼。银行与企业到底是什么关系？宋代张载的《正蒙》中有一段话可以借用："两不立则一不可见，一不可见则两之用息。两体者，虚实也，动静也，聚散也，清浊也，其究一而已。"银行与企业的关系，亦不过如此。而要见"一"，"两"必须放弃对立，或者说求同化异而不是存异：企业要打消银行对单个客户、单个项目可能产生坏账顾虑，必须联合起来，共同维护信用，包括设立坏账准备金；而银行要让企业对贷款风险负责，必须让渡部分贷款评审、决策权。这就是民主银行业的真谛。

假设不可靠。 现代经济学理论，包括银行理论，充满了数字、公式和模型。看上去很美，也很高深。但是，经常不管用，与事实也不合拍。原因不是别的，而是影响经济发展的因素或变量实在太多。而所有的模型，都有假设条件。但事实和现实，并不按假设而存在。

银行看什么？ 存款看数量，贷款看质量；线下看服务，线上看简便；结算看速度，账户看安全；利率看高低，利差看盈亏；行长看高度，行员看厚度；制度看执行，管理看案件；稳健看时间，开拓看空间。

银行要学会中庸之道。 例如，要以营利为目的，又不能唯利是图。要以客户为中心，又要扶优限劣。要提高效率，又不能出差错。要降低成本，又不能亏损。要吸收存款，又不能变相搞商业贿赂。要严格要求员工，又要真心爱护员工。

一间好的银行不只是做贷款。 好的理念、思想、商业模式，也要创建并传播出去。换句话说，好的银行，不只是贷款，也贷思想、贷理念、贷商业模式。只有思想正确，理念先进，商业模式可持续，贷款才会安全，并且，有效益，才能实现合作共赢。

银行能量。银行到底有多大的能量？这些能量与什么关联？有一句俗话说：金钱是万能的，因此可以类推，银行是万能的。另一句俗话说：金钱未必是万能的，但没有金钱是万万不能的，因此银行是必要的，但不是充足的，或者说银行的能量是有限的。不管哪个说法，银行的能量，的确存在。那么，接下来要问，银行的能量如何表示？源于何处？毫无疑问，银行的能量表现为资产，而资产源于负债和所有者权益，简言之表现为银行规模。因此，银行能量正比于规模或银行资产或负债 + 所有者权益：

$$E（银行能量）\propto S（规模）$$

$$或：A（资产）$$

$$或：L（负债）+C（所有者权益）$$

但是，这是没有考虑风险情形。如果考虑到银行风险，即损失率，那么，银行能量会随着风险的增大而缩减，换句话说，银行能量与损失率（R）成反比。因此：

$$E=A（1-R）或 =（L+C）（1-R）$$

假如损失率为 0，则银行能量与原资产或负债 + 所有者权益等同。R 越接近 100% 或 1，则银行能量为 0，银行处在生死关头。如果 R 大于 1 或 100%，则银行能量为负。R 越高，负能量越大，银行对金融系统和社会伤害越大。

与损失率相反，如果考虑净利润率，即冲销成本、损失后的利润率，则银行能量与净利润率（Np）成正比：

$$E=A \times（1+Np）$$

即，随着净利润率提升，银行能量因所有者权益扩大而扩大。

第三节　银行未来

提要：银行赚钱的神话在逐渐地破灭。银行服务越来越自动化、自助化、网络化、移动终端化，银行业成了资本密集型行业。把影子银行当作金融业的发展方向，是完全错误的、不可能的。离岸金融是没有前途的。世界货币的确定，与世界经济一体化密切相关。在此之前，谁强大、谁可靠，谁的货币就是世界货币。

银行业对外开放，必须完全坚持对等原则。

零利润时代。由于银行经营地域限制解除（1994年美国），混业经营，竞争，西方银行利润近乎零，"只能通过提供大量的服务和对营运费用严格控制才能得以生存"（彼得·S.罗斯：《商业银行管理》）。银行赚钱的神话在逐渐地破灭。如果银行业作为一个行业，仍然受人羡慕和妒忌，那么，只能说银行的竞争还不够充分而已。

从劳动密集型到资本密集型。过去，银行是一个劳动密集型行业。随着技术进步，各种设备和网络运用，银行服务越来越自动化、自助化、网络化、移动终端化，银行服务设备投资越来越大，银行业成了资本密集型行业。哪家银行的科技水平高，用户的体验好，服务效率高而操作又简便、安全、可靠，哪家银行市场的份额就可能高。银行服务的时间和空间限制突破了，银行柜台人员良好的服务态度变成了终端界面的友善。银行的物理网点越来越少，越来越不重要了。

影子银行定义。英国人说，影子银行是指，不依靠商业银行和金融市场，通过一项制度安排，比如融资、融券，就能向企业、居民和其他金融机构提供流动性、期限转换和提高杠杆等服务，在不同程度上替代商业银行核心功能的各种工具、结构和市场。金融稳定委员会（FSB）说，影子银行即非银行信用中介，包括那些发挥银行核心功能（信用中介）但没有受到监管的非银行金融机构。显然，影子银行类似影子内阁、山中宰相的说法，无银行之名而有银行信用中介之实。

影子银行的本质。有人说，影子银行体系本质是商业银行的一种表外创新，而创新背后的思想动力是自由银行业思想（周莉萍：《影子银行体系：自由银行业的回归?》）。这种说法，足以解释商业银行明修栈道、暗度陈仓的惯用做法，但不足以解释非银行金融机构充当资金掮客和证券中介行为。此外，抬高融资成本的做法，无论如何不是真正的金融创新，不可持续，无非钻政策空子，更多地盘剥实体企业而已。

影子银行与信用创造。在中国，信贷计划分配、调整、监督执行，是货币政策的重要内容，也是控制货币供应量，锁定全社会信用规模的重要手段。由于影子银行的存在，例如，理财业务和资产证券化业务的开展，银行资金改头换面，溜出存款，形成了社会信用，循环往复，信用规模不断扩大，因此，影子银行是可以创造信用、创造货币的，必须严格监管。

影子银行的风险。有人说，中国影子银行体系存在的主要风险点包括短资长用式期限错配、借新还旧式流动性风险、承销人与发行人混淆引起的法律风险和系统风险，即，影子银行体系发展更为隐蔽，既不受中央银行的监测，也得不到最好贷款人的及时救助。解决的办法是：一、保持透明度，二、货币政策工具进一步市场化，三、全面推行宏观审慎监管，四、鼓励市场自律。监管的重点是保护金融消费者（李扬：《银子银行体系：自由银行业的回归·序》）。其实这些风险，一般金融机构包括银行也会有，并不是影子银行特有的风险。影子银行特有的风险在哪里？首先，它们不能像银行一样，进入廉价的金融市场，比如，同业拆借市场、银行间债券市场、再贷款和再贴现市场。其次，即使让它们进入债券市场等低成本市场筹资，由于其信用等级远不及银行，它们的发债成本要比银行高才有吸引力。再次，于影子银行获得的资金成本普遍比银行高，所以，为了获取同样的利差、价差收入，它们必须投资于风险更高的项目，投资或贷款给银行不愿做的高风险项目。最后，实践证明，高风险的可能性远远大于高收益概率，这是影子银行真正的风险所在。中国信托公司的惨痛教训和近年来理财业务的高风险，都说明了这一点。由于影子银行的存在，市场利率、资金价格被抬高，所以它们的作用是有限的，甚至是负面的，不能不加区分地予以鼓励。银子银行试图从银行认为按照法定利率给予贷款都存在严重信用风险的企业和项目身上获取更高的收益，简直是痴心妄想。他们指望投资人施压，指望新娘找新郎负责，结果，没想到，投资人只找中介算账，新娘只怨媒婆！他们并不找、也找不到资金使用人。即使找到了，那也是一头不怕开水烫的死猪，没有什么用。为了维稳，通常由政府或银行出面垫付，或者影子银行自认倒霉，偷鸡不成反蚀一把米。

影子银行是一个发展方向吗？有人说，影子银行"是一个发展规律、发展方向"。理由是：1.它符合第三次工业革命的定制原则。影子银行体系的发展不仅会逐步侵蚀商业银行乃至传统资本市场的领地，而且还会从根基上动摇货币当局的调控基础。2.敏感的金融史学家在影子银行发展过程中发现了最终消灭货币的现实途径。在他们看来，货币产生的主要原因是信息不对称，而影子银行体系大部分的活动没有真实经济活动支撑，它高度依赖信息化手段，有些是纯粹的数字移动。银子银行有可能在解决信息不对称问题上迈出大大的一步（李扬：《影子银行体系：自由银行业的回归？·序》）。必须指出：1.影子银行与银行的关系，是虚与实的关系，大海与江河的关系。所以，无论其怎么发展，都不可能替代银行。2.人类的需求包括金融服务需求符合正态分布。可以大致分类，因此，可以标准化。定制，满足的是一些特殊的个性化的需要，它不能替代、取代大规模的标准化产品的供给和标准化需要的满足。与标准化产品供给相比，定制是小众的、低比例的、特殊的。3.流通手段是货币的一个功能，但不是货币的全部内涵，甚至不是它的本质内涵。影子银行，特别是支付机构、互联网金融，一定程度上将传统的有形的货币充当交易媒介的功能废弃了，但并没有废弃而且永远不可能废弃货币作为价值尺度的本质属性和作为贮藏手段的法定性、严肃性、可靠性、持久性。支付清算系统、账户系统上的数字变化，代表的是金钱、资金、货币、财富的变化，绝不是纯粹的数字移动。消灭货币，比实现乌托邦还要难。所以，把影子银行当作金融业的发展方向，是完全错误的、不可能的。

中国的影子银行。学者们把中国的银子银行体系大致分为四类：第一类是银行表外债务融资，包括集合信托计划、信贷资产证券化、银行理财计划。第二类是银行之外的各类支付、结算和清算便利机构。第三类是非银行贷款，包括合法性质的和不合法性质的非银行信贷，如信托公司、财务公司、租赁、典当、小额贷款公司以及部分大型企业托盘业务下的贷款。第四类是不受监管的民间金融，包括地下钱庄贷款、民间借贷等。中国的影子银行体系本质上是一个通过资本市场连接资金盈余者和资金短缺者的金融中介体系，是对传统银行信贷渠道的替代和补充。影子银行体系在中国的发展具有必然性，受约束的商业银行体系之外必然会滋生影子银行体系。需要鼓励，但同时，滋生风险也是不争的事实（李扬：《影子银行的体系：自由银行业的回归？·序》）。应该承认：影子银行体系的形成，与监管要求特别是信贷规模控制、信贷政策限定分不开，同时，也与银行的逐利本性分不开。这是银行开展影子业务的主要原因。至于非银行金融机构如信托、租赁开展的信用中介业务，更多的是扮演资金掮客的角色，因此，结果是融资成本上升，"鼓励"弊大于利。财务公司，是企业集团与商业银行争利，提高其议价能力的结果，可以理解，而且是应该的。互联网支付清算机构的出现，的确是对日益复杂的琐碎的频繁的零售支付业务的一次延伸和补充。它们的存、贷款业务，基于自身商业活动产生的预付款或商业库存资金，其服务对象是自身系统的用户，应该容忍和倡导。民间金融，主要在熟人之间开展。手续简便，信用可靠，有它的优势和存在合理性。

离岸金融的未来。如果把离岸金融的好处界定在匿名、小规模、小市场和有限服务，在逃税和洗钱，在无原则的保密等方面，那么，离岸金融是没有前途的。用英国金融管理局前主席霍华德·戴维斯的话说："未来将是暗淡的。"随着反洗钱法规实施，特别是 KYC（了解你的客户）规定和大额、可疑交易监测与报告，税政公平化，蓄意采取离岸做法以图谋不轨不仅难度加大，而且可能遭到犯罪指控，风险也加大。

比特币并不经济。比特币（Bitcoin）出现，有吹捧的，有贬损的，彭博社更是直言不讳：比特币是 Incredibly dirty business。比特币生产（即使用计算机依照算法进行大量的运算或曰"挖矿"[mining]）和交易都需要消耗大量的电力。有报道说，在全球电力总消耗中，比特币挖矿占到 0.5％，而单笔比特币交易所消耗的电力，足够美国一家普通家庭使用一个月。可以说，比特币并不经济。能否成为一种趋势，需要拭目以待！

主权数字货币能改变银行业吗？ 21世纪初，媒体报道说，数字货币或将消灭银行。各国央行着手建立主权数字货币将对整个银行系统构成威胁，商业银行金融中介者的功能在很大程度上将丧失，一旦出现混乱可能引发银行挤兑。越来越多的国家考虑建立数字货币的消息给世界银行业敲响警钟。由于数字货币和区块链技术出现，2016年，俄罗斯有人预测：未来3—5年银行业可能崩溃。尽管错了，新技术推崇者仍然认为，如果数字货币取代现钱，传统合约被电子合同取代，而信贷按点对点原则进行，由国家或银行承担中介的必要性因而消失。媒体接着说，另一方面，比特币的崩溃及其他一系列加密数字货币首次代币发行的失败动摇了这一信心。人们开始对没有中介者的金融和法律体系的可靠性产生怀疑，私人虚拟货币也无法保证系统交易足够快速。因为与通常的支付相比，数字货币的清算需要更多时间。结果，越来越多的潜在投资者认为，私人数字货币多半仍将是小众产品，无法取代传统金融系统。不过，实物货币印制、监控、防伪等方面需要投入大量的人力财力，还会产生"影子经济"。而数字货币可以有效防止偷漏税行为，大大增加洗钱的难度，媒体又回到了起点，并指出中国人民银行秘密启动"数字货币/电子支付"项目，目的在于简化银行间支付和替代现有清算系统，减轻央行管理资金流量的难度，提高金融业的透明度，动摇美元的世界储备货币地位。央行可能从仲裁者和调控者重新回到真正的玩家，可以直接向消费者和企业发放信贷，而不是通过商业银行，等等。

媒体和前卫学者众说纷纭，但大致可以归纳为：1.货币可以由私人部门发行。2.去中介或者说金融脱媒是趋势。3.中央银行可以替代商业银行业务。4.美元世界储备货币地位会动摇。而这一切变化的根本原因是，区块链技术和数字货币出现。

事实上，货币的本质是价值尺度。技术进步改变的是支付：从有形到无形，从实物到数字，从押运到互联网，从人工计算到电子计算机自动清算结算。可以说，货币天然是数字，但数字天然不是货币。唯有政府，拥有独特的、公允的权威，发行或者说簿记、管理货币或价值数，因此不可能回到私人部门去。这是其一。其二，点对点信贷、P2P 模式的彻底失败及其对债权人的巨大伤害，证明去中介、脱媒的说法纯属一厢情愿，对"信用"的历史和本质毫无了解。其三，货币、价值总量调控与信贷是两码事，央行宏观调控与银行具体经营管理是两码事，货币数字化、支付电子化……并没有改变再贷款、再贴现和商业信贷、资金清算等银行业务流程和本质，贷前审查和贷后管理的任务十分繁杂和繁重。央行偶尔为之可以，例如，美联储2020 年 6 月购买个别企业的债务票据，旨在确保向私营部门放贷的流动性，这是美国央行自新冠病毒大流行给该国带来冲击以来采取的市场干预举措之一。因此，所谓央行要替代商业银行政策性银行全部业务的说法是没有根据的，也没有这个必要和执行能力。最后，世界货币的确定，与世界经济一体化密切相关。在此之前，谁强大、谁可靠，谁的货币就是世界货币。

第四节　银行学说

提要：银行不能为同一事务而对两个人负担债务人的义务。银行代表公众利益，银行信用不容置疑。无论怎么算账，都算不过银行，个人很难占到银行的便宜。国家曾因银行设立而得莫大利益，所有银行未必都理解本身的利益。银行对贷款项目的资本金比例的要求是完全合理的。"勤劳俭朴的私家的债务人"通常比大的公司债务人更可靠。不慎重的银行活动会给国家经济带来负面影响。借贷资本靠同时牺牲产业资本家和商业资本家而进行积累。信用制度和银行制度扬弃了资本的私人性质。

银行学说是关于时间价值的艺术。 在马歇尔看来，时间的因素是每个经济问题的主要困难的中心。在我看来，要理解银行，时间因素尤其重要和关键。一定程度上讲，银行学说是关于时间价值的艺术。

《国富论》述评（一）。 亚当·斯密的《国富论》，夹叙夹议，抽象结论与具体事例交叉运用，充分体现了实事求是的好学风。当然，"是"随"事"异，当年某些"是"，现在成了"非"不足为奇，奇怪的是不能与时俱进。任何学术都不是教条，而是观点、立场和方法。

《国富论》述评（二）。 亚当·斯密说，工资的增加是按算术级数递次增加，而利润的增加是按几何递次增加。工资增加对物价的影响，就像单利对债额累积的作用，而利润的增加就像复利一样。高利润产生的恶果胜于高工资，但是，"关于由自己得利而产生的恶果，他们保持沉默。他们只对由他人得利而产生的恶果，大喊大叫"（亚当·斯密《国富论》）。看，资产阶级古典经济学家对资本家的自私的嘴脸还是看得很清的！

《国富论》述评（三）。 亚当·斯密在《国富论》第四篇第三章中，阐述了四个重要观点：一是银行不能为同一事务而对两个人负担债务人的义务。二是相反的利害关系往往会导致投机买卖的欺诈行为。三是银行设立的目标，原来不是收入，而是公益，其目的在于使商人不致因不利的汇兑而吃亏，由此而生的收入是不曾预料到的，简直可以说是一种意外。四是无论党争如何尖锐，银行（由市长监督）都不曾受到对方攻击。换言之：1. 银行的债权、债务，始终是平衡的。2. 股票、期货等交易市场，参与者是对立统一的，遵循的是零和游戏，投机、欺诈行为禁而难止。3. 义、公益，内含最大的利。4. 银行代表公众利益，银行信用不容置疑。

　　《国富论》述评（四）。亚当·斯密在《国富论》第四篇第三章中，将铸币与通货区别开来，并且认为，通货价值不稳定，本国汇率会被人为低估。当时，靠"贴水"弥补其不足。放在今天，收付双方也不会喜欢价格剧烈波动的货币充当支付手段或结算货币，也不会喜欢汇票价值不确定性。谈到 17 世纪初荷兰阿姆斯特丹商场情况，亚当·斯密事实上注意到了劣币驱逐良币的现象。为了消除汇率造成的风险或者外汇敞口风险，银行做了大量卓有成效的工作，比如以计算货币、单纯的转账或银行货币替代流通中的参差不齐的铸币。谈到那时银行货币、金银受领证书、信贷时，其内在逻辑是，银行货币足额发行。商人以金银取得银行货币或信贷，同时，把金银送银行保管，取得受领证书。期限 6 个月。期届，要么商人归还信贷或银行货币，并持受领证书取回之前存的金银；要么放弃金银，抵销信贷或银行货币。银行在两种情况下都没有损失。第一种情况，银行一般要收 5% 的保管费，相当于信贷产生的利息。第二种情况，相当于金银买断交易，或金银保管费、受领让书转让。银行以 6 个月前投入的银行货币，购买了等值的金银，银行的资产（金银资本金）与负债（流通中的本行货币）是完全平衡的。如果没有银行货币、单纯以受领证书示银行，银行可以放弃保管费以换取它。因为库存的金银价值，等于之前银行付出的银行货币额（信贷）与保管费，受领证书的价格相当于保管费。当然，保管费本身会随着金银价格波动而波动。可见，无论怎么算账，都算不过银行，个人很难占到银行的便宜。

《国富论》述评（五）。说到银行，亚当·斯密有很多精彩的观点。1.国家因银行设立而获得巨大的利益。银行林立，虽未免良莠不齐，以致议院有立法制裁的必要，"但国家曾因银行设立而得莫大利益，却无可讳言"。2.银行发行钞券的主要方法，是贴现汇票，换言之，是垫付货币，收买未满期的汇票。亚当·斯密这里说的，是当时的情况。但是，他在随后论述中指出，票据的真实性、可靠性于银行之重要，时至今日，仍然是对的。当时，商人狼狈相倚，互出循环期票，向同一银行贴现。亚当·斯密了如指掌，论述极为深刻。3.苏格兰各银行所接受的"还款条件特别简易"，这也许是他们银行营业兴旺、国家得益深厚的主要原因。对比今日，信贷程序越来越复杂，审批效率越来越低，要求的材料越来越多，未必是进步。4."不幸的是，所有银行未必都理解本身的利益。"可见，银行同业公会在协调银行整体利益和维护银行的整体形象方面，任重而道远。5.苏格兰的银行在一个长时间内"非常谨慎地要求一切顾客经常定期的归还贷款"，如果他不能照办，那无论他有怎样大的财产和信用，也不要想向银行贷得一文。显然，中国银行界今天动不动展期、借新还旧、续贷，很不严肃。他们不知道，"债务人偿债情况是否正常，大多取决于其业务的盛衰"。所有的尽职调查，都不如按期归还贷款准确有效。6.固定资产或斯密的固定资本贷款，"要使债权人不吃亏，债务人应持有充分的资本，足够保证债权人资本的安全，足够使债务人的营业计划纵使失败，亦不致使债权人蒙受损失，这样对债权人才算公道"。用今天的话说，银行对贷款项目的资本金比例的要求是完全合理的。如果资本金不到位，或者，到位比例不够，银行放贷即潜在风险，除非有别的保证措施存在。7."勤劳俭朴的私家的债务人"通常比大的公司债务人更可靠。历史上是这样，现在还是这样。8.慎重的银行活动，可增进一国产业。让资本活起来、用起来。但是，不慎重的银行活动会给国家经济带来负面影响。9.小面额货币流通速度快于大额，因为零售活动频于批发。这一点对国家印钞结构性安排，是有启发意义的。10. 一种事业若对社会有益，就应当任其自由、广其竞争，竞争愈自由、愈普遍，那事业亦就愈有利于社会。银行竞争也是这样，银行林立，不必担忧（亚当·斯密《国富论》第二篇第二章）。

马克思关于信用述评（一）。马克思说，借贷资本靠同时牺牲产业资本家和商业资本家而进行积累。在这里，有一个如何理解银行的必要和银行劳动的意义的问题。假设没有银行和银行工作人员的劳动投入，产业资本家和商业资本家是不是需要设立一个类似银行的内部职能部门和类似银行工作人员的劳动的投入呢？而且从整个社会角度看，这种的劳动投入和内设机构的花费的总和，会远远超过现有银行体系。因此，从利息的来源角度看，"牺牲"是真的。但从银行的必要和银行劳动的意义看，"牺牲"相当于更经济的利益让渡，更节约的开支。商业信用，无论规模还是影响，最后都让位于银行信用，也很好地证明了这一点。

马克思关于信用述评（二）。马克思在《资本论》第三卷第33章"信用制度下的流通手段"中，提到一个叫查普曼的高利贷大王时说："最可笑的是，这伙人实际上把公众的钱看作自己的财产。"依我看，一个多世纪过去，把公众的钱看作自己的财产的家伙有增无减。除了那些贪污受贿的人以外，财政的人、银行的人，又何止一二？他们最终走上错误的道路，与其错误的观念是分不开的。

马克思关于信用述评（三）。马克思讲，信用制度和银行制度把社会上一切可用的、甚至可能的、尚未积极发挥作用的资本交给产业资本家和商业资本家支配，以致这个资本的贷款者和使用者都不是这个资本的所有者或生产者。因此，信用制度和银行制度扬弃了资本的私人性质，从而自在地，但也仅仅是自在地包含着资本本身的扬弃。银行制度从私人资本家和高利贷者手中夺走了资本的分配这样一个特殊营业，这样一种社会职能。但是这样一来，银行和信用同时又成了使资本主义生产超出它本身界限的最有力的手段，也是引起危机和欺诈行为的一种最有效的工具。《老子》第五十八章："祸兮，福之所倚；福兮，祸之所伏。"一方面，信用制度和银行制度作为资本主义生产方式的产物；另一方面，它们又包含了对其否定的因子，或者说又包含了新的生产方式产生的可能性。

马克思关于信用述评（四）。信用幻想。马克思在《资本论》第三卷第三十六章"资本主义以前的状态"中谈到某些人的"信用幻想"。他们在 17 世纪的最后 10 年，曾企图设立农业银行，以土地所有权为基础，发行一种纸币，使英国贵族摆脱高利贷的盘剥。然而，历史上，现实中，每当债台高筑，或者经济萧条资金紧张时，怀有这样幻想的人就会提出类似的可笑的方案。

货币价格理论。熊彼特对瓦尔拉斯评价很高。瓦尔拉斯说：一个人对支付手段的需求与他对面包的需求相类似。因此，这种需求是可以被纳入边际效应递减规律之内的。瓦尔拉斯以此为基础，从流通方程式发展出一种非常高明的货币价格形成理论。其实，这个理论并不比利率下降趋势论高明。而且，经济危机时期也不这样，在这个时期，边际利率是上升的，而不是递减的。

有人写了一本书，叫《金融激荡 300 年》，总结三条定理，这就是：本金比利息更重要，拯救比惩罚更重要，黑洞定理。其背景是：债务危机，危机化解以及通过其他行业不具备的"内生扩张能力"盈利。显然，在债务危机情况下，本金比利息更重要，问题是本金都收不回来。在危机处置过程中，缓债或者说债务后延，只是众多处置方法中的一个，何况拯救与惩罚并不矛盾。惩罚甚至是拯救的前提和方法之一，例如，平息股东和债权人愤怒，冲销股本金，核减债权，实施债转股以及引进战略投资者等行动的前提，不存在什么比什么更重要。至于黑洞定理，完全不符合马克思主义的银行理论和经济金融事实。银行的利息收入始终是实体经济利润的一部分，不可能像黑洞那样吞噬周边的一切。此其一。其二，在资本自由流动情况下，即没有银行机构设立壁垒的情况下，银行业资本回报率鹤立鸡群是不可能长期存在的。资本自由流动会自动形成社会平均利润率，从而将银行业超高的资本回报率拉低。其三，现实中，银行业平均收入水平可能高于其他行业，但是，社会上最富有的人绝不是银行家。

第三章
货币与生息资本

关键词： 货币　资本　利息

第一节　货　币

提要： 货币越来越像神一般存在。银行的神秘，源于货币拜物教。货币可以是数字，但数字未必是货币。货币，作为资本，现在害了相思病。银行的眼里只有钱，没有具体的物象。中央银行在货币投放上，既不能毫无节制，又不能收缩过度。通货膨胀从来没有停止过，只是高低不同。一部经济发展史，也是一部温和通胀史。银行是现代经济核心，不是因为银行有什么特异功能，而是因为它所经营的产品即货币取得了经济社会中心支配地位。

人民币要成为世界货币，第一靠经济规模，第二靠经济质量，第三靠完全的彻底的自信的全方位的开放。世界大同，货币也必然趋于一种。流通手段的多样性和价值尺度的唯一性是并行不悖的。人民币距离成为美元那样的国际货币还有很长的路程，部分原因是中国国内仍有外汇管制和利率限制。浮动汇率，从银行实际工作者角度看，的确给银行和企业带来巨大的汇率风险，尤其是敞口较大的市场主体。

经过社会认定的数字，完全可以体现货币的本性即社会性。真正发挥价值尺度功能的货币只有一种。

货币载体。 货币或者说价值量，越来越像神一般存在。它可以是任何东西，包括贝壳、金属、纸、芯片甚至数字，但是反过来，这些东西并非就是货币。

货币是黏合剂，黏合生产要素；是催化剂，催化商品劳务。 货币是被动的，等待商品追求；是主动的，调动劳动力和土地资源等。

货币与使用价值。 货币只有变成实物，变成使用价值，满足人民的物质需要，才是财富。货币只有变成资本，变成现实生产要素，才能创造新的财富。银行是迄今为止最伟大的转换器。

货币是一般等价物，是抽象的财富。 所以，在国际上，谁提供、掌控国际流动性，谁就成了世界央行，谁就会像各国中央银行在本国享有特权和利益一样，在国际上享有。

商品经济社会，一切都围绕着金钱运行。 家里热水没了，电停了，门禁坏了，楼道脏了……首先想到的原因，不应该是技术系统出现故障，而是欠费！欠费！欠费！缴费以后，或许马上就好。银行是现代经济核心，不是因为银行有什么特异功能，而是因为它所经营的产品即货币取得了经济社会中心支配地位。然而，真正遇到战争、灾难等紧急情况时，政权很快取代货币权力，钱说了算的假象立刻被戳穿。

货币的感受。 货币的一生，有人爱它，有人恨它，有人表面上恨它而骨子里爱它。有人喻之为神，有人"要把钱批臭"（孙冶方：《社会主义经济的若干理论问题》续集）。可是，钱呢？像诗僧仓央嘉措那样：

> 你见，或者不见我
>
> 我就在那里
>
> 不悲不喜
>
> 你念，或者不念我
>
> 情就在那里
>
> 不来不去
>
> 你爱，或者不爱我
>
> 爱就在那里
>
> 不增不减
>
> 你跟，或者不跟我
>
> 我的手就在你手里
>
> 不舍不弃
>
> 来我的怀里
>
> 或者
>
> 让我住进你的心里
>
> 默然　相爱
>
> 寂静　欢喜

货币的表现形式。 在中华人民共和国境内，人民币是唯一的合法货币。所谓纸币、硬币、纪念币、电子货币、数字货币，都是人民币的价值表现形式和计量工具，不是什么人民币以外的任何新的货币种类。人民币作为价值尺度没有改变。作为支付手段贮藏手段本身可以电子化数字化，货币数字化并非数字货币。货币可以是数字，但数字未必是货币。

劣币驱逐良币。等值的纸币，人们喜欢把新的留下，把旧的脏的用出去，这说明劣币驱逐良币不只是一个利益的考量，也是喜新厌旧心理作用结果。把人理解为纯粹的经济人是不对的，以此假设为前提的经济学是片面的。

货币拜物教（一）。乔叟著《坎特伯雷故事》里的牧师是"谁出了钱，谁就悔了罪"。医生"他爱黄金比爱什么都厉害"。乔叟生活的年代相当于中国的元末明初时期，是中世纪英国诗人、文学家。自从有了商品经济和商品交换，有了货币，货币拜物教现象就同时产生了。无论人们怎么嘲讽，这种现象没有丝毫改变。

货币拜物教（二）。货币拜物教是在货币作为价值尺度和流通手段功能上完成的，资本拜物教则是在生息资本的形式上完成的。不管什么拜物教，用庄子的话来说，都是役物抑或物役问题。人的言行一旦被物质支配，物即神化，人成了崇拜者，从而形成了类似宗教信仰一般的现象。一个明智的人，是不会被物质支配的，不会成为物质的奴隶，恰恰相反，物质在他那儿只是生活的工具和彰扬道德的手段。

货币拜物教（三）。银行的神秘，源于货币拜物教。而货币拜物教源于商品生产和商品交换本身。世界上没有任何一件东西，比钱更受欢迎。于是，钱变成了神，银行变成了神庙。

货币拜物教（四）。古今中外，很多人在描述货币拜物教现象时，惟妙惟肖，甚至尖酸刻薄。鲁褒的《钱神论》、莎士比亚的《雅典的泰门》，许多人都熟悉。而巴尔扎克的《驴皮记》有两句文字未必清楚："他相当有钱，可以使渺小的事情变得伟大，可以使邪恶化为高雅而优美"，"他不会服从法律，法律倒要服从他。没有为百万富翁而设的断头台，也没有对他们行刑的刽子手"。金钱的能量，几乎所有的人都能感受到。但货币拜物教产生的原因，不是每一个人都可以说清楚。这方面，要佩服马克思。他的分析最为透彻、科学，即源于商品经济生产和交易本身。

货币的功能。货币，作为货币，它是单纯的。它在履行价值尺度、流通手段、贮藏手段、世界货币等功能时，它是尽职尽责的，没有任何非分之想。然而，货币，作为资本，它是复杂的。用马克思的话说，货币现在害了相思病，只要它被贷放出去或者投到再生产过程中去，那就无论它是睡着，还是醒着，是在家里，还是在旅途中，利息都会日夜长到它身上来。这样，在生息的货币资本上货币贮藏者的虔诚愿望得到了实现。这里讲的愿望，亦即中国人说的钱生钱。

交换价值必须在货币上取得独立的形式，这是商品生产的基础。在信用收缩或完全停止的紧迫时期，货币会突然作为唯一的支付手段和真正的价值存在，绝对地同商品相对立，因此，商品会全面跌价，并且难以限制，不可能转化为货币，就是说难以甚至不可能转化为他们自己的纯粹幻想的形式。因此，中央银行在货币投放上，既不能毫无节制，又不能收缩过度。保持与经济增长速度同步的货币增速是必要的。超过部分就是 CPI。

预测货币价格。利率、汇率对银行来说极其重要，其走势对银行经营和财务影响巨大。此其一。其二，利率、汇率预测很难，很考验银行工作人员的理论根基和经验水平。像巫婆神汉、卜卦算命占星那样，当然容易。其三，银行要攻坚克难，预测利率、汇率走势，并且尽可能预测准。总之，三句话，利率、汇率很重要，利率、汇率走势预测很难，而银行必须做好利率、汇率预测。写到这里，不禁想起《礼记·中庸》中的一句话："凡事预则立，不预则废。言前定则不跲，事前定则不困，行前定则不疚，道前定则不穷。"

货币、财富与收入。 货币、财富、收入是三个既相互联系又不完全相同的概念。货币是一般的、抽象的财富和价值。财富是具体的、可以用货币标示的使用价值。收入可以采取货币形式，也可以采取具体的使用价值或财产形式。亚当·斯密在《国富论》第二篇第二章中也有论述。他说："货币是流通的大轮毂（纸币代替金银币，无异于新轮毂换旧轮毂），是商业上的大工具。像一切其他职业上的工具一样，那是资本的一部分，并且是极有价值的一部分，但不是社会收入的一部分。把收入分配给应得收入的人，固然是靠了铸币内含金块的流通。但那金块，绝不是社会收入的一部分。"收入的一部分是什么呢？亚当·斯密认为，是其购买力或消费力即取得消费品的价值。是的，在特殊时期，比如，瘟疫、地震等发生时，如果不能迅速换取某些特定物资，钱、货币几乎是没用的，货币符号特征和象征意义暴露无遗。

银行与货币经营（一）。 银行之所以引人注目，不在于机构的商业性，而在于经营产品的特殊性，即货币，"因为它具有购买一切东西的特性，因为它具有占有一切对象的特性，所以是最突出的对象。货币特性的普遍性是货币的本质的万能；因此，它被当作成万能之物……"（马克思：《1844 年经济学哲学手稿》）

银行与货币经营（二）。 银行是经营货币的机构。而货币是一般等价物。所以，以某种商品，例如，土地、盐、房屋、交通等为经营对象，或者，以某个行业为固定经营范围而成立银行，是没有实在意义的。银行既不会像唐僧那样老老实实坐在划定的圈子内,"妖怪"也不会停止对他的引诱。钱,是吃了长生不老的唐僧肉。

银行与货币经营(三)。银行的本质是一样的,不会因为它的名字不同而不同。除了银行,所有的行业都是以某种特殊的商品为经营对象。所以,它们可以划分为不同的行业和职业。银行不是这样。因为银行经营的是货币。而货币是同质的、普适的,只有量的差别,没有质的不同。特殊和一般是一对矛盾。银行是为所有的行业和所有的职业服务的。它没有对象之分。银行的眼里只有钱,没有具体的物象。它的最终目的是让生息资本增值。它并不真正关心工艺和市场。它对那些能还本付息的企业家、个人,有一种天然的亲切感,相反,避之唯恐不及。

银行与货币经营(四)。马克思说,一切发放贷款的资本家进行的积累总是直接以货币形式进行的积累。产业资本家的积累,农场主的积累,有别于这种积累。银行,天生为钱生、为钱死,与钱永远在一起。

经济危机与现金。经济危机有各种表现。"在危机中,信用主义会突然转变成货币主义"(马克思)是其中之一。产业资本家因为流动性困难而到处借钱并碰壁。票据贴现变得困难且成本极高。商人们只相信现金。

货币与财富。随着社会的发展,财富的不断积累,资金的供给会逐渐大于需求。货币是历史财富的累积数,而需求永远是当年的量。二者的差距,既可以是利率不断下降的原因;也可以是货币贬值、通货膨胀一个重要诱因。

通胀。通货膨胀从来没有停止过，只是高低不同。从长期看，贷款利率减去通货膨胀率后，并不算高。而对存款人来说，存款利率减去通货膨胀率后，有时候还会出现负数。所以，对任何一个诚实的勤劳的企业家来讲，负债经营、借钱创业都是值得的。

货币供应与通胀。关注和控制通胀，是通过关注和控制基准利率还是通过关注和控制货币供应量，并非二选一、非此即彼。哪个方式有效，就采用哪个方式。如果两个方式都有效，采用两个方式未尝不可。最适货币供应量计算公式或最佳货币供给增长率方程，理论上是存在的。但事实上，正如沃尔克所说，充其量只能说是天真的且是危险的误导。换句话说，货币供应量只能不断调节，依据是利率和物价指数等指标变化。

货币不贬值，经济没活力。货币，是一切经济活动的诱饵。人们都希望别人拥有的商品和资产的价格稳定，自己拥有的商品和资产的价格不断上涨。于是，温和通胀或货币适当贬值（＜3%），大家都能接受。政府呢？求之不得。经济因此被激活。可以说，一部经济发展史，也是一部温和通胀史。

货币不贬值，个人没压力。由于温和通胀的存在，人们的工作和生活有了无形的压力。他们要保持和提高现有生活水平，必须想方设法，赚取更多的钱，获取更多的收入。政府通过货币贬值，可以获取铸币税，可以弥补赤字，可以减少债务压力。币值稳定，社会相对稳定乃至停滞，简单再生产而不是扩大再生产。所以，贬值，个人有压力，政府有动力。

货币与约束。一种货币，因为约束，所以稳定；因为稳定，所以有人以为可以摆脱约束，不需要约束。这是历史上一切好的货币的经验，也是其变坏的教训。好的货币，必须接受约束。不管这种约束是黄金，还是货币供应量、物价指数。离开约束的货币，就像脱缰的野马，一定会增加对其任性控制的难度。

从铸币到价值符号。铸币流通的历史相当长。在中国，最具代表性的铸币，是外圆内方的铜钱。铸币刚投入流通时像美丽的姑娘，丰满、漂亮。经过反复流通，用马克思的话说在尘世中不断奔波后，才变得消瘦、残缺（甬说有意刮削或折磨）。这让人联想到纳兰词，"辛苦最怜天上月。一昔如环，昔昔都成玦。若似月轮终皎洁，不辞冰雪为卿热"（纳兰容若：《蝶恋花》）。多情的纳兰是在感叹生离死别，在悼念亡妻。若论铸币之辛苦，亦不亚于天上月，一昔如环，昔昔都成玦，最后只留下一个伟大的名字了。而这个名字，即价值符号，只要不妨碍纳税和正常交易，它与实体不一致甚至完全分离是可以的。纸币、电子货币、数字货币……因此诞生，并被广泛接纳的道理，即源自这里。

世界货币（一）。主权货币成为世界货币之前，成为贸易计价单位或结算货币。互换或投资货币以及央行储备货币都是必要的，但不是充分的。如果一个国家的货币不能自由兑换，资本不能自由流动，账户不能开放，那么，这种货币成为世界货币，还有很长的路要走。

世界货币（二）。一般来说，货币在国际上的地位和影响，与发钞国在国际上的地位和影响是一致的。二战以后，美元雄居世界货币市场霸主地位，与美国在国际上的地位和影响完全相称。20 世纪 60年代，被称为美国之巅（America high）。这一点，我不同意麦金龙教授自相矛盾或者调侃的观点，即"世界性的美元本位制是一次历史的偶然"。当然，这与货币制度设计或者说黄金本位也是分不开的。1971 年以前，美国人承诺：35 美元可随时兑换一盎司黄金。1971 年，尼克松正式关闭黄金窗口，切割掉美元与黄金的联系（1969 年，潜在可兑换黄金的债权总计为美国剩余黄金储备的 3.5 倍多！）。但世界仍然维持在一个纯粹的美元本位上，美元仍是主要的国际计价单位、结算手段和官方储备货币。不过，美元的神话受到了质疑。币值就是货币的身价。可以说，欧洲的复兴和日本的崛起是美元第一次降低身价走下神坛的主要原因。随着中国改革开放的成功和新兴经济体的出现，美元面临着第二次降低身价走下神坛的危险。美国总是逼迫贸易对手的货币升值，以改善贸易和财政状况。实际上，贸易和财政状况与实体经济有关系，与货币的关系并不那么密切。美元贬值只会使美元的地位、影响和声望进一步受到损害。但是，人民币要超越美元成为国际货币、世界货币的路还很长。这不仅与中国的经济总量仍低于美国、人均经济实力差距更大有关系，而且与中国的货币当局自我束缚人民币，实行过时的外汇管制分不开。

人民币国际化与外汇管制。美国经济学家罗纳德·麦金龙在《失宠的美元本位制——从布雷顿森林体系到中国崛起》一书中，给中国戴了一顶帽子，叫"一个不成熟的债主"（Immature creditor）。他说："人民币距离成为美元那样的国际货币还有很长的路程，部分原因是中国国内仍有外汇管制和利率限制，金融上的不成熟，意味着中国尚不能通过积累对外人民币债权融通其巨大的储蓄盈余，而必须诉诸于流动性不佳的对外直接投资或者对外美元债权。但是，中国的银行与保险公司在其国内金融负债为人民币时，被禁止持有美元流动性债权。由于这种货币错配，中国还不能放开其外汇市场或让汇率自由活动——于是政府便陷入扮演贸易盈余的主要金融中介这一圈套中。"明白了吧，中国货币当局，一方面将人民币国际化作为自己的工作目标；另一方面，他们在制度设计和机制安排上阻碍人民币成为国际货币。他们把外汇管制看得比对外开放、自由贸易和投资更重要。

美元本位制述评。2012 年，罗纳德·麦金龙在斯坦福写道："毫无疑问的是，与其他新兴市场经济体一样，中国在快速增长的对外贸易和国际支付中很好地利用了美元本位的货币特征。当中国在 1994 年将多重汇率体制转变为单一的人民币 / 美元汇率，并在 1996 年实现经常账户可兑换时，美元本位成为其价格水平及更一般意义上金融系统所急需的锚。但是我当时没有想到，中国今日会成为世界美元本位制的一个支柱，纵然仅属无意。"他继续写道："中国所起的支撑性作用很大部分源于其自身的实力——极高的国内储蓄导致巨额的国内投资及近年来的对外投资，这使得他以美元为基础的对外贸易规模在全世界最大。"（罗纳德·麦金龙：《失宠的美元本位制》）可见，美元对中国或者中国对美元的意义和作用，在不同的时期不同的情景下，是不一样的。现在的情形是，一方面，中国经济客观上成为世界美元市场的支柱，另一方面，由于中美贸易不平衡等所谓理由导致美国国内出现"打压中国"（China bashing）的错误倾向。真是冤大头啊！如果人民币自由兑换，没有资本项下的严格限制，人民币可以直接用于国际贸易和投资，而不是借助美元，那么，世界经济、中美双方及其内部的不平衡状况会大大改善。

汇率。麦金龙教授生前，不仅给中国戴了一顶不成熟债权人的帽子，而且认为作为不成熟债权人的中国，不应导入浮动汇率制。教授地下有所不知，有管理的浮动汇率机制是中国货币当局近年来津津乐道的事。事实上，无论有无管理，浮动汇率，从银行实际工作者角度看，的确给银行和企业带来巨大的汇率风险，尤其是敞口较大的市场主体。由于美元债权，包括应收美元账款的存在，加上汇率的波动，银行或企业会因此出现莫名其妙的浮盈与浮亏（一些企业结汇后，则产生真正的盈亏），从而使财务报表信息严重扭曲。麦金龙教授建议，作为世界货币的锚，美元价值必须稳定，同时，国际汇率要相对稳定，充分体现了一个学者的良知和诚实的品德，对任何市场主体，除了货币市场的投机者外，都是有益的。

特区币。据说，当年中国创办经济特区的时候，有领导提出，特区可以发行自己的货币（中共中央党校：《习近平在厦门》）。但经过专家一番调研论证，结果给否了。现在看来，经济特区发行货币，与国家主权没有关系。否则，欧元就不可能诞生。换句话说，货币不一定是主权的一部分，二者可以分离。如果当年经济特区发行货币，与港币不一样，或许人民币走向世界早已水到渠成。

货币国际化与央行影响力。有人说，19 世纪是国际金本位时代，也被称为第一次金融全球化时代，英镑在 19 世纪国际经济中占据主导地位，英格兰银行的影响力超过了其他任何央行。为此，英国人和金融界人士洋洋得意，以为日不落帝国就是金融帝国。实际上，这只不过是当时英国经济、政治、军事实力，在金融领域的一个表现而已。后来，黄金 / 美元体系和美元体系，道理也不过如此。

主导货币。19 世纪，英镑是世界主导货币。20 世纪，美元是世界主导货币。《货币变局》的作者们认为，21 世纪，由于计算机网络技术进步和中国经济崛起，主导货币不再是唯一的某国货币，多种货币在国际上并行不悖或多元国际货币体系的时代已经到来。与其说主导货币，不如说主要货币，且计价、支付、结算过程一样快捷、便捷，不存在任何障碍和额外成本。应该说，随着一国经济总量在世界经济总量中的份额加大、比重提高；贸易和投资额在世界贸易和投资总额中的份额加大、比重提高，其货币的计价功能、结算功能、流通功能，会相应提高和加大。人民币能否成为 21 世纪主导货币或主要货币，既是水到渠成的事情，也是主动作为的结果；既是实力和智慧外化的结晶，也是大气和勇气集中的体现。任何一种货币要成为世界主导货币，首先它自身要完全可兑换，它与任何货币的交易完全自由，以它为代表的资本进出完全无障碍，以它计价的货币市场和资本市场完全开放。如果一种货币躲在家里，不见风雨，怕见世面，同时，怀疑其他货币和市场力量，那么，它不可能成为国际主导货币。所以，货币当局的勇气、自信、胸襟与驾驭能力十分重要。人人都认为它可以夺冠，它自己也有想法但没有行动，那是不行的！

美元通胀。在美联储前主席沃尔克的心中，藏着三个真理，即稳定的价格，稳健的金融，良好的政府。可是 1971 年，作为尼克松政府负责货币事务的财政部副部长，沃尔克主导了美元与黄金的脱钩，以及布雷顿森林体系的终结，从此，他客观上让美元通胀成了一匹难以驯服的野马。

通货膨胀的负面影响与恩格尔系数成反比。恩格尔系数越高，表明经济越落后，通货膨胀负面影响越大，例如，古近代社会；反过来，恩格尔系数越低，经济越发达，人们基本生活需要越满足，因此，通货膨胀负面影响越小，例如，当代社会。这就是古近代社会人们对通货膨胀极度反感，而当代社会人们对通货膨胀没有强烈感觉的原因。

通货膨胀负面影响与通货本身的地位和流通区域成反比。通货本身地位越高，流通区域越宽，通货膨胀负面影响越小。反之，越大。美元是世界货币，在全世界流通，所以，美国量化宽松货币政策，对美国人民造成的负面影响，远没有其他主权国家货币滥发对其本国国民造成的损害大。世界货币割的是世界人民的韭菜，而任何其他主权国家的货币滥发，只能搜刮本国人民的财富。全世界人民的承受力，一定大于任何一个国家的承受力。同样一杯水，倒进小杯子里和倒进锅里，结果不一样。这就是美国可以不断地滥发美元，搞量化宽松，而其他国家却不能跟着干的原因。

马克思货币述评（一）。马克思说，银行制度用各种形式的流通信用代替货币，这表明货币事实上无非是劳动及其产品的社会性的一种特殊表现，但是，这种社会性，和私人生产的基础相对立，归根到底总要表现为一个物，表现为和其他商品并列的一种特殊商品。不过到今天，我们看到，马克思讲的这个"物"，可以是银行账上的一组数字，未必是真物，经过社会认定的数字，完全可以体现货币的本性即社会性。

马克思货币述评（二）。马克思说，只有蒲鲁东这个既要保存商品生产又要废除货币的风靡一时的作家，才会梦想出无息贷款这种怪物，妄想实现小资产阶级这种虔诚愿望。历史上，像蒲鲁东这样的人不少。他们丑化货币，憎恶金钱，试图在保存市场的前提下，废除货币。他们不知道货币是商品生产和交换的产物。

马克思货币述评（三）。马克思说："货币是需要和对象之间、人的生活和生活资料之间的牵线人。但是，在我和我的生活之间充当中介的那个东西，也在我和对我来说的他人的存在之间充当中介。"（马克思：《1844年经济学哲学手稿》）作为货币经营者，作为中介，作为资本的牵线人，银行任重而道远。一方面人没事干，一方面事没人干；一方面商品积压，一方面买不起，原因多方面，但银行肯定难脱干系。

马克思货币述评（四）。银行家受人尊重，银行受人青睐，主要原因是银行经营货币，而"货币是受尊重的……货币是万物的实际的头脑……货币是真正的创造力"（马克思：《1844年经济学哲学手稿》）。

《货币变局》述评（一）。《货币变局》的作者美国巴里·艾肯格林、法国的阿尔诺·梅尔、罗马尼亚的利维亚·齐图信心勃勃地指出：21世纪全球经济将以人民币为中心，并受中国人民银行的影响。中国的庞大人口规模确保她一定会超过美国，成为全球较大经济体，就像美国在19世纪晚期超过英国一样。之后，人民币将超越美元或将成为主导国际货币，道理就和美元取代英镑一样。作为中国人，无不欢欣鼓舞。但是，这一天，绝不会敲锣打鼓、轻轻松松到来。人民币要成为世界货币，第一靠经济规模，第二靠经济质量，第三靠完全的彻底的自信的全方位的开放，第四靠军事确保经济安全。

《货币变局》述评（二）。《货币变局》的作者说，传统观点：世界上只能有一种真正的国际货币。而他们提出的新观点是：数种国际货币可以并驾齐驱。这不禁让人想起了杜牧的《阿房宫赋》：六王毕，四海一。在世界大同之前，每一个经济体都有一种货币，是完全正常的。但随着经济一体化，全球一体化，世界大同，货币也必然趋于一种。欧元的出现就是一个很好的例子。在此之前，国际贸易、世界储备等使用的货币的确不止一种。但是必须承认，真正起世界货币作用的，发挥世界商品价值尺度功能的，只有一种，这就是世界的主导货币，尽管这种主导地位是可以替代的，而不是固定的、世袭的、永久的。

《货币变局》述评（三）。 《货币变局》的作者说，多个国家的货币能够同时发挥重要的国际作用，国际货币地位的惯性和持续性并没有传统观点所设想的那么强。他们指出，关于国际货币地位的传统观点更多的是基于理论而非实证。实际上，作者们犯了一个严重的错误，即假定存在的就是合理。事实上，货币种类虽然很多，但是，汇率把它们融合在一起，真正发挥价值尺度功能的货币只有一种，其他货币只是发钞国商品的总代表而已。在多种货币同时起作用的地方，真正起锚定作用的货币只有一种。作者用计算机系统兼容来佐证多种货币共存并发挥作用的可行性，不知道汇率将多种货币联系在一起与事实上只有一种货币发挥世界货币（价值尺度）作用是两码事。流通手段的多样性和价值尺度的唯一性是并行不悖的。如果所有的货币都发挥世界货币价值尺度作用，那就乱了，就无所谓尺度了。除了一种货币真正充当世界货币外，其余的货币充其量是发钞国的价值尺度。当它来到世界舞台，它必须和充当世界货币的货币形成比价（汇率），被它评估、丈量。不管它有多大的委屈，有多么的不满。

凯恩斯《货币论》述评。

（一）恩格斯讲，经济学最重要的两门基础科学是历史和数学。凯恩斯太注重现实，而忽略了历史。他在《货币论》中说，物价稳定是理想状态。但如果做不到，宁可让物价温和地上涨。他反对物价不断下跌。在他看来，通货紧缩（物价下跌），使财富从活动的阶级转移到不活动的阶级（食利阶级），这对经济稳定殊为不利。而物价上涨会给企业带来意外的利益，提高潜在投资者对利润的预期，对促进高水平的投资和就业是一个必要的刺激。凯恩斯难道不知道过去的历史就是一部货币更替、通货贬值的历史？难道不知道政府创造货币比人民创造财富要容易得多吗？哪一个政府不明白通货膨胀是攫取财富、应对财政捉襟见肘的重要手段？所以，担心通货紧缩，无异于杞人忧天。所谓通货紧缩有利于食利阶级，更是无稽之谈。何况经济萧条、通货紧缩下，利息收入也会随之减少的。至于温和地物价上涨，或者温和通胀（今天大多数国家央行的目标是3%以内），那是必然的。历史上，谢天谢地，政府算有点节制，有点良心。温和的通货膨胀，对投资和就业有没有刺激作用，回答应该是肯定的。但也是一定的或者说有限的，绝不能得出结论：通货膨胀越高，刺激作用越大。其中的道理也很简单，并不复杂。凯恩斯讲了一些。但最重要的是，人们对手中财富缩水的恐惧和商品经济社会货币的先导作用。人们必须要去赚更多的钱，而流通中恰恰有更多的钱存在了。

（二）货币购买力。凯恩斯在《论货币》第四章"货币的购买力"中讲，人们持有货币不是为了货币本身，而是为了它的购买力，也就是为了他所能购买的东西。因此他所需要的并不是若干单位的货币本身，而是若干单位的购买力，但由于除了货币形式以外就无法储存一般购买力，所以对购买力的需求便转化成货币"等值"量的需求，若干单位的货币与若干单位的购买力之间的等值关系的尺度是什么呢？无疑是物价指数。由此可以解释，为什么人们对物价上涨敏感，对货币贬值怨恨！当然，在货币供应量没有发生改变的情况下，由于天灾人祸而引起的商品供应不足或商品生产和流通困难，也会导致货币贬值，物价上涨。但是，这个时候，人们的怨恨会转移到非货币当局身上。

（三）凯恩斯在《论货币》结尾时说，就货币学而言，统计资料对提出理论、测量理论，并且使人们信服具有头等的重要性。货币理论归根结底不过是大规模的精心体现"洗一洗，全都在这里"这句古话而已。可是要说明这种情形并且使我们信服，那就需要一张完整的清单。商店里柜上收的钱总算起来应当等于顾客花的钱，公众的开支总数应当等于他们的收入减去搁起来的钱。这类简单的道理的意义和关系，显然都最难理解。凯恩斯是一个注重现实特别是统计资料分析的经济学家，也是一个在一线经济部门工作过的实践者。他试图从数据中发现货币规律，同时希望在数据中印证他的货币理论。可惜统计并不追求精准，也不主要为学者研究提供服务。

第二节　资　本

提要：剩余价值是生产资本的亲子，而利息是生息资本的养子。利息率或大或小的、近似的平均化，是一条规律，而跨境套利，是这个规律作用的表现。钱能生钱是一种假象，一种幻觉，它掩盖的是生息资本和利息的本质。经济危机表现为货币荒，但形成货币荒的原因非常复杂。发展中国家，历史财富积累有限，所以，自有资本占比普遍偏低（法定 20%—25%）。

现代信用制度生产融为一体，与产业资本同舟共济。压低利息率的呼声，既是产业资本和生息资本矛盾的必然反应，也是生息资本优先独立发展即脱实向虚未能从属于产业资本的结果。银行家资本的最大部分纯粹是虚拟的。等量资本要获取等量的利润。信贷行为绝不是道德行为。信贷的生产性是信贷可持续的基础。

储蓄和投资是一对矛盾，有对立面，也有统一面。储蓄尽可能转化为投资，有利于就业和财富创造，有利于经济发展和繁荣。到发达地方筹钱，去落后地方办厂；搞金融的人去大城市，搞实业的人去较小的城市，成为一个普遍现象。降息，是促进资本积累，支持产业长期发展最直接、最有效的政策工具之一。企业可以养活银行，但银行绝对养不活企业。

剩余价值是生产资本的亲子，而利息是生息资本的养子。

货币的借和贷，完全不同于商品的买和卖。 蒲鲁东的错误就在这里。由于他把二者等同起来，所以，他完全不能理解生息资本的特性，不能理解利息的合理性。

银行的天职是让货币转化为资本。 银行的天职是让货币转化为资本，形成现实生产力；而利息是生产资本对银行的回报。在生产经营过程中，备付金或者闲置资金不可避免地存在着。同时尽可能多地让它发挥资本的作用。

要敢于负债经营。 偏于保守的人，喜欢安逸的人，心无大志的人，谨小慎微的人，不想、不敢、不会负债经营。他们宁愿点滴积累，有多少本钱，做多少生意。他们稳，但可能丧失机会。

资本比例高低影响利润分配多少。 每一个国家和地区发展阶段不一样，财富积累的状况差别很大，同样是办企业、投项目，自有资本比例相差悬殊。中国是一个发展中国家，历史财富积累有限，所以，自有资本占比普遍偏低（法定20%—25%）。换句话说，负债率偏高，很多人近乎白手起家。这就决定了利润分割时，银行的占比高。

货币转化为资本的同时，货币取得了一种新的使用价值，即生产利润的权利。 银行让渡这项权利的回报叫利息，即从产业资本家那里分一杯羹，从利润身上割一块肉。所以，马克思说，利息不外是一部分利润的一个特殊名称，一个特殊项目。不过消费信贷出现以后，问题变得复杂起来。人们借钱去消费，显然不产生利润，银行利息照收不误，它从哪来呢？怎么解释呢？马克思说，如果借入者不把这个货币作为资本来使用，那是他的事情。贷出者是把货币作为资本贷出的，而作为资本，它必须执行资本的职能，即赚取利息。

银行不过是公司、个人的财务的部分社会化。凯恩斯把产业资本家同金融资本家区别对待，认为企业家在经济上是一个活动的阶级，而食利阶级则是一个不活动的阶级，因而自始至终看重前一阶级，而主张牺牲后一阶级（凯恩斯：《货币论》）。这个观点是片面的，因此是错误的。银行不过是公司、个人财务活动外化、社会化的独立形式。它节约了社会成本，提高了资金使用效率，它是全社会所有公司和个人的财务顾问，是所有仍保留在公司内部的财务部门的共同的调剂机构和公用的簿记系统，它是经济发展到一定阶段后的明智选择。金融资本始终与产业资本荣辱与共，肝胆相照。企业可以养活银行，但银行绝对养不活企业。牺牲银行的利益，最终牺牲的是企业的公共利益。

什么是虚拟资本？人们对虚拟资本的理解未必正确，有的甚至可以说简单粗暴，即将证券视为虚拟资本。马克思说的虚拟资本，要从两个角度去理解，一是从虚拟资本的形成即资本化的角度去理解。举例来说，100块钱的投资，年回报率5%。如果某一年回报率提高到10%，那么，前述100块钱投资的拥有者拥有的资本，相当于升值了一倍，即200元。相反，回报率下降到2.5%，资本价值即相当于缩水了一半，即50元。事实上，资本在生产领域或者说它的实物形态和价值没有任何变化。这种资本估值因为收益率变化而变化，因为收益率资本化，似乎突然增加或失去了一部分，这一部分即虚拟资本。"它的价值始终只是资本化的收益，也就是一个幻想的资本按现有利息率计算可得的收益。"用会计术语表达，也可以叫资本浮盈或浮亏。二是从生息资本周转速度去理解。由于货币流通速度存在，货币流通量极大地节约了。同理，同一笔资金以存款或者贷款的形式出现的次数越多，即生息资本周转的速度越快，周转的次数越多，或者说信用创造（亚当·斯密讲，同一些货币可以连续用来进行许多次借贷，正像可以用来进行许多次的购买一样）能力越强，生息资本供给能力越足，即随着周转速度提高而实现了规模的不断扩大。由于银行信用制度的高度发达，生息资本被不断放大的部分即虚拟资本。明白这一点，银行会特别重视账户体系建设，盼望客户在本行开户，换句话说，银行的账户越多，客户越多，虚拟资本膨胀能力越强，利息收益会随着借贷次数增加或者说虚拟资本规模扩大而等比例增加。"因此，银行家资本的最大部分纯粹是虚拟的。"

理解生息资本本性。简单中包含着复杂，复杂由简单组合而成。世界上不存在绝对简单的事，也不存在绝对复杂的东西。例如，资本主义复杂的生产关系蕴含在简单的商品的属性中。而银行的种种行为都是生息资本、货币资本本性的体现。如果资本的本性受到扭曲、压抑而不能人格化，那么，银行界就会出现一些奇怪的现象。

生息资本的历史源远流长。高利贷资本是它的古老形式，商人资本是它的孪生兄弟。它的出现只需要有一部分产品转化为商品，货币已经在它的各种不同的职能上得到发展。换句话说，纯粹的自然经济是不可能存有生息资本的。在资本主义生产方式以前，它具有特征的存在形式有两种，一种是对那些大肆挥霍的显贵，主要是对地主放高利贷，一种是对那些自己拥有劳动条件的小生产者放高利贷。富裕的地主因高利贷而遭到破产，小生产者被敲骨吸髓，这二者造成了大货币资本的形成和集中。但它在毁灭旧的生产方式的同时，能否创造新的生产方式，完全取决于历史发展阶段。在近代以前多数时间，它迫使小农经济退化，回到奴隶经济时代，所以它总是被谴责和抑制。

　　资本周转速度越快，利润（利息）越多。读亚当·斯密和马克思的著作，能更加清楚地认识到，为什么银行资本比一般实业资本更容易赚钱？"因为存款只是公众给予银行家的贷款的特殊名称。同一些货币可以充当不知多少次存款的工具……在这种信用制度下，一切东西都会增加一倍或两倍，以至变为纯粹幻想的怪物。"显而易见，产业资本周转速度越快，利润也会越多。但是，产业资本周转速度再快，也比不上生息资本周转的速度。存款变贷款，贷款变存款，再存款、再贷款，循环反复，以至无穷。"在借贷中，它（货币）并不是作为流通手段从一个人手里转移到另一个人手里。只要货币在贷出者手里，那么货币在他手里就不是流通手段，而是他的资本的价值存在。"即，每一次换手，每一次周转，每一次存贷，都必须给他带来息差收入。因此，与产业资本受限于生产过程从而周转速度相当慢，原有资本增加必须等未分配利润转增相比，生息资本周转的速度要快得多，并且在虚拟资本形成过程中，息差收入也源源不断地流向银行。这就是银行遭人羡慕妒忌恨而又束手无策的原因之一。

　　信用制度有利于潜能的释放。作为可能的资本家，可以得到贷款，这是资本主义生产方式得以巩固的原因之一，也是资本主义制度，同中国科举制、天主教教阶制度一样，"用心险恶"之所在。一个没有财产，但精明强干，稳重可靠，有能力和经营知识的人，通过信用贷款能成为资本家，因为在资本主义生产方式中，每一个人的商业价值总会得到或多或少正确的评价。所以，完善信用制度，扩大信用贷款，意义极其重要。特别是对那些有能力、有知识而缺乏资本积累的人来说，意义非凡。同时，对社会稳定、政权巩固，意义深远。

　　信贷与资本增值。瑞·达利欧在《债务危机》一书中提道："信贷是指赋予他人购买力，他人承诺今后偿还该购买力，即偿还债务。

显然以信贷的方式赋予他人购买力，这本身是一件好事，相反地，不赋予他人购买力，使其无法去做有益的事，可能会产生不利的后果。因信贷不足而导致发展缓慢无疑是件坏事。但债务人无力偿还债务时，就会产生债务问题。换言之，判断信贷/债务快速增长是好事还是坏事，取决于信贷产生的结果和债务偿还情况。"显然，与马克思对生息资本的论述相比，达利欧的论述是浅薄的、粗俗的，某些地方甚至是有害的。信贷行为绝不是道德行为，不能用道德作为判断标准。信贷行为由生息资本本质决定。信贷有利于企业，也有利于银行自身。资本必须在流动中增值，在奔波中繁衍。

信贷的作用。达利欧说，相比信贷/债务增长过快，其增长过慢导致的经济问题同样严重，甚至会更糟糕，因为信贷/债务增长过慢的代价就是会错失发展机会。由于信贷同时创造了购买力和债务，因此增加信贷是好是坏，取决于能否把借款用于生产性目的，从而创造出足够多的收入来还本付息。如果能够实现这一点，资源就得到了良好的配置，债权人和债务人都能从中获利，否则，双方都不满意，资源配置很可能就不甚理想。的确，信贷具有资源驱动和调配作用，忽略这种作用是很可惜的。强调信贷的生产性也是对的，即提供更多的商品和劳务，这是信贷可持续的基础。

正确看待储蓄。凯恩斯在《货币论》第十二章中，再一次颂扬投资而贬低储蓄。认为储蓄是消极行为，而投资是积极行为。资本的增减取决于投资量，而不取决于储蓄量。甚至赞同储蓄无用论，个人怎样运用剩余款项，与投资完全无关，不论是存到银行里，还是还债抑或是购买房屋和证券，只要企业家没有随着增加投资，结果总是一样。面对经济萧条，凯恩斯强调投资包括政府投资的这段话，的确可以理解，也可行。但是理论上，不能颂扬投资，贬低储蓄。储蓄和投资是一对矛盾，有对立面，也有统一面。仅仅看到对立面，是片面的、不够的。没有储蓄，哪来的投资？人们把零星的、暂时闲置的钱存在银行或者购买有价证券，银行和财政、企业会以贷款或投资的形式使用起来，怎么能把储蓄和投资割裂开来呢？此外，储蓄是人们对当前消费的暂时克制，目的不是储蓄本身，不是葛朗台式，而是满足未来的大宗消费或应急开支。

储蓄与投资。凯恩斯在其《货币论》中，对储蓄与投资两者的分离与矛盾及其均衡做了详细的分析和论证，且看上去十分精彩。他说，储蓄是一群人的积累，投资则完全是另一群人的行为。没有任何一种自动的机制能足够使一群人的储蓄必然等于另一群人从事的自愿性投资。这种分离与矛盾导致以下三个重要的观点：一是没有一个市场机制能够促使储蓄全部自动转化为投资，则必然求助于市场机制以外的调节力量发挥作用，进行干预。二是投资比储蓄重要，过多的储蓄会使新投资所制造的商品销售发生困难，进而使下一步投资遭到阻滞。三是在经济萧条的情况下，如果储蓄既不能转化为投资，又不用于消费，则节约便成了社会的一种罪愆（凯恩斯：《货币论》）。应该说，凯恩斯指的方向和目标并没有错，储蓄尽可能转化为投资，有利于就业和财富创造，有利于经济发展和繁荣。但是错误也是明显的。1.拿自有资金去投资，则储蓄和投资统一，行为主体没有出现分离。2.政府拉动投资作用相当大，即通过国债等形式将储蓄转化为投资。但企业投资和个人投资在转化储蓄的过程中作用仍然不可低估。3.储蓄与投资不存在谁更重要的问题。储蓄是投资的来源。投资不能是无源之水、无本之木。转化的本质是，让货币变为资本，变为现实生产力。4.无论怎么"转"，由于监管要求和未来消费支出考量，储蓄总是存在且永远大于投资，不可能做到完全相等。5.储蓄，既不用于投资，也不用于消费，这种"罪愆"，除了土财主把钱埋在地窖，藏在罐子，一般来说是不可能存在的。只要存在银行，也就是有储蓄，银行在利差的压力下，或生息资本本能驱动下，一定会以贷款等形式投入实体经济，形成投资。

储蓄与资本转化。圣西门主义者说，银行家往往钻到劳动者和有闲者中间，对双方进行榨取，因而使社会受到损害。马克思不同意这个观点。他说，把银行支配的资金单纯看成是有闲者的资金，这是错误的。第一，这是产业家和商人以货币形式持有的暂时闲置的资本部分，即货币准备或尚未使用的资本，所以，是有闲的资本，而不是有闲者的资本。第二，这是一切收入和积蓄中永远或暂时用于积累的部分。这两点对于确定银行制度的性质具有重大意义。换句话说，把散钱集中，把闲置的资金用于扩大再生产，即将储蓄转化为资本，是现代银行意义之所在。

贮藏或储蓄之谜。在亚当·斯密看来，社会不稳定，未来不确定，安全感缺乏，是封建时代人们贮藏财富的主因。"如果不幸，国家专制，君主暴虐，人民财产随时有受侵害的危险，那么，人们往往把资财的大部分藏匿起来。这样，当他们所时时刻刻提防的灾难一旦临头的时候，他们就可随时把它带往安全地方。据说，在土耳其，在印度，并且我相信在亚洲其他国家，都常有这种事情。封建暴虐时代，我国似乎也有过这种情形。发掘的宝物，当时被视为欧洲各大国君主的一项大收入。凡埋藏地下、无从证明属于谁的物品，概视为国王所有。"（亚当·斯密：《国富论》第二篇第一章）中国古人说，养儿防老，积谷防饥。进入商品经济时代，为了应对未来的不确定性，积谷自然变成了贮藏金钱或储蓄。《红楼梦》中的《好了歌》及其解注，以文学的形式描述了人们痴迷于贮藏的心态和人生无常之悲哀。他们说的意思是一样的，都从安全角度，阐述了贮藏的原因。但是，要解释清楚现代某些国家和地区高储蓄现象，还是不够的。随着生产力进步，社会财富像泉水一样喷涌而出，人们的收入用于消费的部分会逐渐减少。相应地，储蓄部分会增加。消费是天生的有限的，收入是人为的无限的。储蓄的增加是整个社会财富增加的缩影或货币形式。此外，随着财富的积累，大部分储蓄会转变为投资，以股票、债券、基金和股权等形式出现，越来越多的人成为纯粹的或兼职的食利阶层。

　　金融资本主义与获取财富的新的方式。法国经济学家、诺贝尔奖得主莫里斯·阿莱斯对金融资本主义颇有研究，他把新的金融资本集中体系，称为赌场经济。他说：赌场经济的利润，是从投机性冒险活动中得来，旨在通过聪明的赌注而猎取意外的横财。对比农业、工业、普通服务业等传统资本而言，利润不再取决于产品的生产和销售，或者说，不再取决于实质性劳务提供。在金融资本主义世界里，利润越来越多地依靠"金钱的操控"，表现为不动声色的手机、计算机终端远程操作，包括货币投机、贷款转移、股票买卖、期货较量，黄金购售，等等。金融资本主义"财富生产方式"的特殊性极为明显：首先，它的"财富"是一般的、抽象的财富，是货币资产，流动性或变现能力极高。其次，它没有具体的生产、流通过程，看不到具体劳动。再次，它的结果不是任何使用价值的诞生，也不是整个抽象财富的增加，它是再分配，是所有参与者银行账户数字的增减变化。最后，威廉·配第说，土地是财富之母，劳动是财富之父，在金融资本主义世界里，基本上无人相信。它既无父，也无母。在这里，"财富"的获取，靠的是当事人自己的判断力、资金实力和操控技术。金融资本主义，在老实本分、勤劳传统的人看来，完全不可理解。但必须承认，金融资本主义是商品、货币经济高度发达的结果，仍然受实体经济支配。它是风筝，线拽在实业资本手中。它是有源之水，有本之木。只是，它对经济的反作用不可否定：它为全社会经济活动定价，提供核算依据；它为整个实业提供源源不断的资本；它为宏观经济开辟窗口和平台，创造监测、调控工具；它为所有的资产，提供变现的场所和变现的机会。所以，有人看到了金融资本主义的弊端，甚至愤怒谴责它的罪过，但又毫无办法，因为它是必然的和必需的。

两种资本流动规律和利率空间差异规律。亚当·斯密《国富论》可谓名副其实。全书都围绕着财富话题展开。他在第九章"论资本的利润"中提到一种现象，即都市资本利润率，一般低于农村资本利润率；发达地区的资本利润率低于相对贫困地区的资本利润率。毫无疑问，在斯密的基础上可以推论：资本从一线城市向二线、三线城市乃至乡镇扩散和流动。从较发达国家和地区向较落后国家扩散和流动。显然，斯密这儿的资本是指产业资本。所以，需要补充另一种现象，越发达的地方，金融资本越集中，利率越低；越落后的地方，金融资本越稀缺，利率越高。长远地看，发展不平衡不是一个问题，发展有先后，落后只是个时间问题，这是由产业资本特有流动规律决定的。金融资本流动规律与产业资本流动规律相反，它让发达国家和一线城市越来越像借贷中心和筹资中心。于是，到发达地方筹钱，去落后地方办厂；搞金融的人去大城市，搞实业的人去较小的城市，成为一个普遍现象。

资本积累的杠杆。"在危机以外的阶段，利率应当低于利润率，两者之间的差，就是资本积累的'杠杆'。在整个'辉煌三十年'时期，企业投资的2/3是他们自己筹措的，剩下的则由贷款来承担。"（米歇尔·于松：《资本主义十讲·第十讲》）的确，情况是这样。在剩余价值分配中，生息资本占有份额越多，即银行利息成本越高，工厂主收入占比就越低。假如分红不变，真正用于产业资本积累的部分就越少，企业扩大再生产过程中负债率就越高。所以，降息，是促进资本积累、支持产业长期发展最直接、最有效的政策工具之一。

金融化。 在米歇尔·于松那里，金融化在资本市场上的表现是，红利在利润分配中的比重上升，股价飙升而与实际盈利无关，虚拟的金融回报率与实在的企业利润率越来越偏离，靠牺牲他人利益而获取交易收入，遵循零和游戏。不创造价值，但影响分配。按照这些标准，中国的资本市场金融化既不完全，也不彻底。金融化遭到合理的抑制。虽然说，分红没有明显上升，但二级市场特征高度吻合。同时，企业负债率相当高，说明股市泡沫程度比欧美为甚。

马克思关于资本述评。

（一）马克思说，作为资本的货币或商品，其价值不是由它们作为货币或商品所具有的价值来决定，而是由它们为自己的占有者生产的剩余价值的量来决定。在这里，我们要明白，为什么利率需要经常调整，或者说，为什么利率要市场化。因为利润会发生变化。

（二）马克思讲世界市场上利息率或大或小的、近似的平均化，在我看来，这是一条规律，而跨境套利，就是这个规律作用的表现。

（三）马克思说，只要资本留在手中，它就不会生出利息，并且不会作为资本起作用；只要它生出利息，并且作为资本起作用，它就不会留在手中。货币资本要作为货币资本存在，它就必须不断地再被贷出，并且要按现行的利息率，不断地再被贷给同一个产业资本家和商业资本家阶级。中国现阶段银行业存贷比普遍偏低，一方面，说明银行业脱实向虚、体内循环现象比较严重；另一方面，银行高管不是货币资本的人格化，他们没有追求利润的欲望和本能，货币转化为资本的动力和压力严重不够，特别是某些国有银行。这种状况暂时无法改变，只能借助于教育和鞭策，自觉和良知。

（四）马克思讲，假如大部分的资本家愿意把他们的资本转化为货币资本,那么,结果就会是货币资本大大贬值和利息率惊人下降;许多人马上就会不可能靠利息来生活,因而会被迫再变为产业资本家。马克思透过现象看本质,撇开个别看整体。表面上看,钱是可以带来钱的,实际上利息也好、地租也好,都源于劳动者创造的财富或者说剩余价值,都是牛身上的虻。牛血吸干了,虻群还能存活下去吗?

(五)马克思在《资本论》第三卷第二十六章讲,由于营业范围同现有资金相比过度扩大,货币资本荒已经存在。2018/2019 年,中国民营上市公司状况充分印证了这一点。民营企业家到处抱怨,银行贷款控制太严,门槛太高,要求太多,周转资金太紧张,融资难、融资贵。他们忘了,过去盲目乐观(银行火上浇油),用自己的上市公司的股票质押给银行,或在债券、票据市场大量融资,过度扩张。谁知股票价格下跌,熊市出现,资产价格也下跌,且变现能力差。而刚兑相逼,顿时手足无措,陷入财务困境和高息举债,从不反思自责。要明白,当危机出现时,在货币资本的价值不断提高的同时,即利率越高的时候,现实资本的货币价值正好下降,所谓祸不单行,雪上加霜呵!

(六)马克思的资本是和剥削在一起的,和生产并占有剩余价值在一起的,和劳动力买卖在一起的。只有把劳动力和生产资料结合起来并带来剩余价值的东西,才是生产性的、现实的资本。反过来说,可以带来收益的东西,不管是劳动力,还是商品、房屋、有价证券,未必都是资本。不错,拥有它们,通过出卖、出借、持有,可以带来收益(工资、租金、红利、利息),但它们与资本有本质区别。经济学上的资本概念,更不同于日常用语。日常生活中,好像什么都可以成为资本,包括学历、年龄、荣誉、资历、美貌、背景,因为它们都可以为拥有者带来好处。就利息而论,利息是利润的一部分,是生息资本对剩余价值的分割。钱不会自动生钱的。钱能生钱是一种假象,一种幻觉，它掩盖的是生息资本和利息的本质。

（七）在马克思深刻而又科学的生息资本理论面前，许多人的想法，显得幼稚、肤浅、荒唐、可笑。关于钱能自动生钱的神话，马克思讽刺了不少人。这些人中，不仅有银行家、学者，也有财政大臣、议员。他们受日常偏见的影响，钟情于事物最表面的假象，并用神秘的表达方式抬高和诗化自己的观点。

（八）银行的感觉、权势、地位，以及由此带来的寻租现象，是怎样形成的？马克思在《资本论》第三卷第三十二章中有深刻的论述。他说，不同于商业信用：一部分进行再生产的资本家把货币贷给银行家，这个银行家又把货币贷给另一部分进行再生产的资本家，因此，银行家就表现为恩赐者了（感觉来了）；同时对这种资本的支配权，就完全落到作为中介人的银行家手里了（寻租、腐败的机会有了）。货币资本家把他人节约下来的东西变成他自己的资本，并且把进行再生产的资本家们相互提供的和公众提供给他们的信贷，变成他私人发财致富的源泉。马克思在这里重点要说的是，借贷资本不是本人劳动和节约的果实。

（九）马克思说，流行的危机理论争论的双方各有正确和错误的地方。断言只缺少支付手段的人，要么他们眼中只看到那些拥有可靠担保的人，要么他们自己是一些蠢人，认为银行有义务也有权利用纸票把所有破产的投机家转化为有支付能力的稳健的资本家。断言只缺乏资本的人，要么只是玩弄字眼，因为正是这时，由于输入过剩、生产过剩，有大量不能转化成货币的资本存在；要么他们说的就只是那些信用冒险家。这些人现在实际上已经处于再也得不到他人的资本来经营业务的境地，因此要求银行不仅帮助他们补偿丧失的资本，而且使他们能够继续进行投机活动。马克思这段话，到今天也不过时。经济危机表现为货币荒，但形成货币荒的原因非常复杂。有真荒也有假荒。有资本不能转化为货币，也有货币不愿转化为资本。千差万别，情况复杂。所以，化解经济危机不是通过银行放水就可以万事大吉的。

（十）马克思讲，高利贷资本有资本的剥削方式，但没有资本的生产方式。即使在比较发达的经济体中，高利贷仍然会在一些落后的地区和落后的产业部门出现。另外，在一些乘人之危的场合也会出现。

（十一）马克思讲，高利贷同消费的财富相反，它本身作为资本的一个产生过程，在历史上是重要的。高利贷资本和商人财产促进了不依赖于土地所有权的货币财产的形成。马克思对高利贷的印象比较差。他说，高利贷好像是生活在生产的缝隙中，就像伊壁鸠鲁的神生活在世界的空隙中一样。高利贷除了货币需要者的负担能力和抵抗能力外，再也不知道别的限制。对于小农来说，只要死一头母牛，他就不能按原有的规模来重新开始他的再生产，这样他就坠入高利贷者的摆布之中，而一旦落到这个地步，他就永远不能翻身。与高利贷相反，现代信用制度适应了并从属于资本主义生产方式，不是生活在生产的缝隙中，而是与生产融为一体，与产业资本同舟共济。

（十二）马克思讲，整个 18 世纪都有一种呼声，立法也照此办理，要以荷兰为例，强制压低利息率，来使生息资本从属于商业资本和产业资本，而不是相反。这种呼声实际上是现代银行制度诞生的先声，一方面要把闲置的货币准备金集中起来，并把它投入货币市场，从而剥夺高利贷资本的垄断；另一方面，又建立信用货币，从而限制了贵金属本身的垄断。今天，发展中国家的利息率远高于发达国家，人们一方面感觉到融资贵，另一方面又感觉到融资难。这种要求压低利息率的呼声，既是产业资本和生息资本矛盾的必然反应，也是生息资本优先独立发展即脱实向虚未能从属于产业资本的结果。

高利贷。尽管高利贷是生息资本的古老形式，但对于那些不是或不能在资本主义生产方式的意义上，进行借贷的个人、阶级或情况来说，生息资本都保持高利贷资本的形式。比如出于个人的需要到当铺进行借贷，或者把钱借给那些享乐的富人，供他们挥霍浪费，或者借给那些非资本主义的生产者，如小农民、手工业者等，即自己仍然占有生产条件的直接生产者，或者借给那种经营规模很小，接近于自食其力的生产者的资本主义生产者。在某些阴暗的角落里，高利贷仍表现出它旺盛的生命力，展示出其心狠、残酷的一面。即使在最发达的经济体内，阴魂仍然不散。

高利贷的述评。

（一）银行利息是利润或剩余价值的一部分，而高利贷收取的利息是小生产者全部的剩余价值，高利贷"高"就高在这里。"这种高利贷资本使这种生产方式，陷入贫困的境地，不是发展生产力，而是使生产力萎缩，同时使这种悲惨的状态永久化，在这种悲惨的状态中，劳动的社会生产率不像在资本主义生产中那样靠牺牲劳动本身而发展。"高利贷猖獗的地方，往往也是最贫困的地方，最不稳定的地方。

（二）高利贷具有破坏和解体作用。它使借贷者一无所有。它的悲剧在于所处的时代和阶段，即城市和城市的工业没有发达到足以吸收这些无产者。

（三）高利贷为什么遭人痛恨，马克思作了深刻的论述。他说："高利贷在生产资料分散的地方，把货币财产集中起来。高利贷不改变生产方式，而是像寄生虫那样紧紧地吸附在它身上，使他虚弱不堪。高利贷吮吸着它的脂膏，使它精疲力竭，并迫使再生产在每况愈下的条件下进行，由此产生了民众对高利贷的憎恶，这种憎恶在古代世界达到了极点，因为在那里，生产者对生产条件的所有权，同时是政治关系的基础，即市民独立地位的基础。"与现代社会不同。银行债务、高利率最多迫使企业破产重组，改变股权结构，让一个新的老板代替过去的老板。而生产方式和生产关系并没有因此改变。也不会导致社会动荡不安。所以尽管银行没有得到多大的尊重，但远没有到被人憎恶的地步。恰恰相反，在破产重组过程中，银行往往被人同情。

（四）根据《资本论》引用的史料，在查理大帝时代，收取100%的利息被认为是高利贷。虽然从 12 世纪到 14 世纪，普通的利息率不超过 20%。13 世纪 10% 已经是德国莱茵地区的普通利息率。由于教会一开始就禁止任何放债取息行为，法律和法庭对于借贷也很少给予保障，因此，个别场合利息率高得出奇。今天，在中国允许小额贷款公司利率不高于正常利率的 4 倍，实际上已接近高利贷。对小生产者和急需资金的人，有百害而无一利。金融市场上又多了一批资金掮客。

第三节　利　息

提要：利息是对存、贷款行为的回报。利率下降是一个规律。平均利息率不能由任何规律决定。生息这种属性，不管有没有生产过程，都同生息资本长在一起。作为银行的人，深知货币资本（信贷资产）的风险和管理的艰辛，每一分钱利息都来之不易。一切闲钱或可能短暂闲置的钱、游离的货币，银行都是它们的行宫。利息与利润的关系，现在发生了很大变化。利息率是利润率变化的窗口。利息的变化可能与利润的变化不一致，甚至出现相反的情况，越赚钱的行业和项目，获取资金的成本越低，相反，越高。这是亚当·斯密和卡尔·马克思始料不及的。越接近极点，边际利率越接近零。

利息是对存、贷款行为的回报。

利息的存在，妨碍清算和结算的效率。

低利率有利于实业。 降息有利于人们创业，低利率有利于实业兴旺。亚当·斯密是从荷兰低资本利润率、低利息率导致人人做实业、以实业为荣的现象得出上述结论的。今天看来，对中国利率政策的制定，也很有启发。

边际利率下降。 与边际效益下降规律相同，利率、价格等具有波动幅度的经济指标，边际也会递减。利率上升和下降是两个相反的过程，但边际利率均下降。利率上升时，边际利率会递减，直至零，然后开始下降；利率下降时，边际利率也会递减，直至零，然后开始上升。这叫物极必反，否极泰来。越接近极点，边际利率越接近零。反过来，从边际利率走势可以判断利率、价格是否顶格或探底了。

利率的多重意义。 对社会来说，利率意味着资金成本和发达程度；对央行来说，利率是货币政策调控手段；对商业银行来说，利率意味着利润空间和竞争力；对负债人来说，利率意味着成本，没有最低，只有更低，必须讨价还价；对食利阶层来说，利率没有最高，只有更高；对投资者来说，利率是参照物。

利率的二重性。 利率的二重性，不仅表现在利率的升降、高低、动静、简繁上，也表现在主观两重性上。利率既受经济形势、货币松紧、资金余缺等客观因素影响，也受关系亲疏、声誉好坏、谈判艺术等主观因素影响。

马歇尔的利息理论。马歇尔在其《经济学原理》一书中指出：利息是资本的需求价格和供给价格相均衡的价格。资本的需求价格取决于资本的边际生产率，资本的供给价格取决于"等待"，也就是资本家的"节欲"。利息取决于资本的需求和供给两方面的力量。马歇尔不仅用均衡价格解释利息，也用它解释工资、利润、地租。表面上看，存在讨价还价现象，有一定道理。实际上，正像马克思早就指出：这样做，并未触及利息、工资等本身和本质，利率波动不是利息决定，价格偏离不是价值脱离。

利息是延期满足的报酬？马歇尔在《经济学原理》中讲：现在的满足与延缓的满足之间有个选择；财富的积累一般含有满足的某种等待或延期之意；利息是它的报酬。显然，与马克思的利息理论相比，马歇尔的确浅肤、庸俗。他停留在印象阶段，忘了他深爱的"事实"，被表面现象迷惑，就像说酒是从瓶子里倒出来的一样，似是而非，答非所问。

利息与利润。在生息资本上，资本关系取得了它的最表面和最富有拜物教性质的形式，利息表现为单纯的物的产物，没有生产过程和流通过程做中介。资本表现为利息的即资本自身的增值的神秘的和富有自我创造力的源泉。这个自动的物神，自行增值的价值，会生出货币的货币，纯粹地表现出来了，资本的神秘化取得了最显眼的形式，并且在这个形式上再也看不到它的起源和任何痕迹了。用中国俗话来说，钱能生钱。就像梨树的属性是结梨，桃树的属性是结桃一样自然。肤浅的或者庸俗的人，由于各种原因喜欢这种形式，视表面现象为真理内核。当然，作为银行人，深知货币资本（信贷资产）的风险和管理的艰辛，每一分钱利息都来之不易。绝不像马·路德在给牧师们的谕示中讲的，"我坐在火炉旁边，让我的100古尔登在国内为我搜集钱财，因为这是贷放出去的货币，所以终归要保存在我的钱袋里，没有任何危险，一点也不用担忧。"银行的人付出了劳动，也获得了利息，但并不否认利息源自利润，源自劳动创造的价值，源自剩余价值。

高利息与高利润。原因和结果的关系，一定要搞清楚。否则，就会出现混乱。正像马克思说的，虽然高利润率和营业扩大可以是高利息率的原因，但高利息率绝不因此就是高额利润的原因。利息源于利润，所以利润增加，营业扩大，可以导致利息率提高。但高利息率并不表明高利润存在。如果这样的话，生息资本独立优先发展或者说高利贷现象就无法解释。历史上，现实中，高利贷存在的地方往往是经济极端落后、生活极端贫困的地区。

息差。社会上，一切闲钱或可能短暂闲置的钱、游离的货币，银行都是它们的行宫。但银行不会像它们的主人那样让它们闲着。银行会把它们尽量、立即派出去赚钱。银行不仅有聚沙成塔、集腋成裘的特异功能，还有把死钱变成活钱的拿手好戏。钱从银行的东门进，西门出，身价完全不一样。价差即息差。雁过拔毛，钱过留息。

利息率（一）。银行利息率，在一般商业活动中，具有参照物或定价标尺作用。有人曾经说，现金价格和赊购价格在到期付款时出现的差额，就是利息的尺度，即使根本没有货币，利息还是存在。马克思不这样认为。他说，这些都是自鸣得意的胡言乱语。"刚好相反"。现有的利息率，才是现金价格和赊购价格在到期付款时出现的差额的尺度。如果根本没有货币，那也就绝不会有一般利息率了。

利息率（二）。银行为什么要发挥逆经济周期的作用？马克思在

《资本论》第三卷第三十章，货币资本和现实资本中讲得非常清楚。他说："表现在利息率上的借贷资本的运动，和产业资本的运动，总的说来是方向相反的。"但是，马克思也没有忘记提醒，有两个阶段，方向是一致的。一是低的，但是高于最低限度的利息率，与危机以后的"好转"和信任的增强结合在一起。伴随"好转"而来的低利息率，表示商业信用对银行信用的需要是微不足道的，商业信用还是立足于自身；二是利息率达到了它的平均水平，也就是离它的最低限度和最高限度等距的中位点，充裕的借贷资本才和产业资本的显著扩大结合在一起。一般来讲，在产业周期的开端，低利息率和产业资本的收缩结合在一起，而在周期的末尾，则是高利息率和产业资本的过多结合在一起。联系 2019 年年末情况，中国的产业资本出现了持续收缩，因此，2020 年的经济政策应该坚持降低利率，减轻税负。通过降低成本，可以相应地提高市场份额，扩大消费能力，促进经济的复苏。

利息与利润的关系，现在发生了很大变化。亚当·斯密在《国富论》第九章"论资本利润"中指出："在使用货币获取较多的地方，对于货币的使用，通常支付较多的报酬。在使用货币获取较少的地方，对于货币的使用，通常支付较少的报酬。我们由此确信，一国内资本的一般利润，必定随着其市场的一般利息率的变动而变动。利息率下落，利润必随着下落；利息率上升，利润必随着上升。所以，利息的变动情况，可使我们略知利润的变动情况。"利息源于利润，利息水平取决于利润水平，一般利息率取决于平均利润率，利息率是利润率变化的窗口。这是我们耳熟能详的古典经济学观点，也是马克思主义经济学的基本观点。问题是，资本的构成发生了变化，即知识产权可以折价入股。因此，剩余价值不只是工厂主的利润和生息资本利润（利息），也包括知识产权折股后分配的利润。从今天的实际情况看，知识资本、创新资本对利润的影响越来越大，同样的货币资本，在聪明人那里能赚更多的钱。知识密集型产业可以获取更多的利润而支付更少的利息。利率除了与整体利润水平有关外，与货币供应量、资金供求状况密切相关。总的趋势是，随着财富的不断积累，货币资本越来越多，或者说，资金供应是历年积累数，而资金需求基本上是当年量，所以，利息率呈下降趋势。因此，利息的变化可能与利润的变化不一致，甚至出现相反的情况，越赚钱的行业和项目，获取资金的成本越低，相反，越高。这是亚当·斯密和卡尔·马克思始料不及的。

马克思关于利息的述评。

（一）马克思说，利率下降是一个规律。利率可以低到没有限度。老的富有的国家食利阶层越来越多，产业资本家获得货币资本的机会越来越多；银行信用越来越发达，积聚资金的能力不断提高，这两方面原因，导致利率不断下降。

（二）马克思说，一个国家中占统治地位的平均利息率不能由任何规律决定。这种决定本身是偶然的，纯粹经验的，只有自命博学或想入非非的人，才会试图把这种偶然性说成必然的东西。利率合理不合理，仅仅是双方同意的结果。由此我们可以解释，不同的企业和个人在银行获取贷款时，利率不一样的原因。当然，市场利率由货币资本供求关系决定。虽然市场利率会变化，但在一定时期一定的区域，总是表现为一个固定的、既定的量。

（三）马克思讲，生息这种属性，不管有没有生产过程，都同生息资本长在一起。正像购买的劳动力，不管派去生产抑或服务，都要支付工资一样。借了别人的钱，不管用于生产，还是用于消费，还是用于别的，都要付利息。资本，总是同赚钱联系在一起，不管借款人赚不赚钱。作为商品，总是同交易联系在一起，双方平等自愿。货币资本作为商品让渡，利息是它的价格。谈到它的最终来源，才涉及产业利润和剩余价值问题。生息这种属性，一些国家、一些人士对利息诟病，这是重要原因。特别是在一些充满道义的问题上，比如，应急贷款、扶贫借款、助学贷款方面，利息及其高低，更容易受到关注，甚至遭到谴责。

（四）马克思说，利息本身正好表明，劳动条件作为资本而存在同劳动处于社会对立中，并且转化为同劳动相对的并且支配着劳动的个人权利。利息把单纯的资本所有权表现为占有他人劳动产品的手段……另一方面，这个利息形式又使利润的另一部分取得企业主收入，以至监督工资这种质的形式。资本家作为资本家所要执行的特殊职能，并且恰好是他在同工人相区别和相对立的具有的特殊职能，被表现为单纯的劳动职能。马克思这段话正好解释，社会上一个怪现象的形成：即对老板、企业家赚钱，表示同情、理解、称赞和仰慕。而对于银行赚钱，表示困惑和愤怒。实际上，无论银行的利息，还是企业主收入，都源于工人创造的剩余价值，货币资本家和产业资本家都是资本家，企业家的劳动并不比银行家的劳动更高贵，企业主收入也不比银行的利息更高贵。正像马克思所说，相对于货币资本家来说，产业资本家是劳动者，不过是作为资本家的劳动者，即作为对他人劳动的剥削者的劳动者。他真正应该得到的报酬，最多相当于职业经理人的工资或者说真正的监督工资，而不是整个利润。

第四章
负 债

关键词：存款　债券　政策性资金　资本金　巴塞尔协议

第一节　综　论

提要：银行做的是钱生意，吃的是利差。进来的钱，叫负债，成本越低越好。出去的钱，叫资产，价格越高越好。负债期限和资产久期越长，银行越稳定。银行，看上去很有钱、很神秘，它也有自身的致命弱点，那就是流动性困难引起的支付危机。信用是负债的生命。负债（资金）市场双方是一场博弈。建立稳定可靠低成本资金来源是银行负债业务的根本任务。

银行做的是钱生意，吃的是利差。进来的钱，叫负债，成本越低越好。出去的钱，叫资产，价格越高越好。

银行的负债业务要高度重视，没有负债，就没有资产，没有现代银行的其他业务。"一道细泉朝我跑来／我把清凉的旋律糅进我的思索／我更加深信／有水的地方／就有青草和果实／就应该有村庄／中午，我成了这村庄的主人"（海子：《小山素描》）。对银行来说，各种负债，如存款、债券资金、股金、拆借资金等，就是细泉，资产和收益是青草和果实，银行是村庄，"我"是银行的职员。而负债工作的关键在于，渠道的畅通，规模的适中，成本的低廉和与资产久期的匹配。

不同类型的负债体现不同的资金性质和法律关系。所有者权益包括资本金，体现的是股权投资关系，接受《公司法》规范，关注是分红和股价。存款、债券资金、回购资金、拆入资金等，体现的债权债务关系，接受《民法典》有关合同条款约束，关注的是利息。而理财资金、证券化资金等，体现的是委托受托的关系，接受《信托法》、《证券法》监管，关注的收益和风险。

借款用途关系资金安全。达利欧在《债务危机》中说，借款时，你不仅是在向贷款人借钱，你实际上是在向未来自己借钱，在未来的某个时候，你必须要降低消费水平，以偿还债务，这种先借款消费、后紧缩开支的模式与周期非常相似。对个人来说是这样，对一国经济而言也是如此。一旦借款，就启动了一系列机械性的、可预测的事件。注意，作者在这里讲的是借款消费，而不是借款生产。的确，借款用于生产性事业，创造更多的财富，不产生债务危机，这样的借款是积极的、有效的。所以，银行关心借款用途，有一定道理。从某种程度上说，关心借款用途，就是关心资金安全，防止债务危机。

负债期限和资产久期越长，银行越稳定。期限错配，手忙脚乱。短债长用，捉襟见肘。

负债的特点。1.信用是负债的生命。信用失去，负债几乎不可能。抵押、质押、担保、资格等都是增信工具。2.兑付刚性。无论存款、债券资金、拆入资金、回购，到期必须兑付，兑付是刚性的硬性的。借新还旧可以，但还是绝对的。3.负债成本因时因地不同。因为资金流动受限，多币种、多市场存在，资金供求关系变化，利润率不同，诸多因素决定了负债成本时间上空间上的差异。4.基础价格。负债成本属基础价格，假定利差不变，负债成本决定贷款利率。不惜代价负债，一定是庞氏骗局，风险近乎损失。

负债（资金）市场双方是一场博弈。银行无论面对的是存款人抑或投资人，双方都像一场博弈：银行希望成本越低越好，而存款人或投资人希望收益越高越好，成本曲线与收益曲线交汇，两相情愿，事情才能办妥。交汇点在哪？这要看下面一些指标：1.中央银行基准类利率水平，如再贷款利率。2.同业拆借利率。3.国债利率。4.社会平均或普遍利润率。5.通胀率或CPI。6.存款人或投资者的机会成本，比如，股市分红率。7.其他因素，比如，民间借贷利率。

负债管理须审慎。央妈是妈，认了有好处，有奶喝。有妈的孩子像个宝，没妈的孩子像根草。资产驱动负债，是一方面，即假定负债渠道畅通，负债额度无限，负债方式自由。事实上，这些都未必。所以，开发性金融机构负债管理工作，也是极端重要的。

负债有压力，所以，大多数人不愿意负债。什么压力呢？还本付息或者说偿还债务的责任，让资本增值的责任，经营赚钱的责任。负债，不负责，与骗子无异。

负债渠道不同，资金价格及获取方式方法不同。比如，政府资金和市场资金。政府资金普遍单笔规模比较大，总体价格比较低，但获取者及获取用途，通常预先有规定，体现的是政府调控意图。市场资金相对零散，靠集腋成裘，聚沙成塔，价格随行就市相对高，但银行的自主权比较大。

长期挂账不是一个小问题，也不是一个容易解决的问题。无论人欠我，我欠人，都关乎金融市场的秩序，关乎金融机构的信任，关乎整个社会的契约精神。应该高度重视，及时处理。

负债与资产必须匹配。构成负债的是现金，流动性最强。而构成资产的五花八门，证券算流动性比较好的了，至于厂房、设备、土地等，可以做抵押物，但流动性都比较差。一旦负债合同到期需要兑付时，往往是远水救不了近火，难解燃眉之急。所以，负债与资产的匹配，流动性比例限制，借新还旧安排，期限衔接以及资产证券化等，极端重要。

阿喀琉斯之踵（Achilles' Heel）。无论多么强大、神圣的人或事、组织或机构，都存在其致命的弱点。即使是令人恐怖的病毒，马萨诸塞的研究员发现，只有缺乏 AG04（一种简单的蛋白质）的细胞才会对它引起的感染异常敏感。所以，理论上，只要找到利用 AG04 蛋白质增强人体自身防御能力的方法，病毒就无从感染了。银行，看上去很有钱、很神秘，它也有自身的致命弱点，那就是流动性困难引起的支付危机，包括不良资产比例过高，重大交易失败，案件和丑闻等声誉风险影响过大。

负债部门的基础性作用。朱熹诗曰："问渠哪得清如许，为有源头活水来。"对银行来说，活水在哪？活水在负债部门。俗话说：巧妇难为无米之炊。银行管理层、银行资产端即便为巧妇，也无法做无米之炊。米在哪？米在负债部门。不仅如此，水和米还要质优价廉，不当家不知柴米贵，看负债部门的能力和水平。

低成本资金的意义。低成本资金意义重大：低成本意味着更大的利差空间，意味着更强的同业竞争力，意味着更敏锐的市场嗅觉，意味着更高的货币政策预测水平。所以，考核负债部门业绩，成本很关键。此外，筹资效率和规模、期限，也不可忽略。

不同类型的银行有着不同的负债模式。银行作为信用中介，只有先成为"借者的集中"，才可能成为"贷者的集中"。商业银行是存款立行，"以存定贷"，一切信用活动的开展和货币的创造均依赖于负债经营。政策性银行是"债券银行"，先确定年度贷款计划，再通过发债等多元化筹资主动负债，为服务国家战略和公众利益提供支撑。两类模式虽有不同，但负债的基础性地位和作用并无区别。可以说，负债业务是银行发展的"半边天"，只有高效筹集大额资金，才能为资产业务提供源源不断的金融"活水"，保障业务发展需要。

建立稳定可靠低成本资金来源是银行负债业务的根本任务。从商业银行看，负债主要由对公存款、储蓄存款、同业存放和拆入资金、央行借款、金融债券、大额存单、商业票据等构成。在各类负债业务中，存款是最为核心的业务。马克思说过，"对银行来说最具有重要意义的始终是存款"。这里所说的银行主要是指传统意义上的商业银行，近年来，我国商业银行负债呈现出存款同业化、负债多元化的特点，但存款仍然占负债业务的主导地位。从政策性银行看，负债主要靠发行金融债券、运用政策性资金。政策性银行的政策性除体现在资产端外，也体现在负债端的政策性上。比如，国家开发银行是服务国家战略和政策目标的银行，国家债信支持是维持开行正常运行的基本制度安排。国家债信的表现形式主要体现为债券零风险权重。这种隐性的国家增信方式，不需要财政拿出"真金白银"，不构成政府直接负债，也不增加财政负担，却能够放大国家信用，提高政府信用转化效率和使用效率。从国际上看，政府给予政策性、开发性金融机构国家债信支持也是一种通行做法。比如，德国复兴信贷银行（KfW）、日本政策投资银行（DBJ）、韩国产业银行（KDB）等都有国家明确的债信支持。开行金融债作为准主权债券，风险权重为零，而且债信政策长期稳定，不设到期日，充分体现了国家对开行的信用支持。

资产负债联动是银行稳健经营、可持续发展的重要方面。资产负债管理的核心是实现银行经营"安全性、流动性、效益性"的统筹平衡，通过流动性风险、利率风险、汇率风险、内部定价、资本充足水平的有效管理，持续提升银行的价值创造能力。脱离负债业务谈资产规模，犹如无源之水，寸步难行；脱离资产业务谈负债经营，犹如无头苍蝇，没有方向。资产负债是银行业务的两端，两端同心，其利断金。

第二节　存　款

提要：存款造成了银行。对银行来说具有最重要意义的始终是存款。拉存款，改变的是存款在各行的分布。所有的投资都可以还原于存款。

不惜一切代价吸收存款的银行，是可怕的，不可靠的。这种银行布的是庞氏骗局。一定会铤而走险，身败名裂。

同业存放，并非绝对可靠。同业的纯洁性一旦遭到破坏，披着羊皮的狼进了羊圈，同业也要看具体对象了，看它的声誉和实力，切不可盲目存放。

政府的钱，应该放在守规矩的银行，放在对政府重大项目支持的银行。政府的钱，采取招标的方法存放银行，一是削弱了支持它的银行的融资能力；二是抬高了整个社会融资成本；三是给代理人提供了寻租空间。抓了芝麻，丢了西瓜，得不偿失。

存款来自闲钱，存款的意义是明显的、积极的。来自派生，存款的意义要分析。企业或项目贷款资金暂时闲置，可以理解。如果银行给企业贷一个亿，却只允许企业用 5000 万，另外 5000 万作为存款放在银行，是不对的。第一，信贷规模和作用打了一半的折扣，支持经济名不副实；第二，变相提高了企业贷款成本。所以，这种做法是金融乱象的表现之一，要治理。

存款可以给奖励，但奖励必须给存款的所有人，而不是代理人中间人。一些单位的负责人或财务管理人员把单位存款视为己有，因此把银行存款奖励据为己有。这无异于以存谋私。银行的存款奖励，必须支付给存款所有人，而不是代理人中间人，否则，无异于商业贿赂，为虎作伥。存款市场竞争激烈，但不能没有规矩。金融乱象，这也算一个例子。

存款的重要性。凯恩斯在《货币论》第二章"银行货币"中讲，银行造成存款。事实上，恰恰相反，是存款造成了银行。在中国，基层银行行长都知道，存款立行。客户经理们被存款任务压得喘不过气来，千方百计拉存款。流行段子说，一人在银行，全家跟着忙！说的就是这种情况。

存款立行。马克思在《资本论》第三卷第二十五章里，比较详细地考察了银行的负债来源和资产运用。他在讲借贷资本来源时候，说"对银行来说具有最重要意义的始终是存款"。由此可以理解，时至今日，为什么很多银行行长，仍然把存款立行视为根本，当作口号。的确，存款对于商业银行来说，至关重要。

拉存款是任务。存款在任何时点上，都是一定的。拉存款，改变的是存款在各行的分布。拉存款，一方面，靠利率、收益率的吸引力，各地财政存款招标即基此。另一方面，靠人际关系，甚至商业贿赂。某些商业银行推出存款奖励等措施，无异于向拥有单位财权的人输送利益，不可持续，也不公平，是金融行业腐败的一个表现。

消费未必是收入的函数。基本消费满足后，收入的增长并不意味着消费的同步增长。一定阶段后，储蓄会随着收入的增加而增加。通俗地说，人们会越来越有钱。这些钱最终都归集到银行的账上，以存款的形式出现。另一方面，财富却始终是投资的函数。有效投资越大，财富创造越多。投资无止境，财富创造亦无止境。换句话说，国家会越来越富裕，社会会越来越发达。但是，要记住一点，所有的投资资金来源都是存款。不管是以股票的形式、债券的形式，还是以贷款的形式、资本金的形式出现，它们都可以还原于存款。因此，存款转化为投资的规模和比例或倍数，反映经济社会的活跃度，反映经济的走势。不过，按照凯恩斯的理论，存款并不会自动地转化为投资（凯恩斯：《货币论》）。所以，降低利率，实行温和通货膨胀，可以减少食利阶层，减少企业利息开支，同时扩大企业和个人投资欲望；采取赤字财政政策，可以扩大政府投资。这就是凯恩斯应对 20 世纪二三十年代英国经济萧条的政策主张。

储蓄与保障的关系。按照马歇尔的说法，"保障是储蓄的一个条件"。他列举了英、法曾经因抢劫、租税过高等原因，导致民间储蓄较少的史实。当然，今天变化很大了。各国储蓄率高低，既可以反映其社会保障水平，例如，发达经济体储蓄率低，但社会保障水平高，居民没有后顾之忧，储蓄无用，利率接近零；也可以反应国家安全保障状况，例如，以中国为代表的发展中国家，国泰民安，个人储蓄多并不会招致别人抢劫或政府掠夺。

储蓄与家庭情感。马歇尔说："家庭情感是储蓄的主要动机。"这一点，体现了人的动物本能。不过，首先还是人自身，储蓄者本身，应对未来不确定性所致。其次，是为了家人，特别是抚养、关心和热爱孩子的需要。像林则徐那样，对子孙充满信心，而对储蓄漠不关心的明智之士，毕竟很少。林说："子孙若如我，留钱做什么，贤而多财，则损其志；子孙不如我，留钱做什么，愚而多财，益增其过。"横竖储蓄无用，甚至有害。

苗族移动储蓄。苗族是个频繁迁徙的民族，从黄河流域到淮河流域，到长江流域，到洞庭湖区，到云贵川广高原。苗族迁徙过程中，财富随之移动。他们平时都把财富变成银子或银饰，在主动或被迫举家举族迁徙到一个新地方时，购买生产生活资料，重新开始生活，不会因为缺少基本的物质而陷入绝境。苗族女儿出嫁，娘家会为他们准备一套银饰盛装。很多民族积累财富后，修房子、修城墙，一旦发生战乱，容易失去经济来源。相比之下，苗族更重视货币财富积累和转移。

第三节 债　券

提要：银行债券登记托管工作量并不与债券规模成正比。地方债发行，政府变成了事实上的经营主体，跑到了台前，经济更具行政和计划色彩而不是市场色彩。战争让政府债台高筑，让金融资产虚脱。物价指数和 GDP 增长几乎同步，世界上没有不贬值的货币，包括美元。巨灾债券（CAT BOND）的启示——义利合一，道德和经济利益很好地结合在一起。

经济发展具有周期性。一般来说，谷底是债券发行的最好时机。与存款银行不尽相同，债券银行要有逆周期思维。

企业债券风险相对高。那些在信贷市场失信的人，在债券市场同样不可靠。无论投资、承销，银行都要小心。

债券登记托管费应该封顶。银行债券登记托管费率为债券规模万分之一，太高，且计算不合理。登记托管工作量并不与债券规模成正比，所以，费用应该封顶，费率应该降低。

债券发行、交易和登记结算系统应该是公共的，具有公益性，不以营利为目的，为会员服务。当然，会员也要遵循其公开的规则。

谨防非法集资。真正有胆识、敢冒险去赚钱的人，不是创业就是炒股。贪财但不敢冒险的人，最容易上非法集资者的当。非法集资实为以高利为诱饵的债务凭证销售行为。

承销商与投资人角色不同。作为债券承销商，银行有网点优势和客户优势，也有余额包销能力。作为投资人，债券收益必须大于或等于贷款收益，除非出于银行自身资产组合需要或流动性考虑，银行才愿意。

债券是银行重要的筹资工具。有的银行，比如中国的政策性银行，债券是其主要筹资工具。债券资金占全部负债比例非常高。

债券分不同种类。有普通债、专项债之分。有固定债、浮息债之别。有长、中、短期债。有本币债、外币债。标志不同，分类不同，权责利不同。

债券发行是一门学问。滚动发行，可确保资金供给的连续性。长短不同，可满足信贷市场不同需求。低价发行，意味着银行的信誉和竞争力。认购倍数，表明银行的江湖地位。

债券体现的是债权债务关系。到期偿还，是债券的生命和声誉。兑付了，什么事都没有；兑付不了，什么事都有。主权债的信用通常确定无疑，是最高的，其利息免税。

由于政策性金融债利息不免税，所以其发行价往往高于国债。但进入二级市场，交易税是一样的，所以国债持有人更倾向于持有到期，金融债持有人更倾向于交易，而不是到期，因此金融债交易量活跃度高于国债。

国债持有人，不分对象，利息一律免税。政策性金融债持有人，利息免税分对象，如公募基金可以免税，别人不行，所以对他们来说，两种债券信用等级一样，而后者收益率更高。因此，近年公募基金持有政策性金融债比例迅速提高了（约三分之一）。

债券发行关键在时点选择。 而时点选择关键在利率走势判断。如果基础利率看涨，长债更好；相反，短债更合适。所以债券市场部门预判宏观经济走势极其重要。

债券二级市场同一级市场一样重要。 买卖、回购、返售、质押等业务要开展起来，否则，债券流动性减弱，影响一级市场发行。

债券、股票分流储蓄，改变存款市场结构。 债券对自然人发行、柜台发行，显然减少了储蓄。对法人发行，不改变对公存款总量，但改变结构。由于不同法人在不同银行开户，所以也改变对公存款在各行的结构，银行竞争和矛盾是必然的。

债券规模由市场控制抑或政府控制，影响和结果差别很大。 信贷市场基本放开，资本市场实行审批，直接融资占比一定偏低，靠债券筹资放贷的银行也一定受限。

债券市场分割，是权力部门化的恶果。 要铲除。统一债券市场建设或分割市场互联互通是必要的、必然的，对要素自由流动和资源高效配置意义重大。

债券发行有规模和额度的限制。 超发是可能的，特别是高信用等级的债券。超发意味着信用被盗用，资金被挪用。意味着投资者被骗，债券市场风险隐患形成。所以，必须防止和制止债券超发行为。

债券投资人构成， 比如，自然人和法人，企业法人和金融机构比重不同，对债券发行成本、价格影响很大。因为其投资决策参照的收益标准不同。自然人参照的是银行存款利率。企业法人参照的是对公存款利率，包括协议存款利率。而金融机构参照的是贷款收益率。所以向自然人发行债券筹集资金成本是最低的。

地方债。地方政府要筹集资金，投入基础设施等公共项目建设，如果财政资金不够，是向银行借款或提供担保，还是自己发债、自己管理、自己偿付更好呢？中国政府在 21 世纪二十年代前后，选择了后者，即禁止地方政府向银行借款或提供担保，改为允许地方政府直接发债，认为这样更稳妥、更便宜，隐性债务变成了显性债务，更透明、更容易管理和控制。然而，历史学家安东尼·塞尔登、乔纳森·米金不这样认为。他们说："1694 年英格兰银行成立，议会为政府债务提供担保，英国政府因此能以比其他欧洲国家更低的利率获得贷款。"（安东尼·塞尔登、乔纳森·米金：《内阁办公厅》）回到现实，地方政府直接发债，是否比银行贷款更便宜，要用计算后的数据说话，暂且不表。严重的是，财政错位，即扮演国有企业和商业银行角色。政府变成了事实上的经营主体，跑到了台前，经济更具行政和计划色彩而不是市场色彩。财政与银行的关系，债务管理的方式方法，是倒退而不是进步了。而且，他们不知道，地方专项债一旦出现兑付危机，意味着地方政府信用透支、危机甚至破产，最终要转嫁给银行即由银行垫付，请银行出面，又重新回到了银行贷款。

巨灾债券（CAT BOND）的启示。全球第一笔巨灾（飓风）债券发行于 1997 年美国，中国再保发行是 2015 年，到 2019 年，世界市场存量规模超过 400 亿美元。这是一种创新产品：第一，跨业，跨银行、证券、保险。产品是证券（债券），赌的是概率（保险），发行主体可以是银行、再保险公司等金融机构，尽管以 SPV 形式出现。第二，本质上是风险证券化产品。设有触发条款（灾难发生及其损失情形），一旦触发，可免除、降低或延缓债券本息支付，用以补偿巨灾损失。当然，未触发的话，投资者能获较高收益（5—10%）。第三，天有不测之风云，巨灾做不了假。巨灾当前，就算捐了，行善积德，心安。国泰民安，债券收益较高，何乐不为？所以，巨灾债券成为发展速度最快的风险证券化产品。义利合一，道德和经济利益很好地结合在一起，或许是一个重要原因。

战争和债务，物价和 GDP。保罗·A. 萨缪尔森和威廉·D. 诺德豪斯共同主编的《经济学》扉页上有两张图，一张是"美国革命以来的政府债务"，另一张是"20 世纪的国民生产总值和价格水平"。这两张图直观而清晰地告诉我们：一、战争让政府债台高筑，让金融资产虚脱；二、物价指数和 GDP 增长几乎同步，世界上没有不贬值的货币，包括美元。

第四节　政策性资金

提要：政策性资金是银行特别是政策性银行的负债主渠道之一，十分宝贵。政策性资金介乎银行资金和财政资金之间，既可以源于存款准备金，也可以源于基础货币，还可以源于别的水池子。

政策性资金是中央银行或财政部门为了某个特殊的目的给银行提供的资金。这部分资金是银行特别是政策性银行的负债主渠道之一，十分宝贵。

政策性资金的特点是明显的：一、成本较低。二、有规定用途，特定对象，要求专款专用。三、贷款利率有上限。四、损失有补偿。五、一次性的。六、可遇而不可求。

政策性资金介乎银行资金和财政资金之间。具有政策意图，含有政策红利，所以，专款专用原则和底线要守住。防止挪用、冒用、盗用、利益输送等，是这部分资金管理的重点和难点。

政策性资金可以源于存款准备金，也可以源于基础货币，还可以源于别的水池子。源于准备金，是货币供应量框架内信用放松而不是扩张；源于基础货币，是扩张和突破，可能导致通货膨胀，必须谨慎，确保贷款回收，重新返还央行。

第五节　资本金

提要：资本金的意义或其必要性与重要性，对普通企业和银行完全不同。过分强调银行资本金管理，是不懂银行和资本金含义的表现。尤其是国有独资和控股的银行，资本金的机械要求完全没有必要。体制不同，所有权结构不同，资本金含义和意义完全不同。在私人银行体制下，资本金要求必须严格。银行是真正的高杠杆率机构。

受偿率对存款人最重要。尽管银行的资本充足率要求不断提高，拨备覆盖和拨备率要求也越来越严，但是，银行真正破产了，这些都只是杯水车薪，存款人债权人的受偿率不会太高。

银行高杠杆率。与大型的基础设施项目要求资本金达到20％—

30%相比，银行资本充足率 8%是比较低的，换句话说，银行是真正的高杠杆率机构，但只要资产中坏账比例可控，银行高杠杆是没有问题的。

资本金比例与利润分配比例相关。有人说，银行赚得太多，很气愤；也有人说，企业都在为银行打工，不公平。说这样话的人忘记了平均利润率规律，即等量资本要获取等量的利润。忘记了企业负债率之高。如果资本 100%都是企业自有的，不需要银行一分钱贷款，那么，利润 100%也属于企业。如果企业资本金只有 20%，大部分资金（80%）由银行贷款构成，那么，毫无疑问，利润的 80%就归银行。所以，与其抱怨银行赚得太多、分得太多，不如把自有资本比例提高。

资本金对银行和一般企业的意义完全不同。资本金又叫本钱。一般来讲，没有本钱，做不成生意，除非空手套白狼或做中介。资本金的意义或其必要性与重要性，对普通企业和银行完全不同。1.普通企业，没有资本金，意味着没有抵押物可资贷款扩大规模，甚至无法租或购办公地、招聘员工、进货进料进工具开张营业。银行不一样，即使没有资本金，只要获得政府许可，立马就有存款来，就有一切。2.普通企业，有了资本金，它的负债也是极有限的，超过一定的比例，有钱如银行，贷款也会十分谨慎。银行不同，银行即信用，银行的资本金或净资产，与其总资产或负债总额相比，微不足道。3.普通的工业企业或商业企业，交易是买断式的，钱货两讫，是交易的当事人而不是中间人。所以，它必须要有足够的资本金。银行不同，银行是信用中介，只要不出现信用危机，它完全可以不断地拿存款去做贷款，并从中赚取息差。所以，过分强调银行资本金管理，是不懂银行和资本金含义的表现。尤其是国有独资和控股的银行，资本金要求完全没有必要。因为国家信用远远超过那点可怜的资本金建立和维系的商业信用。

资本金来源，一靠积累，二靠集（积）聚。积累，包括分红、储蓄、遗产继承等；集（积）聚，主要通过发行股票实现。中国历史上从来没有出现过西方式原始资本积累时期，我们的祖宗没有给我们留下什么经营资本。而资本集（积）聚赖以进行的股票市场又受到审批制度等人为压制，上市率比顶级大学的录取率还低两个点，万分之一左右。所以，按照西方标准，规定中国企业资本金比例，是不切实际的，民营企业和政府财力不足的省市国企，虚假注资和抽逃资本金，是必然的、常见的。

资本金对所有制不同的企业要求不同。联邦存款保险公司的英文缩写，被美国业内戏称：永远要求增加资本金。巴塞尔及各国监管当局，不分青红皂白，亦视资本金为银行命脉。实际上，体制不同，所有权结构不同，资本金含义和意义完全不同。在国有银行体制下，资本金意义几乎为零。国家的财力和银行的资本是左口袋和右口袋的关系。而在私人银行体制下，资本金要求必须严格。否则，银行破产就可能损害公众利益。银行资本充足率越高，代表公众利益的存款保险公司损失就越小。

第六节　巴塞尔协议

提要：巴塞尔展现的更多的是一种姿态。银行是反洗钱和打击其上游犯罪的同盟军，而不是犯罪分子本身。巴塞尔银行监管委员会是明智的，它没有神化自己的《核心原则》。巴塞尔《核心原则》，只是银行用于防病、治病的广谱抗生素，不是什么长生丹和起死回生丸。

巴塞尔的两面性。巴塞尔银行委员会关于"许可的业务范围""发照标准""重大所有权转让""重大收购"，等等要求，既给商业银行提供了根本遵循，也给监管部门留下了寻租空间。

核心资本充足率。2008 年国际金融危机后，在资本监管方面，《巴塞尔协议Ⅲ》将核心资本充足率上调到 8.5%，对全球系统重要性银行提出了额外的资本要求。从监管取向看，这样做有一定的道理。但是，从风险防范和风险消除方面考虑，作用微乎其微，所以，巴塞尔展现的更多的是一种姿态。银行是一个高度发达的信用行业，靠百分之几的资本来维持信用，是靠不住的。

《核心原则》。巴塞尔委员会把《核心原则》作为良好监管实践的最低标准。事实上，这些原则标准是很高的。要做到操作上的独立性，透明的程序，良好的治理结构和充足的资源等，很难。因为银行及其监管并非真空地带，也不是什么世外桃源。

《核心原则 18》防止利用金融服务从事犯罪活动：银行应按照银行监管当局的要求，制定有效的政策和程序，包括针对"了解你的客户"原则，制定严格的规定，以促进金融部门形成较高的职业道德与专业水平，并防止银行有意或无意地被利用从事犯罪活动。执行这条原则时，要特别注意的一点是，银行是反洗钱和打击其上游犯罪的同盟军，而不是犯罪分子本身。个别监管机关借助这一条，把银行作为洗钱机构对待，滥用处罚权，是完全错误的。

《核心原则 20》监管技术：有效的银行监管体系应包括现场检查、

非现场检查以及与银行管理层的定期沟通。这方面，应该说，中国监管当局在与银行管理层"定期沟通"方面，有待进一步提升。

巴塞尔协议或许是神圣的。满足它提出的各种要求自然是理想的。然而，"推翻偶像（我称之为理想），这更接近我的工作。当人们捏造一个理想世界时，也就使现实失去了其价值、意义和真实性……错误（对理想的信仰）不是出于麻木，而是出于怯懦"（尼采：《瞧，这个人》）。辩证地说，迷信协议，脱离现实，未必可靠。但没有规则，随心所欲，也是危险的。尼采的极端，在于他不相信辩证法。要么全有，要么全无。"我的读者可能知道，我是如何把辩证法看作颓废的征兆，比如最著名的例子，即苏格拉底的例子——理智上错乱，甚至那种发烧后处于半昏迷状态。"

巴塞尔银行监管委员会是明智的。它没有神化自己的《核心原则》。提高核心原则的达标程度，有助于促进金融体系的整体稳定，但并不能确保金融体系一定会保持稳定，也不能防止银行倒闭情况的发生，银行监管并不能够也不应该保证银行不会倒闭。在市场经济中只要承担风险就有可能导致倒闭。换句话说，巴塞尔《核心原则》，只是银行用于防病、治病的广谱抗生素，不是什么长生丹和起死回生丸。巴塞尔银行监管委员会充分认识到有效银行监管的先决条件。虽然这些条件大多数都不在银行监管当局的直接管辖范围之内，但在实践中却对监管的有效性产生直接影响。包括：稳健且可持续的宏观经济政策，完善的公共基础设施，有效的市场约束，适度的系统性保护机制或公共安全网。可见，监管当局在借鉴和执行《核心原则》的同时，要把注意力和人力物力适当分配到外部环境建设，或者说，先决条件的创造上。

第五章
资　产

关键词：贷款　评审授信　投资控股　抵押资产　不良资产

第一节　贷　款

提要：越有钱的人，越容易得到贷款；越没钱的人，越难得到。银行的钱，贷出去容易，收回来难。把贷款交给可靠的人，就像把自己的闺女交给可靠的女婿一样。违反常识的业务都是不正常的。信贷项目不会从天上掉下来。储蓄不能转化为资本或现实生产力，从宏观上说，是极大的浪费。

银行贷款集中在一个客户身上越多，银行的主动权和控制权越弱。银行必须把理智放在第一位。资金跟着好项目走。银行贷款，是一种责任。贷款具有自我强化作用。没有项目就没有信贷市场。奢侈本身现在也成为获得信用的手段。表外资产，要视同于表内资产管理。

每一笔不良贷款的背后，都有一个失败的故事，或者，一个罪恶的计划。没有坏人，就没有坏账；没有不良分子，就没有不良资产。坏账既降低了整个社会融资效率，又抬高了社会平均融资成本。银行不良贷款是一面镜子。如果银行信贷人员对贷款对象再生产过程不了解，他是无法确定合理的贷款期限的。

马太效应。 越有钱的人，越容易得到贷款；越没钱的人，越难得到。

银行的钱，贷出去容易，收回来难。 一靠信用，二靠抵押。

没有坏人，就没有坏账；没有不良分子，就没有不良资产。 每一笔不良贷款的背后，都有一个失败的故事，或者，一个罪恶的计划。前者靠信用体系建设，后者靠刀刃向内。

理论上，信贷既不能偏紧，也不能偏松。 事实上，执行过程中，不是偏松就是偏紧，并因此形成经济周期。

资金少在体内循环。 除了必要的头寸调剂外，资金在体内循环，则银行行为的本质与高利贷一样。

贷款不是泼出去的水。 银行把贷款放出去，就像老百姓把闺女嫁出去，不能一嫁了之，要尽娘家人义务，要关心关注关照，即加强贷中、贷后管理。

银行的信贷员，要和富人一起喝咖啡，也要和穷人一起喝井水。 例如，扶贫事业，乃千秋伟业。扶贫贷款，要做大做实，做出效果。

一般来说，符合常识的业务都是正常的；违反常识的业务都是不正常的。 比如说，低成本资金不要，要高成本资金，一定存在利益输送等腐败行为。

信贷项目不会从天上掉下来。信贷项目在哪里？在调研中，在人民期盼中，在政府规划和号召中，在世界发展趋势中。

必要的怀疑。1568 年，德国汉斯·萨克斯献给爱人一首诗，其中写道："不要在你的心底 / 给他们的谎言留下位置"。同样，我要奉劝那些做银行的人，不要被骗子蛊惑，始终要用怀疑的眼光看待每一个项目。把贷款交给可靠的人，就像把自己的闺女交给可靠的女婿一样。

贷款如嫁女选婿。选得准，嫁得好，皆大欢喜。选得不好，嫁得不好，哭哭啼啼。有钱放不出去，就像大龄剩女；或门槛太高，高不成低不就；或自闭，大门不出，二门不迈，不接触客户和项目；或责任缺失，不主动不作为，官僚主义。

客户与项目。选客户，定项目，是银行信贷工作的基础和前提。其严肃与认真，不亚于姑娘定对象，岳母娘选女婿。选客户，看品德；定项目，看效益。

所谓信贷政策，即信贷选择。"只有人类能做出 / 不可能的事情 / 人能区别 / 选择、裁判 / 他能让瞬间 / 变成永续"（歌德：《神性》）。

银行有钱，放不出去，是很丢脸的事。银行要作为，要储备项目，要真正服务国家战略和企业需要。储蓄不能转化为资本或现实生产力，从宏观上说，是极大的浪费。

投资的本质是投人，信贷的本质是信人。能人出回报，好人出忠诚。所谓投资眼光和信贷策略，说到底，是认识人、判断人的能力。

项目储备极其重要。没有项目就没有信贷市场。没有分类，没有轻重缓急，没有阶梯式预备项目，就没有信贷市场的可持续性。

向银行贷款，是一种责任。贷款只是开始，还本付息是责任、担当。看得准、干得实、做得好，贷款才能还得了。懒政的人、平庸的人，是不愿意跟银行打交道的，更不愿意贷款干事。

贷款要算综合账，并非每一笔贷款都要赚钱。有的贷款，比如扶贫贷款，就可以不赚钱。要把社会效益放在第一位。银行做的业务很多，综合起来达到社会平均利润率就可以了。

银行要主动作为。生息资本随着社会经济发展、生产力水平提高、恩格尔系数下降、杜甫指数上升、财富不断积累而不断积累。换句话说，食利阶层会越来越庞大，利息率呈下降趋势，资金供求关系发生变化，表现为银行储备的项目逐渐不足，同业竞争加剧，等等。这一事实决定，银行业要朝创新领域、高质量发展领域发力。当然，作为发展中国家和社会主义初级阶段，开发的潜力和空间还相当大，银行要主动作为、积极作为。项目不会从天上掉下来。

逆周期思维。一些事物发展呈波浪式前进并具有螺旋式上升特点。信贷曲线是波浪式的，并与经济周期基本吻合。由于信贷具有先驱力，同时，因为流动性最强，所以，信贷行为往往是经济行为的征兆之一。银行家必须冷静，要有逆周期思想准备，旱则资舟，水则资车，见微知著，下先手棋。否则，债务危机到来，要吃亏的。

反周期信贷或逆周期信贷。经济周期理论起源很早。可以与朴素辩证法相媲美。从周而复始，到螺旋式上升、波浪式前进，是辩证法的一大进步。一般来说，做短线的人，喜欢顺周期；而做长线的人，喜欢逆周期。做实业的人，喜欢顺周期，加大投资，扩大再生产；做银行的人，作为宏观调节执行人，作为经济稳定器，往往需要逆周期信贷操作。所谓：水则资舟，旱则资车；人弃我取，人取我予。

标准的意义，在于空间上同类可比性，时间上自身可比性，不能随意拔高或放低。例如，"即使未拖欠本息也纳入关注类贷款"（因负债率偏高或存在国别风险）；逾期 30 天而不是 60 天（监管规定标准）降不良等做法，精神可嘉，但不符合标准本身的含义。

贷款看对象。比如助学贷款，它的对象是在校大学生。这方面业务要大力发展。如果大学生毕业后学习期间贷款偿还都困难或者说助学贷款不良率偏高，这是学生的悲哀，更是社会的悲哀。学生是未来，助学贷款质量反映孩子们的前途，反映社会和时代的正常程度。

生息资本流回的时间取决于再生产的过程。换一句话说，银行贷款的久期，取决于生产企业再生产过程。如果银行信贷人员对贷款对象再生产过程不了解，他是无法确定合理的贷款期限的。许多逾期贷款的造成，有这方面的原因。

银行要有辨别力。带领一家银行向前走，实现既定目标，好比唐僧西天取经，靠的是理想信念和火眼金睛。银行贷款像唐僧肉，骗子即妖怪。八戒类似那些贪财恋色、甘于被围猎的内鬼。多数人是沙僧，本分敬业。只有孙悟空火眼金睛，能看清妖怪的真面目，保护唐僧不被吃掉。银行的高管要向孙悟空学习！

贷款规模的上限。亚当·斯密在《国富论》第二篇第四章触及贷款规模问题。他说："货币总是国内各种贷借的手段，不论其为钞票或为铸币。一国能有多少资财在收取利息的方式下出借，或者像一般人所说，能有多少货币在收取利息的方式下出借，并不受货币价值的支配，而受特定部分年产物价值的支配。"即后来经济学家所说的，转化为投资的储蓄部分。

集中度不宜过高。俗话说，债多不愁，虱多不痒。银行贷款集中在一个客户身上越多，银行的主动权和控制权越弱。所以，贷款和投资一样，有一个集中度问题，不能把所有的鸡蛋放到一个篮子里。集中度过高，银行十分危险和被动。债务人一旦像死猪一样，就不怕开水烫了。银行除了伤心和愤怒，恐怕没别的办法。

贷款宏观判断依据。做一笔贷款，除了通常说的贷前调查外，或者说，除了贷款项目、贷款企业偿还贷款能力分析外，宏观上必须做三件事：1.编制地方发展指数。通过指数，发现地方经济短板、弱项和潜力所在。2.编制城市资产负债表。通过这张表，发现城市总体实力和偿债能力。3.绘制地方金融风险图。前车之覆，后车之鉴。不要对高风险地区充满幻想。银行既不是慈善机构，也不是教育机构。银行必须把理智放在第一位。

贷款具有强化作用，自我强化作用。它既可以给老虎添翼，也可以落井下石。正像达利欧所说，在正常情况下，贷款会产生一个自我强化的上升运动，到顶峰后转而向下，进行一个自我强化的下降运动，触底后又逆转向上。银行家和政府的高层决策人要注意这一点，要有预见性，适时干预，而不是火上浇油。

表外资产，要视同于表内资产管理。表外资产多，同业认可，是好事。但也有压力，如果管理不好，认可度下降，跟投、跟贷的同业，就会减少。所以，表外资产管理，直接关系到银行的声誉和能力。

融资难悖论。金融业有不少悖论。企业反映融资难，银行反映放款任务重，政府说有效需求不足，是其中之一。企业有扩张冲动，银行不是企业的出纳，贷款要安全有效，所以，企业、银行各说各话、自说自话，是正常的。关键在有效需求。什么是有效需求呢？1.看得远，瞄得准，干得实（可研报告和行动方案）。2.借得起，还得了，有钱赚（财务目标）。3.质量高，价格低，有竞争力（产品生产和市场营销）。

贷者如射。贷款没有达到预计效果，或者说，信贷合同没有得到完全执行，资产出现了不良甚至损失，怪谁呢？孟子说："仁者如射：射者正己而后发；发而不中，不怨胜己者，反求诸己而已矣。"怪自己，要反思。内因是变化的根据，外因是变化的条件，必须从银行自身找问题，找毛病，找根源。仁者如射，贷者亦如射矣。

资金跟着项目走，体现了金融为实体经济服务的思想。但是，这里有一个前提，即项目论证科学、经济、可持续，回报在合理区间，资金在一定期限内可回归。不好的项目，有风险的项目，资金未必跟着走。所以，资金跟着项目走，实际是跟着好项目走。

项目跟着资金走，反映财政金融系统之强势和引导力。但也有一个前提，即宏观经济走势判断准确，财政金融部门站位高、看得远，借款企业或项目单位听得进，这是一方面。另一方面，利润高的部门、领域和投资项目，赚钱的地方、企业、项目，赚钱多的地方、企业、产品，更多的类似企业、项目会迅速产生、集中。所以，项目跟着资金走，本质上是跟着利润走，跟着剩余价值走。总之，资金和项目是相互影响。

资源与负担。在企业看来，资金无疑是重要的资源。银行掌控着这一部分资源。而在某些不想作为的人、不想担当的人眼里，贷款变成了负担。既然放不放、放多放少，与个人收入无关；贷款放了，个人也没有好处或者不敢不能不想收啥好处，还要承担风险责任，那么，贷款自然成了负担。因此，有这种想法的人，本质是自私的人，消极怠工的人，没有好处不办事、有了好过乱办事的人。贷款究竟是不是资源呢？显然，它是资源，不过它是公共资源，不是私人资源，更不是用来谋取个人利益的资源。贷款是不是负担呢？对敢担当、善作为的人来说，它绝不是负担，是机会，把银行做大做强做优的机会，为实体经济服务的机会，金融报国的机会。所以，要倍加珍惜，主动作为。当然，贷款不是一放了之，要考虑收益和安全。从这一点上说，贷前调查、评审、贷后管理等，是行员应尽的职责和艰巨而细致的必须完成的工作任务。把光荣任务等于个人负担，是不对的，必须批评、教育和整改。

消费贷款要重新评估。在提倡勤劳而不是游惰，节俭而不是奢侈的社会和年代，消费贷款行为是不会得到认可的。亚当·斯密在《国富论》第二篇第四章中说："借钱挥霍的人，势难久立，借钱给他的人，常要后悔愚不可及。除了重利盘剥者，像这样的贷借对双方都毫无利益。"他说：如果没有租金之类的预期收入，借款者往往无法还本付息。即使这样，也不应该提前消费，因为租金之类的收入，本可节省下来变成资本，投入再生产，创造更多财富！大家知道，《国富论》的目标，就是增加财富。今天，消费贷款行为得到提倡和鼓励，一方面，某些商品的确供过于求；另一方面，银行没有忘记审查消费者是否有足够的预期收入偿还贷款？也没有忽视像房地产之类的资产价格上涨趋势。这是亚当·斯密没有想到、也不可能想到的新情况。

累积贷款与贷款余额。亚当·斯密是一个宏观经济学家。但是，他在某些微观经济问题上，也有深入的研究。例如，他说："同一枚铸币或同一张纸币，可做许多次的购买，亦可连续做许多次贷借。"（亚当·斯密：《国富论》第二篇第四章）这样就从理论上阐述了累计贷款和贷款余额的区别，以及贷款正常的投放与回收，对于累计贷款规模，从而对信贷总量的重要意义。

信贷政策受市场力量影响。受产业政策的影响，信贷政策不仅具有总量特征，也具有结构性特征。结构性信贷政策是产业政策投射的影子。不过资本是流动的，而且往利润率高的行业和项目流动。因此资本流动规律会弱化产业政策和信贷政策的实施效果。此外资金市场供求规律也在起作用。资金供求在总量和结构上都可能出现失衡。通俗地说，有的行业资金供过于求，而另外一些行业可能出现供不应求。因此信贷政策只能是指导性的，市场起决定性作用。政策只能引导市场，但市场最终要矫正政策。主观引导与客观矫正好比作用力与反作用力，最终的信贷结构是合力的结果。

贷款占银行全部资产的比例是高一点好还是低一点好？要认真地研究。2017 年，全球前 1000 大银行贷款占全部资产的比例，从

2010 年的 64.6％降到 62.6％，降幅为两个百分点，同时各家银行普遍在交易银行、投资银行、财富管理等轻资本业务上加大投入，推动非息收入占比以及资本运营效率的持续提升。然而，贷款是银行的主责主业。贷款占比过低，实际上，意味着银行偏离主责主业。另外，投资银行财富管理是典型的证券业务和信托业务，交易银行是经纪业务，这些都不是银行业的主责主业，而且风险很大。做银行，最忌赶时髦，最忌哪儿有快钱赚去哪儿。

贷借的本质是使用权的出借。银行是贷借机构，从事贷借活动。可这并不表明每个银行都理解贷借的本质。银行完全可能无意中做费力不讨好的事。例如，对贷款用途严格规定和监督。亚当·斯密在《国富论》第二篇第四章中明确指出："贷借的事情，实际就是出借人把自己一定部分土地和劳动的年产物的使用权让与借用人，听他随意使用。"狗拿耗子，多管闲事。对银行来说，有借有还，再借不难。按时足额还本付息是其核心诉求。至于"贷款用途"，从风险管控的角度关心关注一下是可以的，但并非必须也非可能。如果"贷款用途"银行都要干预、监督、限制，那么，贷款风险银行是不是也要承担一部分呢？如果项目失败，银行是不是愿意放弃企业债务的追索权呢？既然贷款不能用于指定用途以外的项目，那么，指定项目失败后，是不是意味着债务人不能用别的项目的盈利偿付本笔贷款呢？所以，贷款用途限制，是银行强势的表现，是金融资本干预产业资本的表现，是银行自以为是自讨没趣的表现。由于资金使用往往是混合的、流动的、可替换的、灵活的，所以，对贷款用金的监督、限制，往往也是不可能的。如果还本付息没有出现问题，"挪用"也是无法追究的。当然，银行有些应急贷款、专项贷款，指定用途并有利率上的优惠。反对挪用，禁止挪用，打击套取骗取行为，是必要的，也是可以理解的。因为这时银行扮演的角色，是影子财政的角色，与财政预算约束，财政拨款或转移支付管理并无区别。至于有些借款人贷款从事非法活动，银行的确有知情报告的义务，但毕竟不是强力部门可以查处和制止的。银行是现代经济的核心，不是现代社会的核心。是现代社会治理辅助工具，不是现代社会治理者本身。

存款或贷款都是资金使用权的让渡。利息是对这种让渡行为的回报。由于是使用权而不是所有权的让渡，所以，银行关心的应该是客户到期还本付息，而不是贷款怎么使用，因为使用权已经让渡了。正像存款人无权干预、限定、监督存款怎么使用一样。存款人为获得利息，已经把资金使用权让渡给银行了。所以，他不会也不应该去关心存款怎么使用。前面讲究的是"存款自愿"，后面讲究的是"取款自由"。银行也不会听他们的。如果说贷款有优惠，或者说贷款利率有优惠，客户为了获得这种优惠，自愿接受银行附加的贷款用途限制，是允许的，也是可以理解的。一般的、普通的商业贷款，银行附加贷款用途限制是不应该的，是对企业经营自主权的粗暴干预。如果存款人要求银行按照他的旨意使用他的资金，那么，借贷关系就变成了信托关系，委托人自己要承担风险，受托人收管理费而不承担风险。他只有道义责任、声誉风险，而没有法律责任、财务风险。同理，如果银行要求客户按照银行的旨意使用资金，那么，借贷关系也就变成了信托关系，与上述逻辑和结论是一样的。所以，理论上、逻辑上、法律上，银行都不应该规定贷款用途，不存在所谓客户"挪用"贷款的问题。在借贷市场上，只要到期还本付息，其他都是次要的，甚至可以忽略不计。如果贷款企业从事非法活动，严格说来，也不是银行能管控的，而且，自有人管。银行只要依法履行反洗钱义务就够了。但从宏观经济形势、产业结构变化趋势、行业兴衰等分析角度，银行根据客户的主营业务进行贷款分类统计和研判是可以的、必要的。但是要记住一点，这些客户贷款分类也未必能精准地反映行业资金供需关系。因为企业之间的借贷即商业信用和影子银行（非银行金融机构及非借贷金融产品）会扭曲这种分类。银行的分类贷款及其不同种类贷款不同待遇做法，看上去体现了产业政策意图。实际上，由于商业信用的存在，银子银行的存在以及资金流动的规律作用，会使那些利润率比较高的行业拥有更多的资金，只是资金的成本比以前稍高一点而已。例如，房地产行业。因此，即使做了分类统计和放贷，也未必精确和有效。那些利薄的行业，那些中小微企业，那些落后的地区，要留住照顾性资金业已困难，甭说主动吸引初笔资金和回头资金能力之弱了。

信贷周期的确定。 从银行角度看，假定社会平均利润率 5%，资本回报期为 20 年。如果银行信贷期限太短，比如，国家开发银行平均贷款久期七年，业界已算长了，与回收期相比，明显偏短。这样，一、会人为导致银行信贷的逾期、展期乃至不良。二、会让企业在财务安排上捉襟见肘，疲于应付，拆了东墙补西墙。要解决这个问题，一靠企业自身积累，即未分配利润转增资本金。二靠银行贷款期限拉长，鼓励中长期融资。三靠资本市场开放，降低门槛。银行能做的只有第二点。而要提高中长期信贷比例，银行需要中长期的负债匹配和精算安排，尽可能扩大长期负债来源，减少短期贷款、流动资金贷款。要知道，贷款周转速度快慢，流动资金贷款周转速度快慢，影响贷款总量。加快周转速度，减少逾期、不良，流动资金需求是容易满足的。

一般来说，贷款期限取决于生产、流通周期。 例如，农业贷款，春耕秋收，贷款期限一般在春秋间。商业贷款，贱买贵卖，贷款期限一般在购销间。工业贷款，从建厂，到机器安装，到原材料购进，到产品生产，再到商品销售，是一个漫长的过程。可以说，行业不同，周期不同。同一行业，由于产品和具体项目不同，周期也不同。所以，理论上说，银行的贷款期限应该千差万别，而不限于月、半年、一年和一年以上的贷款期限。实践中看，贷款期限的档次设置越少，要么人为造成一些贷款逾期，要么增加贷款企业的利息负担。前一种情况，往往出现在主观确定的贷款期限，短于一个完整的客观生产、流通周期。而后一种情况，刚好相反，贷款期限长于生产、流通周期。究竟有多少逾期贷款是人为造成的？有多少贷款，因为不能或不敢提前偿还，而让企业支付了额外的本可以节省的利息？需要计算和比较。但是，两种现象的确存在。由于计算机早已在银行广泛而深入运用，银行的贷款期限可以精准到日甚至小时，利息的计算也可以精准到日甚至小时。从监管的角度说，逾期和所谓的展期，都应该更包容、灵活一点。因为生产、流通周期与贷款期限，谁也没有办法预测那么准确。何况在实际生产和流通过程中，还有许多始料不及的偶然因素、不可抗拒力量在起作用。总之，贷款期限的划分及相应的利率档次设置，应该具有更大的灵活性，以便更好地与生产和流通实际周期相吻合，而不是将完全不同的、成千上万的生产周期，强制适应简单的粗略划分的贷款期限，不能削足适履。

第二节　评审授信

提要： 领导见签，不等于领导担保。没有一笔不良贷款，在可研报告中不是优秀的、可行的。银行要有独立的判断。现场调查与非现场调查相比，同样重要，甚至更重要。银行必须做更细、更实的调查分析工作。分行报告的真实性、完整性，取决于分行的责任心和廉洁自律。客户申请贷款，银行要做评审。评委的组成对评审工作影响巨大。评审工作要全面、客观。要真正做好评审工作，必须有经验积累和档案积累。评审前要接触客户，要打听客户，要深入了解客户。评审归根结底，是辨析、取舍。

靠不良客户提供材料做贷前调查报告，近乎引狼入室。

领导见签，不等于领导担保。银行要尽职调查、充分论证、客观评估、科学决策。

没有一笔不良贷款，在可研报告中不是优秀的、可行的。

第一次吃亏，可以说上当受骗；第二次吃同样的亏，叫傻；第三次，叫故意，甘于被围猎。

要处理好隐性负债与隐性资产的关系。全面、准确、系统评估客户，处理好项目暂时困难和潜力的关系。

贷款评审有没有学问？回答是肯定的。但是，不要迷信。非现场评审不如现场评审。抵押不如人品。数学模型不如口碑。指标不如声誉。

银行信贷人员的从众心理和行为，是其懒政和肤浅的表现。银行要有独立的判断，需要深入的调研、持久的观察和反复思考，需要投入很大的精力。

资金不能盲目跟着项目走。资金跟着项目走与金融服务实体经济，无疑都是对的。但是，银行是信用中介，银行的资金并不是其自有资金，更不是项目方资金，它必须管控风险，所以，项目预期效益好，即能还本付息，银行才能跟着走。换句话说，资金跟着项目走，这是原则。但不能盲目跟着走，这是底线。

9∶1 和 1∶9。与客户尽调相比，贷审是 1，尽调是 9；与贷后管理相比，贷后管理是 9，贷审是 1。信贷管理没有别的，权力在中间（贷审），责任在两端（贷前调查和贷后管理）。把时间和精力花在跑审批上，是完全错误的和不正常的。

现场检查的重要性。布隆伯格说："人生中 80% 的时间不过是让自己到场而已。"对银行信贷员来说，到场，就是到贷款所在的地方去，到项目地去，到贷款企业去，到贷款主体那儿去。与贷款相处的距离越近，贷款的风险就越低。相反，与贷款相处的距离越远，贷款的风险就越大。非现场监测很重要，但现场察看更重要。

现场调查与非现场调查相比，同样重要，甚至更重要。百闻不如一见。问问老板周边的人，听听他的老师、同学、朋友、亲戚的看法和意见，了解其产业上下链的反映，再看看报表，贷前调查工作就更扎实了。

总体与个体矛盾，全局与局部矛盾。在研究具体项目贷款时，要考虑地区风险、行业风险。但是又不能走极端。同一地区、同一行业有左中右、好中坏之分。不能因噎废食，不能一人生病全家吃药，不能搞株连。即使是高风险地区，高风险行业，也有佼佼者，有可信赖的企业家，有值得贷款的项目。相反，也有骗子和傻子。

历史、现在、未来，既相互联系，又互相矛盾。银行能看到的会计资料和报表，只表明贷款对象过去的情况，而过去的情况并不代表未来，尽管从中也可以发现一些迹象和征兆。银行贷款能不能安全地收回来，取决于贷款对象未来的前途和命运，因此，银行必须做更细、更实的调查分析工作，不要陷入经验主义的泥淖，充分考虑其不确定性。

资产价格对信贷行为的影响。对于一个借款人来说，利率高低与年均资产价格上涨速度密切相关。如果前者低于资产价格增长速度，他的贷款偿还是没有问题的。因为贷款使用方向正确。所以，借款人借款后形成什么资产极其重要。一般来说，垄断性行业、高新技术产业、排他性资产（如，土地、房产等）具有不一般的吸引力。因此，分析资产价格未来走势，是负债投资型企业信贷行为的关键。如果资产价格上涨速度低于利率，那么可以肯定，投资方向是失败的。孟子说："故术不可不慎也。"

银行要为客户立档。要实行专档管理。每一个档案里，要有客户详尽的历史纪录。评审必须建立在档案的基础上。过去守信，现在经营正常，有拳头产品和看家本领，主要负责人品德高尚，这样的客户就是优良客户，属于忠义列传的对象，评审可以宽简一些，可以放信用贷款。相反，不守信用，不守规矩，盲目扩张，口碑差，这样的客户就是差客户，要进入黑名单，一开始就要拒绝，无评审可言。评审的重点是新客户、新项目，而偿付能力预测最重要，信用结构最重要，同业口碑最重要，上下游企业评价最重要。

评审侧重点。客户和项目，既要一体考虑，又要区别对待。对政府全资或控股的公司、项目，要坚持以客户为中心开展授信，即，看重客户，淡化项目；对私人企业，既要坚持以客户为中心，又要坚持对项目进行论证和测算。因为前者的项目已经充分论证和政府批准，而后者有可能是骗贷的幌子。

客户申请贷款，银行要做评审。评审既是一个个人行为，也是一个组织（委员会）行为；既是一个环节，又是一个流程。如同学位论文，能否通过，评委意见和投票十分重要。

评委的组成，对评审工作影响巨大。评委的产生，不是只有随机抽取才能确保公正性。评委首先要专业，没有百科全书式人物，需要有专业素养，才能判断行业走势和项目可行性；其次要公正，没有私心，要特别注意利益回避和中介介入；三要客观，实事求是，夸大和贬低等主观故意都不利于评审。

一个好的、可靠的贷审委员会。首先，要遴选德才兼备的委员，要进行资质、资格管理，把信贷权交给令人尊重、公平正派的人；其次，要实行初审人报告人贷款人信用管理制度，要将骗人的人拒之门外；第三，要在一定条件下改组贷审委员会，划定触碰线，确保委员会能把控风险，永远让人放心；第四，处理好母子公司、总分行关系。审批权和审批难度要与其经营能力和风险管控状况挂钩。

委员会的作用。委员会制度，在同盟国夺取第二次世界大战胜利中发挥了重要作用，没有人能做到面面俱到，因此，必须成立委员会。这些委员会聚集了官员中的佼佼者。英国在第二次世界大战中没有采用极权的形式，却达到只有使用极权才能取得的动员效果（安东尼·塞尔登、乔纳森·米金:《内阁办公厅》）。同理，在应对一些专项工作和紧急情况时，银行要成立各种各样的委员会。当然，委员们必须是德才兼备的人，有能力也有责任心的人。

评审工作要全面、客观。全面即多维度画像。看报告、报表，是非现场评审；关注公司业绩、业务，是事，不是人；看项目可行性，不代表客户整个业务状况；等等。评审要做到非现场与现场评审相结合，事和人相结合。事在人为，公司主要负责人人品比什么都重要；项目评审与客户评审相结合；客户历史与计划方案相结合；客户申报材料与外界评价相结合。唯有结合，才能全面。

要真正做好评审工作，必须有经验积累和档案积累。经验积累靠个人用心，档案积累靠系统建设。比如客户档案、内外部征信系统、主要负责人信息系统，等等。有了这些系统支撑，评审工作就可以高效和准确。银行的成熟度，不只取决于成立早晚，还取决于经验积累和信息系统建设。时间是银行成熟的必要条件，不是充分条件。银行不会自动成熟。

廉洁是对各行各业的要求。廉洁是底线，是自觉，是发自内心的敬畏。物理隔离是表面的，做银行不可能不与客户打交道，不可能关门做业务。恰恰相反，要了解客户。了解才能理解，理解才能支持。关键是守住底线，不碰红线，保持亲清关系，君子之交。评委光看材料是不行的，材料可以做假，耳闻目睹更真实、更可靠。所以，评审前要接触客户，要打听客户，要深入了解客户。

银行可能面对任何企业、任何人。俗话说，人上一百，形形色色。评审归根结底，是辨析、取舍。就像有闺女的人家择婿，是一个择优录取的过程。除了对主要负责人人品了解外，企业的性质也极其重要。社会主义市场经济的最大优势是，国有企业间具有天然的联系和信任。信任是信用的基础。所以，国有银行对国有企业贷款申请评审工作可以简化，要从项目授信转向客户授信，单项授信转为综合授信。相对而言，对私人企业贷款申请评审要慎之又慎，细之又细。这不是什么对私人企业的歧视，因为公、私的确存在利益冲突。

信贷评审对项目资本金及其到位比例、客户负债率十分敏感，对吗？既对又不对。在私有制社会，私人客户在举债或公募资金时，必须表明自己与债权人、投资人坐在一条船上，自己的本钱也压在共同事业上。所以，对！但在公有制下，国有银行与国有企业之间，完全没有必要。政权或者说政治资本就是资本，甚至比货币资本、土地资本等资本更可靠、更强大。因为资本金和负债均源于国家，性质是一样的。它的所有人、担保人、出资人、贷款行、管理人……都是国家的人格化，是同一资本的不同形态。所以，划分本身没有意义，比例要求更没有意义。世界上没有比自我信任更高级的信任，也没有比政治资本更硬的资本。食洋不化与食古不化都不可取。

权责一体，如影随形。银行最大的权力在哪里？在信贷发放；银行最大责任在哪里？在信贷回收。所以，不良资产特别是损失资产规模及比例，是确定授权大小的核心指标。单纯以行政级别确定信贷审批权限是有片面的。人的判断力和人的地位并不完全相称。

银行的总行具有相当大的信贷审批权。贷审是否科学？决策是否准确？与分行报告的真实性、完整性密切相关。如果分行有意隐瞒、做假，偏袒客户甚至与客户内外勾结骗取总行信用，那么，贷款风险是不可避免的。而分行报告的真实性、完整性，又取决于分行的责任心和廉洁自律。

授权，意味着权利和义务同时下放，在放得下的同时，要接得住、管得好。授权，不是推脱责任，所以，大事要事有异议的事，要过问，要管理，必要时要收回。授权，不是一授了之、一刀两断，像分封一样，成了诸侯王国，而是要求受方主动报告，及时反馈有关情况和问题。

银行必须有层级管理，必须分级授权。权利与义务对等，让每一个人承担责任。特别是基层或一线员工，他们是扣第一粒扣子的人，他们扣错了，可能一路错下去，铸成大错。某些最终决策权，必须在某个层级行使完毕。什么都由最高层级决定，表面是忠诚，实质是推卸责任，不敢担当。

银行各层级授权的同时，要保持制衡，确保民主决策，确保重大决策依法依规，科学民主。防止失控，尾大不掉，分工成了分家。银行的高层必须始终确保银行沿着正确的方向，实现既定的目标。既要从具体的烦杂的事务中解放出来，又要善于从物议中发现原则性方向性苗头性问题并加以纠正。授权，绝不是为了做太平官，做甩手掌柜。

银行授信授权，既非一劳永逸，也非普天一式。必须差异化、参数化、函数化。因为审批人的品德和能力，客户的财力和信用状况，完全不一样，必须因人、因时、因地、因情况而异。

银行行走在诚实人与骗子中间。银行授信授权，要讲单笔，也要讲累计；要讲项目，也要讲客户；要讲公司，也要讲集团；要讲法人，也要讲自然人。银行靠诚实人吃饭，骗子靠银行吃饭。银行行走在诚实人与骗子中间，要更加小心。不能把鸡蛋放在一个篮子里。

授信授权要体现扶优限劣。分行、子公司经营管理能力有差异。干多干少、干好干坏，待遇理应不同。总部要扶优限劣，奖勤罚懒。

胡萝卜加棒子，是总部管理的一个诀窍。好的，要充分授信授权；差的，要加大整改，整好了，再调整额度和权限。

管信贷，首先要管信贷员。信贷员忠诚可靠，认真负责，德才兼备，为人正派，银行的信贷质量差不到哪儿去。反之，好不到哪儿去。对信贷员管理，一要有队伍条线意识，二要有资格资质要求，三要按信贷质量调整，四要奖罚分明。应该建立全行信贷审批人库，实现内部资格认可和动态调整，完善激励制度。

法人失信对银行伤害巨大。对自然人失信，银行的管理和惩处措施基本到位了。相对而言，而公司失信，银行对法定代表人和主要负责人的管理和惩处措施远未到位。逍遥法外、奢侈淫佚的老赖大有人在。主要负责人变成了主要不负责人，他们对银行利益和声誉的损害，往往最大、最深。这是不应该的，也是不公平的。

授信授权要看地区信用状况。工欲善其事，必先利其器。做好基础工作，才能做好授信授权。比如，要有地区经济实力表和财力表，地区资产负债表和开发指数，贷款不良率，核销率，案件数等。心中有数，授信授权才会精准。对核销金额大的地区，分行的当务之急不是调整授信授权，而是追讨，即提高回收率，降低损失率。

差异化授权及动态调整。一刀切是不对的，分级分区授权一授了之也是不对的。授权要动态调整。经济总量项目块头不同、风控水平差异、分支责任心和能力强弱、不良状况区别、地区财力和信用差距、同业授权大小、事情的急迫程度、贷款对象所有制性质……都是授权调整的依据。统一下放或上收权力是简单化的表现。在普遍放权情况下，个别高风险地区分行可能还要上收已有权力。同一家分行也可能某些行业、业务授权扩大了，而另一些缩小了。这才是差异化授权的真正含义。

授权。银行授权体现了授者信任和受者能力与责任。授权的内容与大小，要根据受者多因素考量。行政级别要考虑，能力和责任心更要考虑。兢兢业业，勤勉尽责的机构和负责人，要多授权、授大权，相反，要少授权、授小权。每一个分授权内容一样，大小一样，是不对的。授权也不是一授了之，一劳永逸。情况会发生变化，授权也要进行调整。授权，不搞世袭。出了案件，造成了损失，就要收权、集权。

第三节　投资控股

提要：子公司管理的底线是风险控制和腐败行为防范。母子以资本为纽带，所以重点是管资本，履行股东权利和义务。不能让子公司无限繁衍，要计划生育。不允许拿高薪、挖深坑。廉洁是最好的风险控制器。

子公司管理的底线是风险控制和腐败行为防范。简单说，不出事，不亏损。

子不教，父之过。银行的子公司，既要关心，更要严管。子公司设子公司，要有限制。不能无限地开办。

子公司不能无限扩张。必须给银行的子公司画一个圈，即规定经营范围；画一个层级，不能任其延伸、扩张。否则后患无穷。

　　管而不死，活而不乱，子公司管理是一门学问，也是一门艺术。要掌握这一点，必须了解子公司的性质和其对应的上位法。母子以资本为纽带，所以重点是管资本，履行股东权利和义务。至于人，按照党的干部制度去管理。

　　投资类型不同，策略不同。比如，主动投资和被动投资的策略不一样。主动投资，重在分析、研判和决策，即分析研判市场，适时适度决策；被动投资，重在管理、管控，履行股东职责，维护股东权益。又比如，股权投资和债券投资，体现不同的经济关系，权利和义务，甚至破产清算时受偿顺序，因此，两者的策略也是不同的。

　　投资主体性质不同，禁忌不同。比如，国有银行参与私募基金，即忌参与自然人、私营机构发起的基金。已参与私营机构发起的基金，应逐步退出。派驻基金管理的人，应视同国有银行工作人员予以管理。要特别注意防范在基金设立和管理过程中利益输送等腐败行为。

　　分支机构犹如子孙后代。要记住三句话，第一、优生优育。办不好，不如不办。发现不行，要及时关闭、止损。第二、管教。子不教，父之过。教不严，师之惰。要真正履行股东、控股股东的职责。第三、请神容易送神难。不能贪大求全，默认甚至怂恿"寨主""鸡头"意识和行为，有多大的能力、财力办多大的事，抓主要矛盾和矛盾的主要方面，分支机构铺设要严格控制，而且，必须与主责主业相关。

　　银行出资办公司，全资或控股、参股，要依据《公司法》切实履行股东职责，防止失控。要敢抓敢管，善抓善管，真抓真管。廉者敢，能者善，诚者真。如何防止失控？重点抓三个方面：1，不能让子公司无限繁衍，要计划生育。孙公司越多，越可能失控。2，报酬与风险挂钩。任何一笔业务，要善始善终。本金无损，利息等收益实现，资产安全，有关激励奖励条款才能兑现，不允许拿高薪、挖深坑；个人富了，公司惨了。3，反腐败。廉洁是最好的风险控制器。事实证明，绝大多数风险案例，是内外勾结、狼狈为奸的结果。

并表监管的要求是完全正确的。因为银行作为母体，它要承担分支行和子公司、控股公司的经营、支付风险。完全可能因为一条腿的感染，不能及时救治，而丧失生命。

名股实债要不得。名股实债，是近年来基金包括银行牵头或参与的基金常用手法。既避借贷之名，又得利息之实。政府债务隐形，基金风险可控。这个貌似创新的融资模式，实则早已有之。在中国近代，官强商弱，商人参股官办公司，往往要求"保定官利。"（郑观应：《盛世危言》）这实在是商人对官办机构及其项目运作、财务目标实现缺乏信心的表现，当然，也是基金名不副实、缺乏责任心的表现。

银行性质和业务边界如何定位。在天文学和地理学中，我们能将星球和地球表面位置精确标示出来。但是，我们却很难精确定位银行性质和业务边界，只能做到大致划分。我们能准确地说出，纬度 1 度代表 110 公里，1 分代表 1.85 公里，1 秒代表 31 米。但是我们无法说出，信贷与投资之间到底有多大的差距？它们不同，但也可以相互转化，没有距离。例如，债转股，信贷即变成了被动投资。不精确，是社会科学包括银行学的一个特点。它是正常的，不要刻意抹去。事实上，也无法抹去。

组合是银行投资的关键，平衡是银行投资的艺术。投资，是银行资产组合中一项重要内容。投资在资产组合中的比重越高，其盈亏对银行损益的影响越大。按流动性强弱分类，银行投资可以分为，货币市场投资（如票据买卖），证券市场投资（如债券、股票、基金），股权投资（如非上市公司股权），物权投资（如实物抵押）。按主观意图分，银行投资可以分为主动投资和被动投资。监管部门能控制的是主动投资，而不是被动投资。如，规定银行不能进行房地产投资，但借款人不能偿付贷款，其抵押物（房地产）过户到了银行。按价格的确定性分，银行的投资有现货投资和期货投资。对银行投资按不同标志进行分类，目的是实现银行投资的精细化管理。不同的投资组合，体现了银行的不同投资偏好和风格。有保守型的，也有风险偏好型的。有短期投机型的，也有长期收益型的。组合是银行投资的关键，平衡是银行投资的艺术。既要追究收益，又要控制风险，像走钢丝绳。首先，银行上下要重视投资工作，像重视信贷工作一样。让每一分钱发挥它应有的作用，带来它应有的收益。金钱如流水，不能让它闲着。要有当家理财的思想，牢固树立精算观念。其次，要成立行级层面的投资委员会和专业操作小组。紧盯市场变化，及时调整投资组合。操作人员既要有压力，也要有动力，对他们要考核，确定底线，赏罚分明。再次对于股权投资，不管是被动的还是主动的，都应该严格遵守《公司法》，履行股东的职责，维护股东的合法权益。最后对于物权投资，必须像个业主，不能贱卖或者贱租。也要考核，也要赏罚分明。

投资可以化解经济危机。经济危机通常表现为一个矛盾的现象，即一方面生产资本过剩，产品过剩，商品过剩。另一方面利率提高，贴现率提高，货币荒，融资难，融资贵，消费力不足。马克思说："一切现实的危机的最终原因始终是：群众贫穷和群众的消费受到限制，而与此相对应的资本主义生产却竭力发展生产力，好像只有社会的绝对的消费能力才是生产力发展的界限。"提高群众的消费能力，或者说提高群众的收入，并不容易。群众收入的提高，是以创造财富和利润为前提的，这是由雇佣劳动制度本质决定的。政府补给的话，物价上涨会使收入提高不能表现为消费能力上升。所以，只有通过增加投资，创造新的就业机会，从而真正提高群众的消费能力，缓解经济危机。除此别无选择。

第四节　抵押资产

提要：抵押、质押、担保等，都是防君子不防小人的办法。切实提高信用贷款比例。只有信用贷款，可以追加资本。

抵押、质押、担保等，都是防君子不防小人的办法。

银行看中的是借款人的经营能力、品德和潜力，而不只是其现有的可抵押、可质押的财产。

知识产权质押贷款有利于科学成果转化，但在实际运作中，知识产权的价值评估要相对准确，否则，银行的风险隐患会随之产生。

抵押是信用不发达的表现。中国人借钱要求抵押是有名的。巴尔扎克在《驴皮记》里，借用一个古董店的老板的话说："我借过钱给一个中国人，要他的父亲的身体来做抵押。"卖身葬父，在中国，妇孺皆知，远在天边的法国人居然也调侃起来。借钱要抵押，不管抵押品是什么，是古代中国民间金融的一个重要特点。它既是信用不发达的表现，也是高利贷乘人之危、盘剥借款人的一个例证。

切实提高信用贷款比例。"银行就像当铺，要我一定拿十足的东西去作抵押。可是我要能拿出十足的东西，我就不需要贷款了。"这是《习近平在福州》一书记载的台商宜建生先生的一段采访录。做银行的人看了该好好反思。十足抵押，使贷款变成了货款，而不是信用；使银行变成了当铺，而不是银行。下一步，一定要把征信搞上去，把失信行为惩戒严肃起来，切实提高信用贷款比例。

中央银行折扣率有导向作用，有明示或暗示意义。为了资金安全，贷款人通常需要借款人提供资产抵押或证书证券质押。而资产折扣率反映双方的信用程度。在名异而实同（同属一个所有人）的情况下，抵押、质押没有意义，遑论折扣率了。但在实际操作过程中，中央银行给政策性、商业性银行贷款或提供流动性，也要求抵押、质押，并且也定有折扣率，比如，70%。虽然形式大于内容，但象征意义明显：第一、政策性商业性银行给贷款客户的资产折扣率上限被无形中确定了，其资产拥有的融资潜在能力被限定；第二、整个社会实物资产流动性（变现能力）最高标准树立起来了，实物评估价值标准树立起来了，同时，普通银行在中央银行眼中的信用等级无形中划定了。总之，中央银行折扣率有导向作用，有明示或暗示意义。

选择抵押物须谨慎。贷款有抵押，看上去很保险。实际上就银行的流动性来说，很不靠谱。撇开抵押物相对于贷款金额是否足值不说，抵押物的变现能力实在令人担忧。正如亚当·斯密所说，远水救不了近火。大银行的回旋余地或许强一点、好一点，中小银行就尴尬了。抵押不如质押，因为有价证券的变现能力大过普通的抵押资产，例如房地产抵押。

如何管理抵押物价值？现代银行贷款远未做到信用贷款高占比，

相反，抵押贷款仍是贷款的最主要的部分，约占90％。这绝不是一个可喜的现象，一个符合时代和信用理论的现象。但是，似乎无可奈何。因此，银行如何选择、认可、评估、管理、处置抵押物，学问很大，任务很重。比如，在物权登记系统落后的情况下，一物多处抵押，多次抵押，俗称一女多嫁现象如何识破、防止？又如，抵押物本身的价值发生变化，贬损或升值，技术进步（如，人造钻石将钻石形成的时间从十亿年减至几分钟）导致原值大幅下降等如何应对？需要认真研究。

股权结构变动对银行债权的影响。企业股权结构变动，有时像悬羊击鼓、金蝉脱壳，可能对银行资产安全构成严重威胁。资产掏空了，债务人变了一个壳，法定代表人也莫名其妙地换了，银行要债，既找不到值钱的东西，也找不到负责任的人。这在银行信贷市场是常有的事。因此《公司法》要进一步完善，即任何负债企业，在进行股权变动时，必须经过债权银行的同意和确认，银行要参与表决，否则股权结构变动无效。

抵质押与企业流动性。恩格斯在整理马克思《资本论》第三卷第二十六章时，有一大段插话，详细分析了信用贷款、质押贷款和汇票贴现对于追加资本是否具有意义。在恩格斯看来，只有信用贷款，可以追加资本。质押贷款和汇票贴现与追加资本毫无关系。二者只解决支付问题，即所谓流动性问题。它们与商品出售后获得货款，没有本质区别。今天，中国大陆银行贷款中，抵押贷款和质押贷款的比例非常之高，因此，银行在支持实体经济方面，在支持扩大再生产即追加资本方面，没有实质性的贡献。它不是在追加资本，它仅仅是在解决企业流动性，反过来说，企业获取的不是追加资本，而是相当于有价证券或汇票售卖出去后的钱即货币资金。

第五节　不良资产

提要：不良资产是银行身上的病毒，必须控制。处置不良资产，无非靠核销、转让、重整、升优等。每一笔不良资产的形成，背后都有一个见不得人的故事，不要轻易放过。

银行业经营风险，一定会有不良资产。银行之间的区别，不是有没有不良资产，而是不良比例高与低。不良资产也是资产，不可轻言放弃。

不良资产形成和暴露有规律：不良资产大多形成于经济过热时期，暴露于经济萧条、危机时期。

不良资产消耗拨备，吞噬利润，甚至资本金。不良资产是银行身上的病毒，必须控制。不良资产多，损失大，资不抵债，银行是要破产的。

处置不良资产，无非靠核销、转让、重整、升优等。核销，属银行内部处理，对外仍保留追索权。转让，像一刀两断，一般采取拍卖的方式，价高者得。重整，有赖方方面面，特别是股东、债权人、地方政府和债务企业本身工作。重整，回收率一般比较高。这要感谢方方面面共同努力。升优，像枯木逢春，当然最好。

核销只是一个技术性处理步骤，即出表，表现为不良率下降。减少损失，提高核后回收率的目的没有改变。因此，对形成不良有责任的人，要戴罪立功；对没有责任的人要予以奖励。不能一核了之。

核销是银行的商业秘密。 泄漏，容易造成银行放弃债权的错误印象。核后必须继续追索。力度不减，分文不让。这样做，并不表明银行锱铢必较，而是要说明银行对"信用"这一关系到自身生死存亡的信念的坚守。银行可以主动放弃，但不允许别人耍赖。

奢侈能制造可信的幻象。 马克思、恩格斯有鹰一般的眼光，看问题总是看得很远。有神一般的预测力，看问题总是看得很深。明察秋毫，见微知著。《资本论》第三卷第二十七章，马克思说："奢侈本身现在也成为获得信用的手段。"放在信用体系高度发达的今天，我们也不能不为马克思的观察结论所折服。许多银行和它们的工作人员，不正是因为个别借款人或老板们的奢侈排场、出手大方而迷惑、放款并成为不良，甚至坏账和损失的吗？

不良贷款的祸害。 不良贷款，特别是其中的坏账，包含着不公平，即损失最终转嫁给了优秀客户。这既降低了整个社会融资效率，又抬高了社会平均融资成本。所以，防止和消除坏账，绝非银行一家的事，是全社会的事。

银行不良贷款是一面镜子。 银行不良贷款是一面镜子，透过它，照见傻子，照见骗子，照见腐败分子；照见不负责任的人，照见吃里爬外的人，照见平庸无能的人；照见银行制度的漏洞，照见道德的缺陷，照见和尚打伞无法无天；照见社会信用的悲哀，照见银行的无奈和老赖的狞笑。

每一笔不良资产的形成，背后都有一个故事，不要轻易放过。 要认真解剖麻雀，分析总结教训。除了主观故意，利益交换，不良资产比例是完全可控的。在不良资产的形成过程中，事实证明，人祸远胜于天灾。银行把贷款当作一项权利，并且以权谋私，十有八九贷款会变成不良资产。

不良资产分布有规律。经济欠发达地区高于发达地区，文化浅薄地区高于文化底蕴深厚地区，动荡地区高于和平地区，民营企业高于国有企业，腐败严重地区高于廉洁地区，法人高于自然人，城市高于农村，假学历高于真学历，司法系统不作为地区高于司法系统有作为地区。

凡事都要一分为二。全球排名前 100 的大银行，其平均不良贷款率，从 2008 年的 3.6% 下降到 2017 年的 2.1%，经营风险不断下降。平均资本资产比例和资本充足率分别从 5.0% 和 13.2% 增加到 6.5% 和 16.5%，风险抵补能力显著增强。一方面，看上去是好事，银行更加谨慎了；另一方面，经济更加艰难，信贷支持力度在减弱。凡事都要一分为二。银行不良资产比率不仅反映银行经营管理水平高低，风险控制能力强弱，更反映一个社会的诚信状况。古人说，人无信不立。事实上，100% 诚信的社会是没有的，有些人就是立不起来。

坏账如病毒。病毒，即除去细菌以后仍然能使动植物发病的玩意儿。正像坏账是经过不良资产处置后仍然难以挽回的资产一样。坏账有各种各样，一如病毒有 3600 多种，如，真菌病毒、原生动物病毒、支原体病毒以及许多人类和动物病毒等。

如果说，银行是一个机体，那么，骗贷的人、失信的人就好比病毒。病毒容易变异，就像他们的骗术；病毒须在活细胞内繁殖，就像外部坏人要找银行内部不良分子里应外合才行；病毒常常有很多宿主，就像被骗的银行通常不止一家；病毒的传播途径多种多样，就像骗术可以通过多种途径扩散；病毒可以利用，比如，用作生化武器袭击对手，正像金融市场上那些旁门左道。

抗体。受病毒感染后，肌体即可产生特异性抗体。但是，银行遭受信贷或交易损失后，不会自动产生抗体。只有总结分析，解剖案例，查漏补缺，防微杜渐，不断提高警惕，完善制度，宣传教育，才能产生抗体，才能吃一堑长一智。

防控不良资产是一项长期的任务。医学上，有灭活全病毒疫苗，即应用物理或化学方法使病毒完全灭活而制成的疫苗，比如，乙型脑炎、狂犬病、流感等灭活疫苗。银行有没有类似的"疫苗"可以完全消除不良资产呢？没有。因为不可抗原因，如天灾以及市场本身的风险，导致信贷不良，是无法消除的。这就是核销制度产生的原因和存在的必要性。古人说，道高一尺，魔高一丈。新的疫苗不断产生，新的病毒又不断发现。明枪易躲，暗箭难防，与病毒的斗争是长期的艰巨的。正像银行防控不良资产是长期的艰巨的一样。

银行出了不良资产，甚至出了案件，悔恨、指责、抱怨，都是没有用的。正像尼采所说："在出现恶果时，人们很难会用正确的眼光去看自己做过的事。我觉得，悔恨是一种邪恶的眼光。有些受挫了的事，因为它已经受挫了，所以更应该在这方面维护荣誉。"（尼采：《瞧，这个人》）正确的做法是，解剖麻雀，举一反三，吸取教训，完善制度和流程，同时，坚决维护好银行的声誉。

银行处置不良资产，化解金融风险，无异于一场斗争。"你必须知道世上历来就有两种斗争方法，第一是运用法律，第二是运用武力。前一种方法为人类所特有，而后一种则是属于野兽。但是，前者常常不足其用，所以常常要诉诸于后者。"（马基雅维利：《君王论》第 18 章）不过，银行并没有动武的权利和资格。所以，在化解金融风险，处置不良资产的过程中，必须借助拥有武力和强制权力的政府的力量。

不良资产的防范。政府特别是司法强力部门维护社会信用，视诚信为秩序的生命，坚决打击欺诈、失信行为，是对银行的最大支持和最好支持！奖金、奖励都是次要的。诚信守约是银行永葆青春的秘密，也是防范不良资产形成的最好方法。

不良资产核销，不是债权封存，而是账销案存。银行仍保留追索权。但是，很多地方和企业，将核销理解为豁免，这是极大的误会和赖债行为。银行应该心中有数，建立地区风险档案，定期评估地区信用等级。前事不忘，后事之师。

不良资产证券化的目的是，盘活资产，解决资产配置和流动性问题。既要看到好处，也要看到风险。美国次贷危机，殷鉴不远。要总结国内外金融同业的惨痛教训，以史为鉴、以案为鉴，时刻提醒自己，要依法依规操作，自选动作少一点，规定动作多一点。量力而行、适可而止，诚实守信。不能自以为是，自以为聪明，无限嵌套，把资产证券化当作一场击鼓传花的游戏，最后引发系统性风险。

银行不良资产形成的原因，不是天灾就是人祸（plandemic）。天灾，不可抗拒，可以理解。人祸不一样，需要反思，需要查漏补缺；看住人，管住钱，扎牢制度的笼子；需要行政处罚和司法惩治，需要对内追责、对外追收。人祸不灭，不良不止。

处置不良资产的关键是，明确"三个责任"。主体责任，即经办人经办行；领导责任，即决策人；属地责任，即分行和地方政府。提高不良资产处置能力，要软硬兼施、恩威并济。"软"，即讲道理，动之以情、晓之以理；"硬"，即联合公检法，寻求司法帮助，强力追讨债务。

不良资产形成的原因，大致分正常与不正常。正常者，天灾、不可抗力量、竞争失败、市场变化等，非借款人主观故意也。不正常者，诈骗、洗钱、逃废等，借款人主观故意也。前者，该正常核销。后者，必须依靠司法力量追讨。一百余年前，郑观应在《盛世危言》中比较说：西方国家能认真维持追究，"不似中国官吏，动以钱债细故，膜外置之也"。政府、司法机关不能营造良好的信用环境，则银行势单力薄，必不能追讨欠款，唯有更加谨慎和抬高利率，伤害经济。

银行巨额不良资产的形成，有内部原因，也有外部原因。内部要厘清责任，一查到底；外部要报案，移交犯罪线索，配合司法机关。

如何处置造成不良资产的银行员工。对造成资产不良的当事人，不仅要采取警告等行政措施，也要降其工资，扣其奖金，让他们体味损失的味道。银行信贷审批员不是终身的。经其审批，出现多少笔不良，或造成多少笔损失，要调离、追责甚至开除。造成资产不良的人，要写检讨书，要深刻反思，要通报全行。管行治行，从严治行，要形成制度。造成银行资产不良或损失的责任人，不能轻易放过，不能一辞了之。如果发现其存在新的问题，要深究下去。该报案的报案，该追究的继续追究。从银行辞职，去了不良客户那儿，尤其要严肃处理。

弄清不良资产形成的原因，才能有针对性地防范不良资产出现。这样才能从根本上解决不良资产问题。纵观银行不良资产案件材料，不良资产形成的原因有：1.不了解客户及其法定代表人情况，盲人骑瞎马，不查询征信系统，安排无资质人员评审。2.提供虚假或错误的信息，误导审批部门。3.不按规矩办事，不按制度办事，不掌握或明知故犯。4.出现异常情况，比如，报表矛盾，信用等级下降，工程未按期投产、达产等，主观上掩饰，客观上不及时将项目列入重点风险管控客户名单。5.还款来源测算依据不充分、不正确，现金利息保障倍数等指标计算不准。6.银团贷款成员停止放款，客户有债务纠纷和官司，未引起本行应有的警觉。7.流动资金需求测算不准，过度授信，且中间账户失控。8.会计师事务所、律师事务所等中介机构，见钱眼开，不负责任，替雇主做假。9.资本金来源及实际到位情况不核实，杠杆率过高。10.超额发放归垫贷款，超进度支付贷款，对贷款用途失去监控。11.注册地在所谓免税岛，披着神秘的外衣，扛着神圣的旗帜，干着洗钱转移资产的勾当。12.腐败，利益输送或交换，内外勾结。等等。

银行不良资产处置的方法有很多种，核销、批量转让、重组等。从回收率看，一个比一个高。但从资产质量看，回收率与其成正比例关系。核销的资产回收率最低，质量最差。

要从多角度分析不良资产形成的原因，总结不良资产分布规律。例如，不良资产的地区分布规律，是地区信用风险评估的主要依据；不良资产的行业分布规律，是银行信贷政策制定的主要依据；不良资产客户所有制性质分布规律，是银行客户选择、信贷门槛差异化的主要依据；不良资产审批人分布规律，是银行选人用人的主要依据；等等。要把每一起不良资产案当作一个麻雀来解剖。从具体到抽象，从特殊到一般，探求银行经营之道。

　　避免掉入黏性贷款陷阱。2019 年诺贝尔经济学奖得主，阿比基德·班拉基、埃斯波·蒂夫罗，在合著的《好的经济学》第三章中，谈到银行借新还旧现象，并把这种现象作为黏性经济的一个例证。他们说，当贷款项目即将成为坏账时，银行家们实际上会给陷入困境的企业提供新贷款，以偿还旧贷款，希望能推迟违约，兴许还能因运气的翻转而获益。用银行业的话说，这就是"常青藤"贷款。那么多银行，资产负债表看似完美，却突然一夜之间面临迫在眉睫的灾难，这种"常青藤"贷款就是其引发的主要原因之一。借贷保持黏性，意味着本应了结痛苦的企业仍不得不苟延残喘，与此同时，这也意味着新兴企业很难筹集资本。这段话很有意义：第一，它告诉人们，银行可能被不良企业绑架。债多不愁，虱多不痒。第二，银行的风险可能被人为掩盖，而有朝一日突然爆发。第三，借新还旧或黏性借贷、常青藤贷款是造成新兴企业融资难的原因之一。银行必须实事求是，减少借贷的黏性。在风险可能扩大、贷款可能恶化的情况下，必须像壮士断腕、金蝉脱壳一样，与不良客户尽快了断。否则，会掉入黏性陷阱。

第六章
利率、金融市场

关键词：利率　金融市场

第一节　中国历史上的利率

提要：宋代的官方利率20％；乾隆时中国的普通利息率，据说是12％。

王安石的借贷政策为什么失败？ 王安石的确是个改革家，但他的动机和方法有问题。国计和民生，他只考虑国计，即增加中央财政收入；私债和官债，他只想用官债挤压和替代私债，第一，以20％利率上限抑制私人放高利贷。第二，官府垄断，借贷自愿变成了各地摊派，利息不低且上收国库，结果造成民怨沸腾。欧阳修与王安石虽然私交不错，但理念不同：欧阳修建议取消高利率，真正济民于青黄不接，真正便利大家，不以营利为目的。撤销提举、常平官，真正让百姓借贷自愿，不搞强制性"抑配"。对特困户或因天灾造成拖欠青苗钱的农户延期偿付本息。可惜这些务实管用的建议，王安石在相位时，神宗听不进去，反而批评了欧阳修在地方停止摊派贷款的做法。

乾隆时代的中国利率是多少？乾隆皇帝的一生（1711—1799）完全覆盖了亚当·斯密（1723—1790）。所以，下面这一段话，完全可以断定，是针对乾隆时的中国和中国广州的情况说的："中国似乎长期处于静止状态，其财富也许在许久以前已完全达到该国法律制度所允许有的限度，但若易以其他法制，那么，该国土壤、气候和位置所可允许的限度，可能比上述限度大得多。一个忽视或鄙视国外贸易、只允许外国船舶驶入一二港口的国家，不能经营在不同法制下所可经营的那么多交易。此外，在富者和大资本家在很大程度上享有安全，而贫者和小资本家不但不能安全，而且随时都可能被下级官吏借口执行法律而强加掠夺的国家，国内所经营的各种行业，都不能按照各种行业的性质和范围所能容纳的程度，投下足够的资本。在各种行业上，压迫贫者，必然是富者的垄断成为制度。富者垄断行业，就能获有极大利润。所以，中国的普通利息率，据说是百分之十二，而资本的普通利润，必须足够担负这样高的利息。"（亚当·斯密《国富论》）显然，亚当·斯密已经看到，乾隆时代的生产关系阻碍了生产力的进步，封建制度妨碍了中国经济、社会的发展，包括闭关锁国政策和对外贸易官方垄断的做法、欺压和限制民营资本发展；等等。此外，亚当·斯密看到，由于垄断，排斥竞争，一方面形成中国的贫穷，另一方面出现利率较高的现象。可以想象，如果亚当·斯密见到乾隆皇帝，一定会像马卡蒂尼那样，话不投机半句多，尿不到一个壶里。

第二节　利率一般论述

提要：货币的价格，是使用权的让渡费。货币也有价格，即利率。利率是调节银行货币量的手段，是调节对外投资差额的工具，影响某些种类的投资率，是论证、评估经济活动价值的公尺，平衡资金供求关系的工具，调整产业政策的手段。利率是投资的重要顾问。利率不能为负数，除非银行对存款收费。贷款利率事实上存在歧视。没有人喜欢融资贵，也没有人不喜欢融资贵。信用环境差，贷款利率很难降低。东西方保护实业，鼓励物质财富生产的目标，是完全一致的。

利率市场化有前提。如果所有权代理人对其委托人不忠诚，那么，利率市场化就可能导致新的利益输送和贪腐行为。

利率是货币使用权转让的价格。每一种商品都有一个价格，商品的价格即物价。作为特殊商品，货币也有价格，即利率。但是，两种价格，表面看没有区别，实际却有所不同。商品的价格意味着商品所有权的转移，售卖意味着钱货两讫。商品变货币，同时，货币变商品。所以是交换。除了退货，同一笔交易没有反向运动。如果循环，买卖的商品也不一样。而货币的价格，不是所有权的让渡，是使用权的让渡。贷出的是一笔钱，回收的是一笔更多的钱。这里没有钱货两讫，只有还本付息。是钱在循环，看不到商品的作用。如果货币的所有权发生转移，那一定不是银行的贷款，而是捐赠，或者财政拨款。

利率政策的出现。凯恩斯在《论货币》第十三章"银行利率的作用方式"中讲，现代意义下的银行利率政策是在 1836—1837 年的货币危机以后，或 1844 年的银行法案以前的讨论中产生的。1837 年以前，这类概念并不存在，因为利率一直受到最高法定限额 5% 的限制。撇开限定利率算不算利率政策不说，利率的历史的确值得探索。一般来说，在价格受到严格管制情况下，会出现官方价格和反映供求关系的市场价格或者说黑市价格。这在历史上、现实中，屡见不鲜。利率有了最高限额，并不等于资金贷放没有其他附加条件。这些都需要历史资料来佐证。

利率的作用。凯恩斯和他以前的人有三种说法：一、利率是调节银行货币量的手段。二、利率是调节对外投资差额，从而保护本国黄金准备的工具。三、凯恩斯等人的说法，利率可以在某种方式下影响投资率，至少可以影响某些种类的投资率，提高银行利率会抑制相对于储蓄的投资及就业。应该说，三种说法都有道理。但利率的作用远不止于此。首先，利率是论证、评估经济活动价值的公尺。其次，利率是平衡资金供求关系的工具。再次，利率是调整产业政策的手段。最后，利率是财富再分配的方式。比如，利率提高有利于存款人，不利于贷款人。贴现率降低有利于企业，不利于银行。

利率的种类。采用不同的标志，可以对利率进行不同的分类。如，市场利率与法定利率，货币利率与自然利率，名义利率与实际利率，有效利率与无效利率，等等。无论怎么分类，都要回答一个问题，即，是否存在自然利率？或者说，存在公认的合理的不高也不低的资金价格？根据价值理论和平均利润理论，自然利率是存在的，并且市场利率围绕着它上下波动。但是，它也是抽象的。市场利率与自然利率的关系，就像乾隆皇帝与皇帝的关系。

高利率的原因。亚当·斯密指出了几种情况：1. 高收益存在。例如，英属殖民地。2. 垄断。例如，乾隆年间的广州十三行。3. 出借人收回借款的不确定性，就是他索取破产者在借款时通常需要出的那么高的利息。换句话说，信用环境越差的地方，利率越高。4. 法规禁止利息。出借人不仅对资金的使用要求相当的回报，而且对回避法律的困难和危险要求相当的补偿，例如，部分伊斯兰地区。应该补充的情况至少包括：1. 短期急需流动性。例如，民间金融中的小额贷款。2. 资产泡沫破灭前投机需要资金。例如，房地产、股票融资。3.名为贷款实为敲诈等犯罪活动。如校园贷。4，非法集资，庞氏骗局。例如，P2P。

冗员、高利差及其后果。《好的经济学》作者在第五章中谈到银行业的倾斜问题，指出印度银行业冗员现象很严重，这意味着如果银行想实现收支平衡，就要在贷款利率与存款利率之间设置一个很大的差价，结果是印度的银行贷款利率比世界其他地区高得多，而存款人获得的利息却很低，这种局面妨碍了那些需要借钱投资的人贷款，却有利于那些在银行业有关系的人。这种经营拙劣的银行同时损害了储蓄者和借贷者的效率。由于储蓄率低于应有水平，印度人们的储蓄资金得不到妥善利用。换句话说，印度银行业两头吃，并且吃相难看。既影响了投资，又影响了储蓄。历史地说，经济越落后的地方，借贷机构的负面越明显。反之，借贷机构负面越明显，经济发展越艰难。借贷机构行为与其所处的信用环境状况和经济体取得的发展水平正相关。在这里，借贷机构起的是催化剂或加速器的作用。

收入、消费和银行信贷扩张。随着一国的人均收入达到某个特定水平，经济增长会放缓。这一现象很好理解。因为需求是可以无限接近满足或消费极限的。随着需求不断接近满足，收入的消费意义下降，即，财富象征意义或银行账户数字意义上升。对银行来说，信贷扩张会受到需求放缓的抑制，银行信贷边际增长下降，整体利率水平下降。

影响利率的因素。利息源于利润（生产者）或收入（消费者）。所以亚当·斯密认为，利息由利润支配。与此同时，他认为，"贷出生息的资财"供求状况，影响利息的高低。正像一般资本的供求状况，影响利润高低一样。资本越多，资本家竞争越激烈，资本的利润会下降。相反，对劳动（力）的需求会增加，工资上升，相应减少利润。联系亚当·斯密过去的论述，他的实际意思是，自然的或真实的利率取决于利润率；而市场利率取决于资金的供求关系。经济生活中，利率因时、因地，因当事人不同而不同，影响的因素甚至包括心理因素、社会关系等非经济因素，情况复杂。不错，利息要始终在利润或收入可承受范围内。利率不能为负数，除非银行对存款收费。利率也不能高得无边，除非名为贷款、实为敲诈的犯罪活动。

借贷双方或者说银行和企业是一对矛盾。矛盾具有的所有特点在这里都能看到。而利息率的高低及其走向，体现了这对矛盾的主要方面和次要方面的变换。双方可以强弱相当，势均力敌，皆弱皆强。也可以一方强另一方弱或一方弱另一方强。借贷资本闲置，产业资本停滞时，即皆弱情况下，利率一定是低的。借贷资本闲置，而产业资本好转，商业信用对银行信用相对独立，这时利率也是偏低的。随着产业资本需求和再生产规模不断扩大，借贷资本逐渐紧张起来，市场可供借贷资本相对减少，利率开始逐步攀升。直到生产过剩，危机出现，市场支付压力前所未有，而货币缺乏，利率水平达到最高点。然后，进入新的周期。

预测利率走势确定债券筹资方案。预则立，不预则废。如何预？或见微知著；或以所见知所不见，逻辑推理；或历史借鉴，他山之石；或数学模型；等等。总之，要预，预准，准则利。银行是做资金生意的，是资金商人，低进高出，赚的是利差、息差。贷款利率市场化，而债券市场利率不浮动，这样就造成了利率市场风险，息差波动大，甚至可能出现利率倒挂现象，因此，对市场的感觉变得越来越重要，对市场的预测变得越来越关键。银行必须根据贷款利率的趋势，确定债券发行方案，包括，时间点、规模、结构和利率、期限等。

最低利率必须覆盖损失。亚当·斯密讲，出借资金即使相当谨慎，亦有受意外损失的可能。所以，最低的普通利息率和最低的普通利润率一样，除了补偿贷借容易遇到意外损失外，还需有剩余。如果无此剩余，那么出借资金的动机就只能是慈善心或友情了。在这里，亚当·斯密的贡献是，提出了最低利率的概念，并指出生息资本也必须获得纯利润。信贷的损失必须由全体借款人来承担。最低的利息率必须覆盖损失，包含生息资本的纯利润。不过，200 年后的今天，银行最低利息率的确定复杂而又简单得多：中央银行资金最低利率决定因素分两种，一种是商业银行缴存中央银行资金的利率或者央行票据发行利率，回购利率。另一种是基础货币，无成本，这部分资金投放利率完全取决于央行对社会经济形势的判断、评估和预期，可以低至零。商业银行的最低利率如何确定呢？商业银行不能发行货币，所以，它的利率不能低至零。商业银行最低利率，不能低于筹资成本加税费支出加社会资本（银行资本也是资本，必须给股东回报）平均利润。专项贷款利率不能低于专项资金来源成本加税费支出加社会资本平均利润。如果放弃利润，银行就成了影子财政，扮演的是财政角色。

法定最高利率应"略高于"市场最低利率。在讨论这个问题之前，首先要明确，贷款取息是否合法？禁止利息是否可以制止高利贷？按照亚当·斯密的说法，愈禁愈贵。"债务人不但要支付使用货币的报酬，而且要对出借人冒险接受这种报酬支付一笔费用。"因此，贷款取息应该合法化。现在的问题是，合理的或者合法的贷款利率是多少？市场利率千变万化，官方的、法定的利率应该确定多少合适？在回答这个问题之前，必须了解市场最低利率。亚当·斯密认为，市场最低利率就是，贷款人绝对可靠，比如英国政府，或绝不会给货款造成损失的人，比如，提供绝对可靠担保品的人可以接受的利率。假设法定利率低于市场最低利率，结果无异于禁止放贷取息，显然不行。假如等于市场最低利率，则信用级别次于绝对可靠者的那部分人，难以获取贷款而不得不求助于高利贷。所以，在亚当·斯密看来，法定利率不能低于或等于市场最低利率。但是，又不能太高，太高无异于法律允许高利贷。只有浪费者和投机家愿意接受超高的利率，资本没有用在有利的事业上，而是浪费资本和破坏资本，从而不利于财富创造。因此，亚当·斯密主张，合法的官方的最高利息率，应"略高于"市场最低利率。

贷款利率存在歧视。在银行面前，企业有高低亲疏之分，信贷政策有积极消极之别，贷款利率事实上存在歧视，即大型企业，更容易获得低成本资金。于是，大型企业变为资金的二道贩子或掮客。银行信用以高成本商业信用形式出现，中小企业不仅要承担银行正常利息开支，还要承担大型企业转贷加点。所以，信贷待遇不平等是中小企业融资贵融资难的重要原因。不过，深入观察下去会发现，银行不公平信贷政策，贷款利率歧视，又源于监管考核欠妥，不良贷款责任追究不公平。银行放款给大型国有企业，国家重大项目，没有后患和隐患。

利率是经济活动的尺子。尺子的作用，不言而喻。但不同的领域，有不同的尺子。能否打胜仗，是衡量军队的尺子；能否治好病，是衡量医院的尺子；经济领域也有尺子，那就是能否赚钱。然而，赚钱有多少，所以，利润率是经济领域的尺子，是资本流动航标灯。利润率不是个别企业的利润率，是马克思说的社会平均利润率。社会平均利润率，理论上，是存在的。实际上，很难准确计算，随时调整。

因此，人们通常采用利率替代。有的用中央银行基准利率，如，隔夜拆借利率，回购利率；有的用商业银行报价利率，如，LPR。人们投资决策、投资绩效评估、交易计算等，都以利率为标尺和参照。因此，利率是经济活动的尺子。

利息是投资绩效的参照物。任何投资绩效，都可以用收益率衡量。而收益率是否令人满意，取决于它高于或低于利率。高则喜，低则忧。所以，利率是投资的重要顾问。买卖股票、房子、地产等，无不如此。尽管收益的形式多种多样，比如，红利、价差、租金、实物等，但都可以折成货币计算，因此，都可以与利率做比较。利率，一般由社会平均利润率或平均收益率决定，但是反过来，利率对于投资行为乃至经济活动的引导作用，也十分明显。提高利率，意味着抑制投资和经济活动，而降低利率意味着鼓励、刺激投资和经济活动。所以，利率是重要且敏感的货币政策工具，是重要且敏感的宏观经济调节工具。这种重要性完全由利率的反作用决定，反作用不是决定性作用，因此，运用利率调节经济活动，不能过度、过分。毕竟是经济决定金融，而不是金融决定经济。必须记住，利率有反作用，但是有限。不能神化货币政策，也不能视利率为神丹妙药。

操作空间不能变成寻租空间。利率政策，有时又叫定价策略。信贷定价至少有两条底线：一是成本底线，亏本不贷。二是同业底线，行业规矩不能坏。价格上线一般也有两条：一条是民间资金价格；另一条是法定高利贷价格，例如，一般利率若干倍或法律明确现定某个点（中世纪欧洲很多国家这么做）。从底线到上线，即银行资金价格操作空间。这个空间，留给一线人员应对不同的客户和不同的业务需求。这个空间，绝对不能演变为寻租空间。所以，既要给操作空间，又要反腐防腐。不走极端，不搞因噎废食那一套。

融资贵与行业垄断。按照竞争理论，银行业放开和银行之间竞争，会使存款利率上行而贷款利率下降，即息差减少，因而，有利于解决融资贵问题。相反，行业性垄断，或者说，竞争不充分，利率又没有完全市场化，客观上会造成融资成本居高不下。

融资贵与角色。没有人喜欢融资贵，也没有人不喜欢融资贵。看你扮演什么角色。如果你是贷方，资金提供方，如存款人、债券投资人、信贷银行，你一定希望利息多多益善，利率越高越好。相反，如果你是借方，资金需求方，如，借款人、债券发行人、储蓄银行，你一定希望利息越少越好，利率越低越好。所以，利率无所谓高低，融资成本也无所谓多少，换位思考，才能给出正确评价。假定利差不变，要求银行降低贷款利率的同时，必须降低存款利率。

融资贵与社会信用环境建设。信用环境差，骗子多，银行不良率高，核销资产回收率低或损失大，贷款利率很难降低。贷款利率必须覆盖风险成本，冲减风险损失。假定银行贷款无风险损失情况下正常利率为 r，高利率为 r'，高利率贷款中无法收回的本金比率为 L，L= 本金损失 / 本金。又假定货币市场均衡，相同期限贷款的收益率相等（古人说，不患寡而患不均，"假定"无异于事实），因此有：

$$1+r=（1-L）（1+r'）$$

$$r'=〔(1+r) / (1-L)〕-1$$

显然，当 $0 < L < 1$ 时，$r' > r$，即本金损失率越高，贷款利率越高。可见，降低融资成本，政府要做的，不是喊口号，提要求，而是下决心、下功夫，打造诚信环境，打击失信行为，打击逃废债务。

融资贵与市场封闭。资金价格受资金供求关系影响，这是毫无疑问的。而融资成本高低，是一个时间或空间的相对概念，纵向或横向比较的结果。从资金历史价格曲线看，中国融资成本呈下降趋势；但从空间比较，特别是与欧美发达经济体比较看，中国资金价格一直处于相对高位。假定币值稳定，根据资金流动规律，如果没有人为限制和阻碍，例如，没有严格的外汇管制，资金价格会随着资金流入而下降，流出而上升。所以，外汇管制或国内金融市场相对封闭和独立，国际化不够，在相对落后的经济体中，资金价格一定偏高。解决的办法是，进一步开放金融市场。

融资贵与绩效考核。 财政部或普通的股东对银行的绩效有考核，并且把考核的结果同薪水多少挂钩，从而迫使银行的经营层追求利润，即不能缩小利差。而假定筹资成本，如，存款利率不变，缩小利差，是可以降低企业贷款利率的。所以，解决融资贵问题，必须减轻股东对经营层的考核压力，适当限制股东回报率。目前，一般行业资本（股东）回报率在 6—7%，而银行资本（股东）回报率在 10%以上。可见，银行资本（股东）回报率，可以降低一些。

融资贵与信用结构。 抵押、质押、担保、保证、承诺……构成银行的信用结构。信用结构不同，融资性质和成本高低不同。只有承诺之类的纯粹对人信用，既可以增加社会信用规模，又可以降低融资成本。抵押、质押的本质是交易，所以，不扩大信用总规模，资金价格不会随之下降。担保之类贷款，会增加担保费之类的额外费用，增加融资成本。21 世纪初，中国信用结构中，有 90%是质押、抵押贷款。因此，改善和调整信用结构，是降低融资成本的重要方式方法。

金融化的起源与保护实业的目标。 米歇尔·于松在《资本主义十讲》中指出："金融化的起源是十分清楚的。一切都始于 1979 年，当时的美国联邦储备委员会突然大幅度提高了利率，这一杠杆的启动开始改变社会力量和全球力量之间的关系。其直接后果之一就是，许多南方国家陷入了一场深刻而持久的债务危机……它彻底改变了企业家、食利者和雇员这三角之间的力量对比关系。"即，压缩工资份额，使工资下降成为一种普遍现象。应该说，米歇尔·于松讲的这种情况，是欧美发达经济体的情况。银行与工厂主联合起来，进一步压榨工人，降低工资，以确保实业资本利润。在中国恰恰相反，压缩的是食利者，是利率和分红率；确保的是雇员的利益。就是说，不断降低利率，不分红或极低收益率，提高或者稳定工资水平，助力实业资本发展。东西方的不同做法，体现的是两个社会性质的不同，体制的不同，发展阶段的不同，银行盈利水平和工人福利水平的差异。但是，保护实业，鼓励物质财富生产的目标，是完全一致的。所以，无所谓对与错。

第三节　金融市场

提要：银行业事实上成为一个垄断的行业。因此，它会形成垄断利润。纯粹的市场金融是没有的，也是不应该有的。票据市场是金融市场的一部分。证券市场的财富转移是和平的、合规的、平等的、自认的、无形的、数字化的。外汇管制或国内金融市场相对封闭和独立，国际化不够，在相对落后的经济体，资金价格一定偏高。

交易银行业务很重要。信贷、投资等银行业务，人们相对熟悉，谈论也比较多。而交易银行相对陌生，谈论比较少。事实上，交易银行业务非常重要。

适当的交易业务，对银行资产配置和流动性管理是有好处的。

同时，金融市场也因银行的参与而更加活跃。过多地限制银行的交易业务，不利于金融市场发展。

金融市场犹如战场，买卖双方是对立统一的。由于银行拥有强大的资金实力，一般来说，不做限制，没有几个实业对手能与银行较量。当然，银行之间的竞争，是另外一码事。

交易员授权与止损。由于市场瞬息万变，价格剧烈波动，银行的交易业务可能挣大钱，也可能出现巨大亏损，乃至将银行葬送。特别是期货业务。所以，交易员授权、止损等规定，十分重要。

银行交易员，无论心理素质、业务素质，要求都非常高，绝非一般人能够胜任。他们要有市场感觉，要敏锐，要有判断力，能抓住机遇，同时见好便收，克服贪心。

银行交易员就像汽车司机。安全是第一位的。一次大的纰漏可能葬送一生，葬送一间银行。金融市场犹如赌场，遵循的是零和游戏，而不是双赢。不是赚就是亏。银行不会是常胜将军。

金融形势判断要客观、全面、辩证、积极。没有必要杞人忧天。天是塌不下来的。人要生存，经济是基础，而金融的基础是经济。

银行在二级市场进出、买卖，皆属交易业务。交易业务分经纪业务和自营业务。代人买卖叫经纪业务。收取手续费，不承担风险。但误导投资者，或未履行经纪人应有的义务职责，银行是有责任的。自营业务有大收益，也会有大风险。历史上，一些银行破产清算，即源于自营风险的失控。

股票、期货、基金、外汇、黄金等，是银行交易业务的主要品种。相关市场是银行交易业务的主要平台。银行参与的深度和广度，或者说银行在集市场扮演的角色，一般由所在国监管当局确定。比如，中国的监管当局不允许银行直接参与股票买卖和经纪。

金融市场放开有度。金融市场，如果不能按照法定条件而放开，那么，金融机构之间的竞争就是不充分的，金融机构也不可能真正让利于实体经济客户。准入如同门槛。有形的门槛（法定条件）容易跨过，而无形的门槛（关系和背景）护了既得利益，银行业事实上成为一个垄断的行业。因此，它会形成垄断利润。在百业萧条的时候，它可能一枝独秀。当然，金融市场放开，一时鱼目混珠、泥沙俱下，也是可能的。

金融市场有老实的一面，也有不老实的一面。与经济基本面大体一致，是其老实的一面。与基本面完全不一致，因为投机活动而引起的不正常的波动，就是市场不老实的一面。不要把市场的所有反应都当作是经济的晴雨表。那样看，就太幼稚了。

纯粹的市场金融是没有的，也是不应该有的。比如，在应急情况下，中央银行会向金融企业发放专项再贷款，利率比平时低很多，同时，央行也会要求金融企业向实体企业放款时利率不要超过多少，或者利差多少，比方说，1.5 之类。当然对受惠企业有特别要求，符合条件者方能列入名单中。所有这些，都体现了金融业存在非市场属性或者说政策性。

票据是商业货币。伪造变造票据，等同于伪造和变造货币。同时，票据也是融资工具。仅仅从支付角度理解票据，是不够的。作为融资工具，票据有了贴现，转贴现，再贴现等方式。票据市场因此成为金融市场一部分。

票据的作用相当大。有人把它叫作"信用的零钱"。马克思则把它叫作"铸币的特权"。银行通过票据，不仅可以补充信用，调节信用；还可以扩大信用，创造信用。当然，欺诈也一直伴随着票据。这是必须注意的。

股市与支付能力息息相关。马克思讲，有价证券行情的下降，虽然和他们所代表的现实资本无关（排除欺诈情形），但是和他们的所有者的支付能力关系极大。由此我们可以理解，在证券行情大起大落的时候，反应最敏感的往往不是上市公司及其股东，而是二级市场的投资者和投机分子。由此我们也可以理解，当股市不断下行时，人们支付能力下降，消费市场会萎缩。

证券二级市场的财富转移是和平的、合规的、平等的、自认的、无形的、数字化的。马克思对证券二级市场的评论很有意思。他说，在证券交易场所，赌博已取代了劳动，表现为夺取资本财产的本来的方法，并且也取代了直接的暴力。在近代中国，不少人视商场为战场，视竞争为商战，视证券买卖为赌博。生死有命，富贵在赌。正常情况下，买卖自由，盈亏自负。不怨天不尤人，心甘情愿。在这里，财富好像不再是劳动的产物，而是投机、财运和神算的结果。既没有存款刚付问题，也没有债券刚兑问题。数千年来武力夺取财富方式，让位于静悄悄的市场财富转移。所以，证券市场监管既不能像银行那样保证资金不受损失或尽可能少受损失（核销、损失有法定比例限制），也不能像土匪、海盗那样明火执仗，洗劫财富。证券市场的财富转移是和平的、合规的、平等的、自认的、无形的、数字化的。

　　正确看待证券交易所。马克思对证券交易所的评价是比较负面的。他讲："社会财产为少数人所占有；而信用使这少数人越来越具有纯粹冒险家的性质。因为财产在这里是以股票的形式存在的，所以他的运动和转移就纯粹变成了交易所赌博的结果；在这种赌博中，小鱼为鲨鱼所吞掉，羊为交易所的狼所吞掉。"不是吗？历史和现实都证明，证券交易所、股票交易，会使贫富差距加速扩大。当然，事物都有两面性。股份公司有好处，也有坏处。有一级市场，也有二级市场。而二级市场既是一个投资市场，也是一个投机市场。没有投机，市场就不可能活跃。股东的正常进出，无法顺利解决。但是，证券市场进出，必须做到公平、公开、公正，没有欺诈。将投资决策权交给投资者的同时，要将市场知情权交给投资者。否则，小鱼和羊死不瞑目。

　　衍生品市场不能背离现货市场。事物的发展并非一成不变，异化是其中的一个生动例证。中国人说，事与愿违，意料之外，也是这个道理。金融界、银行业的异化现象不胜枚举。例如，大宗商品价格、资金股票价格、利率汇率等波动频繁且剧烈。为了套值保值、发现价格、锁定成本，总之为了稳定，人们设计并运行了衍生品市场。然而，事实证明，它们开始异化了。投机势力即非现货交易者进入越猛，异化越严重，市场越不稳定，风险越大。银行参与投机或引诱投机者参与此类市场，必死无疑。偏离现货市场越远越大，盈亏数量从而风险敞口越大，与拥有现货优势的人对赌失败的可能性越大。国际衍生品市场更是如此。在那里，法律、交易所、登记结算公司、会员席位、规则等，都受制于人，如果再考虑市场操纵和内幕交易情形，损失更惨，甚至不知道自己是怎么死的。

　　选择性介入黄金市场。黄金与纸币脱钩，于是，纸币像一匹脱缰的野马。滥印，成为世界腐败政权、落后政权、流氓政权的惯用伎俩。只有黄金一如既往，品质依旧，兼具世界货币与商品属性，为各国所钟爱。银行参与黄金市场现货买卖和期货套值保值，是可以的也是应该的。但黄金期货投机不宜介入。

第七章
客户与产品

关键词：企业客户　政府客户　客户维护　产品创新

第一节　企业客户

提要：要发现客户潜能，是一件困难但又必须做的事。银行找客户，像姑娘找对象。银行要有平常心、平等心。与客户建立互信，才能提高客户的忠诚度和黏性。现代企业和现代银行是孪生兄弟。牢记"亲、清"二字。政府帮助打击逃废银行债务行为，惩戒不守信用的人，效果可能比贴息、担保、注资等还好。面对集团客户，必须弄清其谱系，弄清其成员公司、关联公司。

越急于获取贷款的人，银行越不能急于贷款给他。

不惜一切代价获取贷款的人，没有偿还贷款的打算。

银行可以为富人服务，但绝不能向为富不仁的人融资。

银行最痛恨的人是骗子。了解你的客户（KYC）才能防止被骗。

了解你的客户并不难，难的是你不愿意去了解，不知道如何了解。

越计较利率的人，可能越讲信用。不计较利率的人，本金都可能不打算偿还。

银行与企业的关系既简单又复杂。守信，则简单；不守信，则复杂，融资难且贵。

银行和客户是一对矛盾，二者的关系是对立统一关系。片面强调一方面，是形而上学做法，是错误的。邪恶的人不是想请你搓澡，而是想从你身上剥下一张皮。你想他的利息，他要你的本金。银行的问题是，宁愿接受差企业的虚情假意，不愿意接受好企业的真情实意。

银行有时高不成，低不就。要发现客户潜能，是一件困难但又必须做的事。银行的资金用不出去，就像闺女嫁不出去，让真正关心她的人焦急。银行找客户，就像姑娘找对象。高不成，低不就。精明的银行家，慧眼识珠，看未来，重潜能。看眼前，叫势利，叫锦上添花；看潜能，叫眼光，叫伯乐相马。

银行找客户，就像姑娘找对象，要看对方的品德和潜能。品德好，放心。潜能大，放心。最忌骗子和庸人。银行要慧眼识珠，有一点相面功、摸骨技、占星术。总之，银行家与骗子势不两立、不共戴天。银行出了内鬼，才会与骗子沆瀣一气。

银行不宜过于主动，正像自由恋爱女孩子不宜过于主动一样。

过于主动，对方不知道珍惜。但是要多认识人，多结交人。认识的人越多，接触的人越多，选择的余地就越大，发现好客户的概率就越大。当然，碰到骗子的概率也会增加，因此要不断提高辨别力。

对于银行来说，创造好消息的人更应得到好报。哈萨克谚语说："带来好消息的人理应得到好报。"

银行要有平常心、平等心。在富人面前，银行十分谦卑。在穷人面前，银行十分傲慢。这是要不得的。

银行必须打算盘，但算盘不能只为自己打。多替客户考虑，与客户建立互信，才能提高客户的忠诚度和黏性。

要把银行做好，首先要把客户选好，并且服务好。客户是银行的衣食父母。是企业养活了银行，而不是相反。

在客户眼里，受欢迎的银行是一样的：融资成本最低，融资效率最高，重情重义、视客户如手足。

在银行眼里，受欢迎的客户是一样的：诚实守信。与客户相比，银行是单纯的。

看准企业。在骗子等邪恶的人的眼里，银行的资金就是唐僧肉，要千方百计吃一口。银行职员要学孙悟空，火眼金睛，看穿他，揍他，让他原形毕露。

银行与企业是孪生兄弟。一个伟大的企业背后一定有一个伟大的银行在支持，一个伟大的银行背后一定有无数个伟大的企业在支撑。现代企业和现代银行是孪生兄弟。

客户是银行的衣食父母，而不是相反。或者说，利息源于利润；生息资本寄生于产业资本。为客户分忧，与客户共济，银行义不容辞。

银行是一颗种苗，实体经济和营商环境是土壤。土壤贫瘠，气候恶劣，种苗是不可能长大成才的。所以，与落后地区的企业和金融机构打交道，要特别小心。

处理好客户与项目的关系。客户是银行的服务对象，是项目的主体；项目是客户的项目，是融资的平台和依据。要处理好二者的关系。目的是确保信贷支撑的同时确保信贷安全。

储备规模越大，信贷市场越广阔，信贷活动越从容。银行的项目储备规模是根据储备项目资金需求量和历年贷款转化率确定的：

项目储备规模 = 当期贷款计划 / 历年贷款平均转化率

或：

项目储备倍数 = 项目储备规模 / 当期贷款计划

可见，储备规模越大，信贷市场越广阔，信贷活动越从容。

个别民营企业不讲信用，不良贷款比率高，是整个民企融资难融资贵的原因之一。一粒老鼠屎，坏了一锅汤。民营企业必须提高整体信用度，改善信用状况，才能为自己创造更好的融资环境。

有些公司，银行需要特别警惕。一是注册在开曼等所谓免税岛的公司；二是双异地即注册地和项目地都在异地的公司；三是法定代表人神神秘秘，热衷于政治，热衷于包装的公司；四是喜欢讲排场，要面子，出手阔绰，不务实的公司；五是没有拳头产品，没有撒手锏的公司；六是留不住人才，却沉溺于酒色的公司。

对于不把钱当钱的人，银行要谨慎放贷。巴尔扎克在《驴皮记》里借拉菲尔的嘴说："挥金如土是一种政治妙计。一个挥霍自己财产的人的一生往往变成一种投机，他将自己的资本投到朋友头上，投到娱乐、觅保护人、找寻知识头上……他活着就是为了享乐，他策动马儿奔走，如果碰巧他输掉了本钱，他完全有机会被任命为总税务师，娶个有钱有势的老婆，当部长的专员，当大使的随员。他还有朋友，还有名望，并且始终有钱。"挥金如土的人，看上去很豪爽、大气、很能干、富有，因此，他们有人缘、有迷惑性。干银行的人，虽然天生多疑、谨慎，也容易上这种人的当。贷款，像肉包子打狗，有去无还。对此，银行要格外小心，多想想：既然挥金如土，那么有钱，他向银行借钱干什么？如果真想干事业，重声誉，负责任，为什么不精打细算、省吃俭用，先用自己的本钱干，而无须千方百计负债付息。

银行看客户，不仅要看他过去的信用记录，看现在的资产负债表、损益表，更要看他未来。包括，行业前景、产品市场占有率、核心竞争力、法定代表人的品德和才智等。锦上添花的银行，只贷款给"蓝筹股"的银行，只看现在。缺乏以变化的眼光看待事物，从而可能给银行埋下巨大的隐患。同时，由于其偏见和歧视，那些新兴的行业和企业，得不到应有的支持。的确，银行是风险厌恶型金融机构，但是，银行家的预判能力的提高，有利于规避风险的同时轻松赚钱。

十种客户，银行要敬而远之：

1. 天花乱坠，不讲信用的；

2. 屡战屡败，自以为是的；

3. 盲目扩张，贪大求快的；

4. 政商不分，交通王侯的；

5. 酒色财气，生活糜烂的；

6. 行贿送礼，不择手段的；

7. 奢侈淫逸，讲究排场的；

8. 神神秘秘，深不可测的；

9. 粗俗不堪，不学无术的；

10. 富而骄狂，毫无顾忌的。

简言之，吹、执、躁、邪、淫、烂、奢、神、俗、傲的人，银行要防备。

产业资本家和货币资本家，或者说，利润和利息是一对矛盾即对立统一关系。货币作为可能的资本让渡，体现了统一性。而偿付和利润分割体现了对立性。因此，银行和企业的关系具有两面性。牢记亲、清二字，才能游刃有余，没有后患和隐患。

事实证明：很多首富是首负。中国是这样，印度是这样，其他国家也是这样。所谓资产，全是负债，甚至资不抵债。他们奢侈淫逸，出手阔绰，像个演员，很会演戏，善于伪装、包装。不仅能迷惑女人，也能迷惑官员、客户，乃至精明而多疑的银行家。银行要多一个心眼。如果真是首富，他要银行资金干吗？如果他的生意特别赚钱，商业信用足够解决自身的问题，要银行信用干吗？如果他真的有钱，他应该在银行有很多存款。是他借钱给银行，而不是相反。

集团客户管理（一）。集团对集团，要有整体概念，不宜分散和多头对接，要避免客户钻空子和银行内部掐架从而酿成重大风险。

集团客户管理（二）。统一授信，设定上限，锁定风险。上限，即根据客户实有资本金、杠杆率、信用状况等确定和调整的最高授信额度。

集团客户管理（三）。分类管理，对所有制性质不同的集团客户要求不同。对中央企业和地方国有企业，项目评审和资金监控可以简化、淡化、弱化一点，而对民营、外资企业项目评审和资金监控一定要严格，它们项目的可行性、可靠性有时令人怀疑，它们的资金有的被挪用、私占和转移。

集团客户管理（四）。集团成员相互担保，关联单位担保，近乎自我保证，等于形式，没有实质效果，银行要尽量避免这类现象。

集团客户管理（五）。政府管的干部总的说是可靠的。私营、外资企业的法定代表人或主要负责人未必。特别是"裸商"（自己在国内，家人移居海外），"花商"（多次结婚离婚，私生活极不检点），土豪（奢侈，讲排场，素质差），奸商（口碑差，言而无信，坑蒙拐骗），"野商"（路子野，无主业，盲目扩张，志大才疏）等，要格外提防。出了风险，要盯人，不要仅盯其原公司、原项目。金蝉脱壳是不允许的。对不守信用的人，要穷追猛打，让他原形毕露，寸步难行，付出代价。银行信用的本质，是对人的信任。所以，对人的能力和品质的了解重于资产负债表、损益表等财务报表。

集团客户管理（六）。银行与客户的关系是对立统一的关系。存贷汇等基本业务，搭建了两者的联系纽带。而信用关系的破裂，是两者"对立"最集中的表现。一般来说，债权人是契约的真实执行者，债务人是契约的破坏者。银行不良资产的绝大部分，是贷款企业造成的。所以，对贷款企业（客户）的管理极其重要。实践中，单一客户管理比较单纯、简单。集团客户和关联客户管理复杂得多。如果银行不能以客户为中心，以客户为对手，而是分行业、分项目，去做信贷业务，那是非常危险的。集团会以子公司或孙公司，控股或参股公司，上下游或一致行动人，这个项目或那个计划，不断套取银行贷款，直到出现还本付息困难，甚至资不抵债为止，从而给银行造成巨大的损失，而银行内部此前浑然不知。所以，面对集团客户，必须弄清其谱系，弄清其成员公司、关联公司。银行要尽量避免不同部门或不同分行、子公司，先后或同时向事实上属于同一集团的成员企业或关联企业发放贷款，必须做到"一对多"而不是"多对一"或"多对多"。

信用惩戒十分重要。俗话说，一粒老鼠屎坏了一锅汤。又说，一人生病全家吃药。大家都认为，这样不合理，感到可惜、无聊、荒唐。可事实上，我们每天都在做，而且到处有，见怪不怪。银行也在做这种蠢事。一两个客户不守信，贷款成了不良乃至损失。从此，像被蛇咬了，十年都怕井绳。所有的企业，不管其守信不守信，可靠不可靠，一律要求他们用财产抵押、证券质押，要求提供担保或购买信用保险……于是，整个社会融资成本，因为个别企业不守信而额外增加了，融资效率降低了，融资手续、程序越来越烦琐、复杂了。正确的做法应该是，政府出手，帮助银行管住不守信的企业法定代表人，坚决打击恶意逃废银行债务的人，营造"杀人偿命欠债还钱"的良好氛围。这样，信用贷款的比重会迅速提高，从而相应地，融资效率提高，融资规模扩大，融资成本下降。银行不能因为个别企业生病（不守信）而让所有企业吃药，不能因为个别企业赖债而怀疑所有企业。各级政府帮助打击逃废银行债务行为，惩戒不守信用的人，效果可能比贴息、担保、注资等还好。

信用环境即金融生态。内无怨女，外无旷夫，是孟子的一个理想。然而，历史上相当长一段时期真实情况是，宫中有怨女而民无妻。这听起来有点荒唐。仔细想类似情况还不少。以融资为例。一方面，银行找不到足够多的可放心的客户，有钱贷不出去。另一方面，许多企业急得像热锅上的蚂蚁，借不到钱。融资难、融资贵，成为一个老大难问题。试问银行有剩钱而企业无资金，与宫中有怨女而民无妻，有什么区别？古人的解决方法是，遣散宫女，责令男大当婚、女大当嫁。今人的办法呢？银行敢贷愿贷，企业想借能借，靠的是同一个东西，即社会信用环境建设：欠债还钱，天经地义。

建诚信社会。大多数病毒怕热不怕冷，在零下 70 度 ~ 零下 196 度条件下，病毒感染性可保持几个月到几年。但一般加热 60 度，仅 30 分钟，或 100 度，仅几秒钟内，可使大多数病毒灭活。显然，环境特别是温度，对病毒存活至关重要。人体高烧是人体抵抗病毒的生理反应和自然反应，可惜怎么烧，也烧死不了病毒，反倒可能烧坏自己。同样，要确保银行机体的健康，防止病毒侵袭，金融生态主要是信用环境特别重要。在一个诚信的社会，就像在高温条件下病毒很难存活一样，失信的人寸步难行。营造诚信环境，惩罚失信人，是政府对银行的最大的支持。

第二节　政府客户

提要：政府一直是银行的大客户，政府应该做守信的典范。银行放款给政府，恰如平民女子嫁入豪门，很光荣但很难自主，可控性差。

政府是银行的大客户。 自从银行诞生的第一天起，银行与政府就有不解之缘，除了特许、监管等法定关系外，政府一直是银行的大客户，银行经理、代理国库，发行和经营法定货币，吸收政府存款，向政府放款，等等。

政府应该做守信的典范。 各级政府应该做守信的典范，不管行政级别高低，也不管债务多少。守信才能权威。县乡政府拖欠企业，企业拖欠银行，连环拖欠，最终损害的是政府形象。

银行与政府的互助关系。 第一是信用环境打造，离开政府是不可能的。而守信，是区域最大营商环境；第二是资产清理与评估，确保政府类负债率处于合理合法水平。

政府是银行贷款大户。 政府一直是银行的贷款对象。银行出现以前，比如，票号，钱庄等，也向政府放过款。应该说，政府的信用等级高，是银行比较信任的贷款客户。反过来说，政府的议价能力强，贷款利率相对低，利差小。

政府是银行的存款大户。 在中国，政府收入有三大块，一是税费收入，二是基金收入，三是国有企业经营收入。政府财政和国有企业分别在银行开户，银行争取财政存款和国有企业存款，非常激烈。为了防止利益输送和腐败行为，这部分存款往往采取招投标方式，即价高者得。当然，财政和国企在选择开户行和具体分配存款上，仍保留相当大的权利。同时，因为招投标规则，融资成本大幅提升，相当于在融资贵的抱怨声中火上浇油，推波助澜。理论上说，政府财政资金不应以营利为目的，安全是第一位的。存款分配应与贷款贡献联系在一起。

政府类型不同和银行策略选择。政府历史与文明史有得一比。但政府的类型，从来不是铁板一块。大致有西方式的，有东方式的。例如，中国政府与欧美政府差别很大：中国土地是国有的，不是私有的；中国政府对公共服务有定价权；中国拥有庞大的国有资产；中国的银行基本控制在政府手中；等等。政府的特殊性决定银行的基本策略：1.银行与政府的根本利益是一致的，这种一致性决定两者的信任是天然的。2.政府为客户。要弄清各级政府的资产负债情况（这里说的不是财政资产负债表和损益表）以及地方发展的潜力，以便精准制定银行信贷投放规模和结构。3.政府为特殊客户。政府是银行客户，客户管理，银行自有一套。但政府与一般客户不同，有它的特殊性，最明显的一点是，强势。既是项目主体，发起单位和经营管理单位，贷款客户；又是整个社会的管理者，权力机构。4.政府资产的流动性比率，应与银行负债结构很好地匹配起来，防止流动性危机出现，银行要帮助政府提高资产证券化率。

作为政府债权人的银行。政府是通过直接融资市场向投资者举债，抑或通过间接融资市场向银行举债，作为债务人，没有区别。但债权债务关系，因为资本市场规则有别于货币信贷市场而感觉不同，筹资方式、效率、当事人、成本、约束力等也不同。不过，政府用来偿付的资金是一样的，只是债券资金兑付更具刚性。银行放款给政府，恰如平民女子嫁入豪门，很光荣但很难自主，可控性差。所以，放款给政府以前，银行一定要将信用结构预设好，抓细抓实，贷的时候必须想到回收的时候。

银行是政府的钱库和出纳。政府要养公务员、军队等，有许多必要的支出，钱从哪儿来？从税、费和资产收益中来。钱放在那儿？放在银行，所以银行变成了国库。在中国，有放在央行的，也有放在普通银行的。支出从哪儿划？从银行，通过支付系统实现。银行接到财政部门指令，划走账上资金。所以，银行变成了政府的大出纳。银行在扮演这两个角色中，都有好处，都有手续费。年终结算慰问，是政府与银行皆大欢喜的大场面。

看客户审项目。对于政府全资或控股的公司，要像对待政府一样对待它们。它们未必是优质客户，但一定是可靠客户。重要的是跟踪、参与、融合，而不是门槛设置、评审等。项目的可行性，公司及其主管部门早已论证和批准了。银行只要深度和广泛参与、了解就可以了。只要能还本付息，对银行来说，其他都是次要的。与这类客户不同的是私人企业。它们的项目往往是自己确定的，甚至编造、捏造的，其真实性和可行性都需要论证和确认。所以，要相对认真地把关，防止其骗贷、洗钱。

第三节　客户维护

提要：把每一个客户都当作VIP。了解法定代表人和经营班子的品德能力等精神层面的东西更重要。形式主义和官僚主义会把银行害惨。投资工作比贷款业务要更谨慎和辛苦。银行的股东与借款人应该严格分开。银行要配合司法机构，但银行本身不是司法机构。

银行对客户的负面信息，要非常敏感并及时采取相应措施。如果属实，要减少信贷的存量，至少不能新增信贷。

离开客户，银行什么都不是。以客户为中心，为实体经济服务，做银行的人，要永远记住。"他走出洞府，炽热而强健，如一轮正从阴沉的山头上升腾起来的早晨的太阳。'你伟大的明星哟'，他说，如同他从前所说的，'你深沉的幸福之眼，假使没有那些你所照耀的人们，你的幸福是什么呢?'"（尼采:《查拉斯图特拉如是说》）同样，银行不是因客户而具有价值，是因什么呢?

银行要配合司法机构，但银行本身不是司法机构。所以，银行不能用怀疑的眼光去看待客户，更不能把客户当作罪犯。

银行与客户的关系，就像一对有情人。做一个幸福的银行!"被人爱，多么幸福 / 天啊，有所爱，多么幸福!"（歌德:《相逢与离别》）

知己知彼，百战不殆。做银行，要了解银行自身，更要了解客户。如果对贷款企业不了解，对贷款项目不清楚，盲人骑瞎马，夜半临深池，贷款损失是必然的。

了解客户。银行的客户经理必须三天两头在客户那里，通过各种渠道了解客户的情况。只有这样，银行的资金才能真正做到高枕无忧。形式主义和官僚主义会把银行害惨。

为什么要与客户保持联络?银行经营的是信用业务。而信用产生的前提是彼此信任。要做到彼此信任，首先要彼此认识、彼此了解进而达成共识、互相帮助。银行与客户建立"三级联络人制度"是制度保障和渠道建设，极其必要和重要。

KYC。了解你的客户（KYC），不只是反洗钱部门对银行提出的基本要求，也是银行自身在信贷管理过程中必须完成的规定动作。没有充分的、全面的、系统的、准确的、持续的客户了解，保障信贷资产安全无从谈起。银行官僚主义、形式主义在 KYC 方面表现尤为突出，必须戒除。

了解客户和项目。无论贷款、投资都需要了解客户和项目，即 KYC，但贷款体现的是债权债务关系，不参与企业或项目管理，法律也保护债权。所以，KYC 严格程度可以不如投资。投资风险自负。投资失误，意味着损失。所以，投资工作比贷款业务要谨慎和辛苦。一些基金公司、投资公司明股实债、倒资金，原因之一就在这里。

以客户为中心。政治以百姓为中心，银行以客户为中心。客户是银行的服务对象，也是银行的衣食父母。客户的经营能力、道德水准、市场口碑极其重要。找客户如找对象。好客户给银行带来利益，差客户给银行带来损失。什么是好客户？能力强、信用好、口碑好的客户，就是好客户。以客户为中心，是以那些德才兼备的客户为中心。发现公司负面信息、管理层行为不端，市场风吹草动，银行应该提高警惕，并酌情采取行动防患于未然。或收缩信用，或催收本息，或终止合作，等等，远离它们。"了解你的客户"是银行的基本功、必修课。了解是全面的、彻底的、多视角的、多维度的、长时间的。了解不是一时印象，不是走马观花，不是道听途说或人云亦云，不是广告，不是以管窥豹。贷款如嫁女。必须全面观察、深入了解、仔细分析对方。一叶障目，不见泰山，是危险的。攻其一点，不及其余，是片面的。比如，具体项目不错，公司不靠谱，能贷款么？能保证资金不被挪用么？所以，在贷款评审中，即使是好的项目，也不能不看公司财务和声誉状况！以客户为中心，不能以客户项目或自己的金融产品为中心。

眼见与虚实。俗话说：眼见为实。没错，但看不见未必为虚。眼见为实，眼不见也可能为实。例如，光，可见，但光只是一种人眼恰好可见的特殊电磁辐射。有些电磁辐射完全无法由人眼看到。射电波、红外线、紫外线、X 射线都是这种辐射。所以，做银行的人既要看客户可以看见的东西，如抵押资产、报表等，也要考虑那些看不见的东西，如人品、信仰、性格、口碑等。这些东西恰如紫外线等，看不见，但实实在在存在，并发挥神奇而巨大的作用。了解你的客户，了解有形的东西是远远不够的，了解法定代表人和经营班子的品德能力等精神层面的东西更重要。

亲近客户。一个担任央企 16 年的总会计师对我说，我是第一个请她谈工作并请她在银行就餐的银行行长！听了这话，发人深省：银行和客户的关系完全颠倒了、异化了。习近平主席说，金融要为实体经济服务。真是振聋发聩，对症下药呵！

银行除了需要客户身份证明和联系方式以外，不能向客户索取更多的不必要的信息。客户来银行是享受服务的，不是来投案自首的。如果客户要申请贷款，银行可以向客户索取有关信用方面的材料。但在征信高度发达的社会，这种索要都是不必要的。银行不能像检察机关一样调查客户。它是提供信用服务的机构，没有权力审查客户。为了批准一笔贷款，银行向客户索要不必要的材料，这不仅给客户造成麻烦，而且也给自己造成了不便，增加了银行的开支，损害了银行的形象和声誉。

银行要自律。尼采说，道德即是偏见。这话听起来很刺耳。事实上，当道德沦为对别人的说教而不能管束自己的时候，道德不是偏见又是什么呢？例如，一个出现支付危机的银行，有什么资格去训诫它的客户呢？但是，如果道德律人更律己，那么，它显然不是偏见。

谁求谁？银行与客户的关系，摆正并不容易。客户求银行，银行的工作人员感觉良好。殊不知，客户扑下身子，撕下面子，委曲求全，是为了银行的票子。利率高低无所谓，大手大脚无所谓，贷款条件严苛也无所谓，因为贷款就是收益，从来没有想到偿还。所以，银行被求是很危险的。反过来，银行求客户也是不正常的。要么银行竞争激烈，有人突破同业底线；要么客户不思进取、得过且过，不作为、不担当。正常的客户与银行的关系，应该是平等的、互惠的，是等价交换原则的人格化。

银行是资金和资本的主要供应者。对合法经济活动予以支持，叫锦上添花、成人之美、助人为乐；对非法、缺德、禁止的经济活动予以支持配合，叫助纣为虐、为虎作伥，要不得，也给银行自身带来法律风险。所以，银行应该建立"信贷禁入名录"。比如，将行贿企业、环境污染企业、滥食野生动物餐饮企业等列入名录，一定期限内禁止放款。

银行要算综合收益。单一与综合是一对矛盾，处理好这一矛盾，对做好银行业务有帮助。每一笔业务都亏损，当然不行。反过来，每一笔业务都赚钱，也不必不可能。有亏有赚，综合平衡，赚多亏少，才是正常的。由于银行内部业务部门众多，每一个部门都有业绩考核压力，所以容易造成每一个部门、每一笔业务都要赚钱的冲动。事实上，这样做，不利于同客户建立长期的稳定的战略合作关系，不利于维护与客户良好的互利的伙伴关系，不利于本行业务拓展和同业竞争。大的赚钱，小的让利；单笔亏损，综合盈利；副业亏损，主营赚钱。

银行会出现病毒干扰现象。一种病毒感染动物机体或细胞后，能产生抑制他种病毒感染的作用，称为病毒的干扰现象。同理，某个地区、行业、企业信贷风险暴露后，特别是给银行造成巨额损失或被动，银行会对该地区、行业、企业未来信贷需求产生强烈的防范心理和抵触情绪，恰如病毒干扰现象。或者，如古人所说，前车之覆，后车之鉴。无辜企业正常需求也会受其不良影响。

从政奉行的原则是克己奉公，扶正祛邪，扶危济困。而从商奉行的原则是等价交换。官商在一起，最忌以权谋私或权钱交易。而只要忘了自己的身份，贪婪占据了内心，这种腐败行为就很可能发生。美国《外国腐败行为法》重点打击的是公司、商人行贿行为，因为这是腐败交易行为主动方、发起方。**做银行，要建立行贿企业名录，并将其列入信贷禁入名录，当然可以根据情节轻重设定期限。**唯其如此，才能从根本上杜绝企业行贿银行职员行为和由此造成不良资产后果，才能营造清亲的银企关系。

银行的股东与借款人要严格隔离。银行的股东与借款人应该严格分开。入股的资金必须是股东的自有资金、多余资金。如果股东入股以后不久，通过借款的形式从入股的银行借款，即股东与借款人合二为一，这家银行迟早要出大问题。亚当·斯密在《国富论》第二篇第二章中，详细叙述了一家新的苏格兰银行的做派，他们不但认为股东可以借款，还应该受到更加宽大的待遇。商业汇票不管真、假，都可以贴现。结果呢？没有多久，这家银行经营不下去了，倒闭了。21世纪初，中国的农村商业银行、农村信用社、城市商业银行暴露出巨大风险，原因之一是大股东掏空了银行，包括银行的存款资源。

银行是服务机构。客户经理和银行一线人员的服务态度，对银行的形象和业务的开展影响深远。银行每天服务的客户成千上万。即使个别人的服务质量差，服务态度恶劣，是偶然的或一次性的，但留给客户的记忆和印象，却是深刻的、终生的。再多的正面宣传和广告，也难以挽回其负面影响。据厦门市吕拱南同志回忆："近平同志虽然年轻，但涵养很好。有一次他带着我和另一名同志到集美区办事，等人等了半个多小时，都无法安排到接见议程，他也没有不高兴，就说人家工作忙，下次再来。还有一次去北京某部委汇报国外贷款问题，本来都联系好了，结果接待我们的工作人员态度非常傲慢，说：'经济特区简化批准手续，要找就去找国务院，不要找我。我办不了。'说完就走了，把我们晾在一边。近平同志听完，当时什么话也没说，带着我们离开了。一直到单位门口他才说：'这个人真不会办事，如果解决不了问题，也要让人家高高兴兴来，高高兴兴走。'"（中共中央党校：《习近平在厦门》）显然，这段回忆并未涉及银行，但对银行服务态度的提升有启发。银行必须学会借鉴，学会触类旁通、举一反三。银行的员工必须耐心、细心、热心。有些事不能办、不好办、办不了，不能爱理不理，甚至简单粗暴。能不能，是法规政策问题；耐心与否、真诚与否、和善与否，是礼貌和修养问题，是态度问题。

银行营销艺术。银行业属服务业，提供劳务，客户广泛，竞争激烈。所以，营销对银行来说非常重要。一些银行每年花在广告上的费用不少。但是，正像中国俗话说的，金杯银杯不如口碑，或者像西方人说的，病毒式营销、病毒式传播。要做到这一点，银行必须善待每一个客户，真心实意为客户考虑，把每一个客户都当作 VIP，简言之，众口成碑，而不是将他们分成三六九等，区别对待甚至歧视部分客户。这样，每一个客户就会成为你的义务宣传员，银行的形象在众人的传颂中越来越美好、正面。

级别制度下的银行业务。理论上说，等价交换是商品经济社会最高原则，市场主体在市场面前是平等的。实际上，某些垄断企业、政府企业，不仅在行业和业务准入上具有排他性，而且，在政治上享有特权、定有级别。银行与他们打交道，很难居于强势位置。他们的议价能力强，诉求多，要求高。但是，另一方面，因为他们有级别，重级别，所以，只要高层交往频繁，沟通充分，业务合作是没有问题的。

失信的人或骗贷的人，对银行机体来说，像病毒。银行一定要采取措施防控它们侵袭。这些人的三观好比核酸（病毒的信息载体），是问题的关键。教育和惩罚要双管齐下，才能奏效。

远离赖债痞子。赖债不只是失信、失约问题，更是人品差和无能力的表现。赖债，存在主观故意、动机不纯的潜在因素。所以，海莲·汉芙在《查令十字街 84 号》一书中称赖债者为"俗不可耐的赖债痞子"。做银行的人最怕这种人。

可疑客户的特征。相由心生。不管可疑客户多么狡猾，仍然存在某些表征。例如，将企业注册在所谓免税岛上；股权关系弄得极为复杂；披着神秘的外衣，打着保密的口号；与政要人物搅在一起，不时曝出行贿受贿等负面信息；负债率极高，出手大方，各种光环，奢侈淫逸；学历偏低，口碑不佳；等等。谣言止于智者，骗子败于戳穿。如何戳穿呢？一靠核实。骗子最怕你认真与提及人和提及机构核实。二靠白纸黑字。重要情况一定要正式去函，请求答复。三靠独立判断。不要轻信一些中介机构和中介人。中介为了赚钱，什么都干得出来，包括包装客户，有意帮助客户做假。了解你的客户（KYC）是原则，银行不允许客户和项目有任何的隐瞒，除非他不再需要银行贷款。

不良客户管理。对银行来说，守信客户，就是好客户；失信客户，就是不良客户。人们通常把好人折腾得够呛，对坏人却疏于管理。事实上，管住不良客户，就管住了信贷风险。首先，要对银行不良客户进行梳理，建立黑名单制度，定期通报全行上下，乃至整个银行业，让大家多一分疑心和警惕，让骗子无所遁形。其次，对不良客户的法定代表人和主要负责人情况了如指掌，要把他们身份证输入到征信系统，限制其高消费行为，让他们骗到钱却无法高消费。最后，要深刻剖析每一起损失案，查漏补缺，完善银行自身的制度，真正扎牢制度的笼子；同时，坚决将内部害群之马清除，纯洁银行队伍。

第四节　产品创新

提要：P2P，理财，证券化贷款等，终究害人害己。金融产品名不副实，实属误导和欺诈。金融应该助力制造业。

银行业是保守的。银行的历史有几百年了。资金业务更是古老。万变不离其宗，没有那么多所谓创新。P2P、理财、证券化贷款等，终究害人害己。

银行业要注重融资模式设计。做项目，重要的不是一个一个的论证，而是创造一种商业模式，批量去做，去复制粘贴。这样，事半功倍，尤其对分支机构少、人少的银行要如此。

产品的原则性与灵活性。银行产品设计，保本微利是底线和基本原则。由于客户千差万别以及整体与局部的不同，所以，随方就圆或者说灵活性，同时成为金融产品设计的要求。产品的设计，或信贷政策的制定与发布，是供、需双方平衡协调的结果。一厢情愿不行，爱吃不吃、爱贷不贷更不行。所以，银行员工要深入企业，深入一线，深入现场，了解你的客户，设计双方满意的产品。比如，贷款期限的确定，不同企业和不同项目需求完全不一样，可以精细化到天，而不是月。又比如，利率可以综合考虑后确定。开户与否，合作时间长短，规模大小，存款、结算、承销业务有否，这些都影响利率的确定。产品的灵活性源于客户的差异性和市场竞争需要以及国家要求，但操作空间绝不是寻租空间。

名实相符，表里一致，既是人的基本品德，也是银行的基本品德。金融产品名不副实，实属误导和欺诈。比如，理财保底、拆借投资、租赁贷款、名股实债、P2P 资金托管等，名为创意，实为诱导客户，误导消费者，最终欺世盗名，损害他人利益。银行一定要诚实，银行员工一定要老实。产品定义要完全合法，不打擦边球，不玩小聪明。将法定权责讲清楚，将风险揭示充分，将丑话说在前面，让消费者自主选择。

创新一定要守正。许多争论，源于概念不清。孔子说，名正、言顺、事成。正名，也有明确概念的意思。概念，一靠约定成俗，众所周知。比如，打招呼，吃了没，当然指吃饭了没，不是吃亏了没。二靠法定。比如，银行、证券、保险、信托等，都有法定含义。由于时代变化，语境变化，概念本身也在不断变化。有的概念内含甚至与原来的意义完全不同，仅剩外壳了，比如，图书，原意专指河图、洛书两本谶语书。"案神怪之言，皆在谶记，所表皆效图书。"(《王充：论衡》）有的概念沿用至今，如天文地理。"在地谓之理，在天谓之文。"（阮籍：《达庄论》）有的存在关联，但意思不完全吻合。如违纪。"保身修性，不违其纪。惟兹若然，故能长久。"（阮籍：《大人先生传》）不管概念有无变化，名者实之宾也，名实相符，公认或法定，这是原则。挂羊头卖狗肉是不行的。欺世盗名、坑蒙拐骗是不行的。承诺保本或高额回报，向一定数量以上的非特定人筹资，不管叫 P2P 还是别的什么名目，都是非法吸收存款或非法集资。许多非法金融活动发起人、参与者，以为改头换面，打着创新或时髦的招牌，即可蒙混过关，大肆敛财、发财了，这是十分错误的。不知道事实决定概念，而非相反。概念并不改变事实的性质。做银行的人，不能以创新之名，行违规之事。要记住，任何金融违规违法活动，不会因为叫法不同而改变性质，不要试图玩弄概念。

制造业金融是一项政治任务。制造业是立国之本，强国之基，兴国之气。金融应该助力制造业，下大力气解决制造业融资难、融资贵问题。为此，必须解决六个方面问题：一是不良贷款率相对高的问题。二是财政补贴资金"撒胡椒面"和寻租问题。三是个别企业和项目（点）影响整个行业信用问题（面）。四是银行评级偏低问题。五是银行化解信用风险能力不足问题。六是银行企业信息不对称问题。制造业资金合作计划是一个很好的解决方案。通过行业合作、政府增信、银行主导、民主决策等方式，有效化解了上述六个方面问题。

抱团融资。市场主体如雨后春笋，层出不穷。银行要深入了解企业，越来越困难。银行与企业之间的信任出现前所未有的危机。而企业之间，特别是上下游和周边企业间，相互了解和制衡。因此，抱团融资，不仅可以缓解银行的忧虑，降低信贷风险，而且可以提高企业融资效率，降低融资成本，改善所在行业的信用形象。制造业资金合作计划、总对总授信以及供应链金融是抱团融资理念的具体化。

第五节 融资模式创新例证

一、制造业资金合作计划

（一）**制造业资金合作计划意义。**一、制造业在国家经济中具有重要地位和影响。"无农不稳、无工不富"，国家要富强，离不开制造业的发展。二、目前面临的形势是高端制造业核心技术"卡脖子"现象要解决。支持制造业发展就是支持制造业摆脱"卡脖子"的手。三、开发银行作为政策性银行的责任和担当。尽管制造业利润率低、负债率高，政策性银行也要支持其发展，为国家分忧，为企业助力。

（二）**制造业资金合作计划设计基本原则。**一要兼顾支持制造业发展和控制金融风险。二要兼顾批发式融资银行的定位与制造业企业零售客户的特点。三要兼顾个别企业造成的金融风险和整个行业平稳发展问题。

制造业资金合作计划操作要点

设立专项信贷资金。"××市制造业资金合作计划"是整个行动的"大旗"。先举旗。

专项资金的构成。开发银行出资80%，地方政府和加入资金计划的企业各10%。这个比例只是个例子，实际是参数。有的地方政府财力确实有限，只能出资5%，也可以；企业资金确实困难，出 5％，也可以。相应地，开发银行就要出资 90％。所以，80％、10％、10％的出资比例只是参数。

资金托管和管理。管理人和托管人仍然是银行。分账管理，分户核算。既可以监控资金，防范信贷风险，又在一定程度上增加了银行存款。

资金使用。"资金合作计划"实行会员制。只有参与合作计划的企业，才能享有借用专项资金的资格和权利。参与制造业资金合作计划的企业，是这一计划的会员。制度由银、政、企三方共同制定。诚信、平等、合作、互助。资金借用或信贷决策，由会员集体讨论决定，是信贷民主管理的生动实践。信贷民主化管理方式，可以是开会，一个月、半个月开一次会，频率也是参数。合作共治，集体决策，包括额度、期限、利率，可以共同研究确定。银行参与表态，甚至有否决权，同时，开展尽职调查。尽职调查的结果向大家汇报，包括企业负债率、杠杆率、流动资产规模、负债和市场状况等，作为决策参考。利率、价格不能突破银行的成本底线、同业底线。

风险处置。主要是投后、贷后管理，出现风险各方怎么承担。可按顺序扣损，谁先谁后可以谈。如果制造业不良贷款率为 5％。则 10％风险准备金足够覆盖损失。如果资金合作计划支持的项目或企业不良超过 10％甚至达到 20％，银行要相应承担损失了。为对冲这种小概率高风险事件，要尽可能扩大资金合作计划会员范围，并且注重择优录取。会员出资额度、比例要与其可以获得的资金额度挂钩。会员出资与贷款应有最高比例限制，当然，参数可以调。同时，也可以考虑购买信用保险。如果发生极端恶劣情形，给整个计划造成严重损失和不良影响，要开除会籍。对已经丧失会员资格的企业，仍要依法收贷、依法追索。

收益分配。关于收益，首先应该明确，政府出资、企业出资与银行出资享有同等分配权。在风险承担方面，政府、企业资金已先行抵损。未损失部分应平等参与贷款收益分配，也可以再降低企业贷款利率方式转移。如果企业愿意把资金收益继续留在资金合作计划中，则相应扩大其份额和会员权限。

（三）制造业资金合作计划要不断完善。没有十全十美的计划，计划都是在实践中不断完善。计划要模式化，模块化，参数化，多元化。但是，目的是确定的，即利率最低，解决融资贵问题；效率最高，解决融资难问题；风险可控，解决融资可持续性问题。

（四）框架

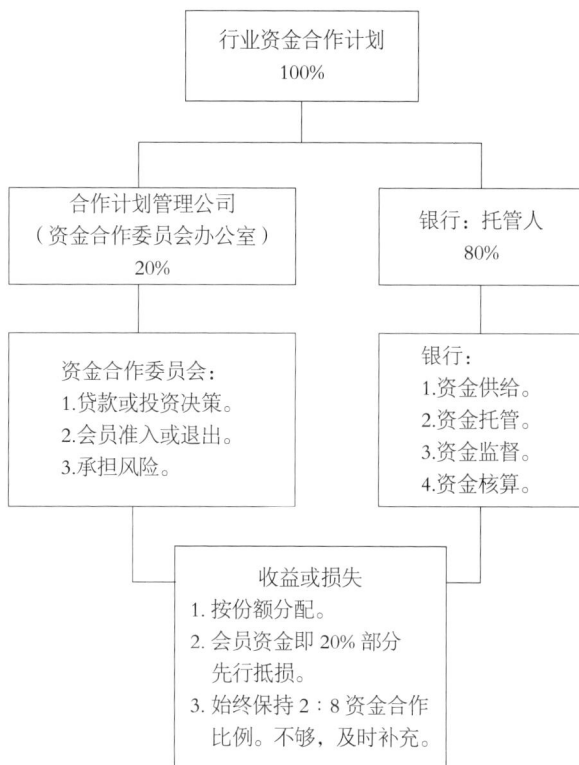

（五）资金合作计划特点

1. 封闭运行，实行会员制。

2. 自我管理（信贷由企业家决策，银行参与）。

3. 杠杆效应（2∶8）。

4. 利率优惠。

（1）会员承担贷款风险。

（2）管理成本下降，委员会评审。

（3）效率提高（会员之间熟悉）。

（4）批发业务。

（5）征信成本下降而信用度提高。

5. 风险极低。

（1）20%会员资金可先行抵损。

（2）补充缺口，确保2∶8比例不变。

（3）集体制约，共同追损制度。

6. 扩大客户群，扩充账户体系，提高客户忠诚度。

理论依据

1. 合作金融本质。

2. 信托、契约制衡机制。

3. 权、责完全对等，以信贷决策权换取会员资金先行抵损。

二、国际金融中介业务（两头在外金融业务）

（一）框架

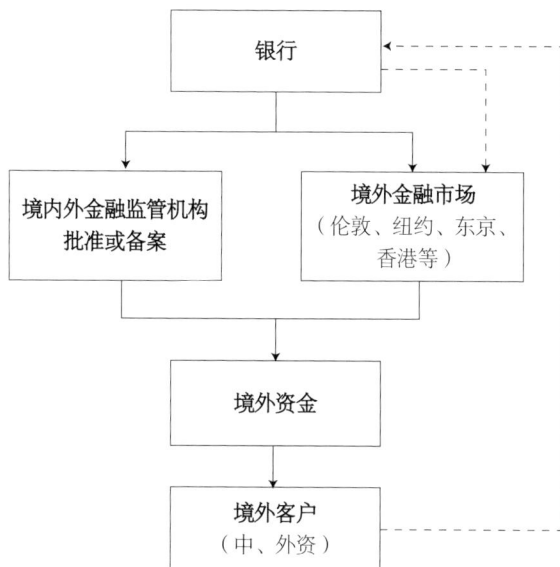

（二）特点

1. 两头在外。

用境外的资金服务境外的客户。

2. 息差较大。

在价格最低的地方筹资，到收益最高的地方放贷。

3. 服务战略。

支持国际合作、企业走出去、"一带一路"倡议项目。

4. 良性互动。

利用银行声誉提升银行声誉。

（三）理论依据

1. 两头在外的实业（加工贸易）早已存在。

2. 国际资本流动，参与欧美资本输出。

3. 相对优势理论。

4.服务亚洲和"一带一路"市场。

三、行、部金融合作备忘录

（一）框架

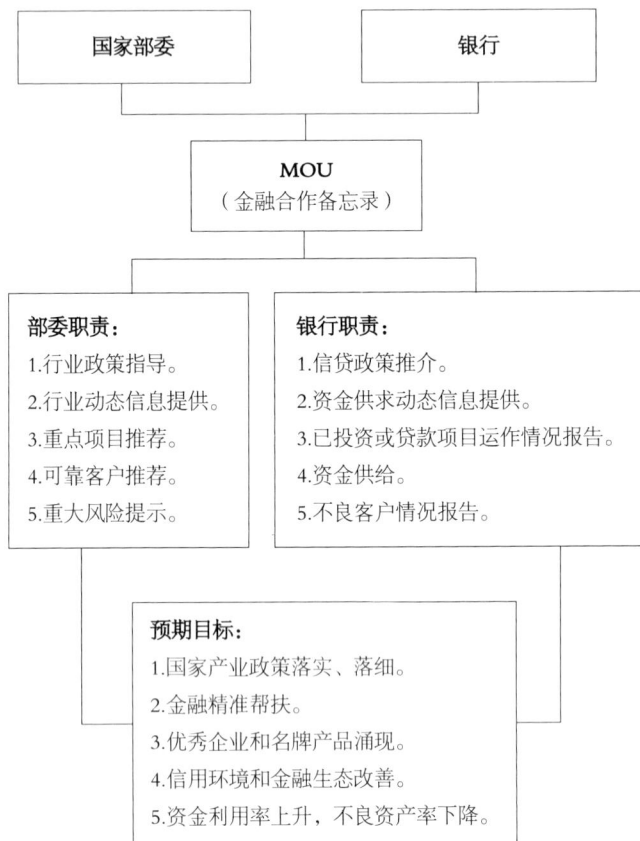

（二）特点

1.政府、银行（市场）优势互补。

部委是国家战略拟定者、参与者、执行者。

银行是国家战略助力者、协同者。

2.企业、产业和金融有机结合；项目、客户与银行精准对接。

3.不良资产化解多了一些行政手段。

4.信息更完整，评审成本下降，评审质量上升。

（三）理论依据

1.政治、经济金融不可分。

2.市场、政府两手都要用。

3.宏观、微观相结合。

四、链金融

（一）框架

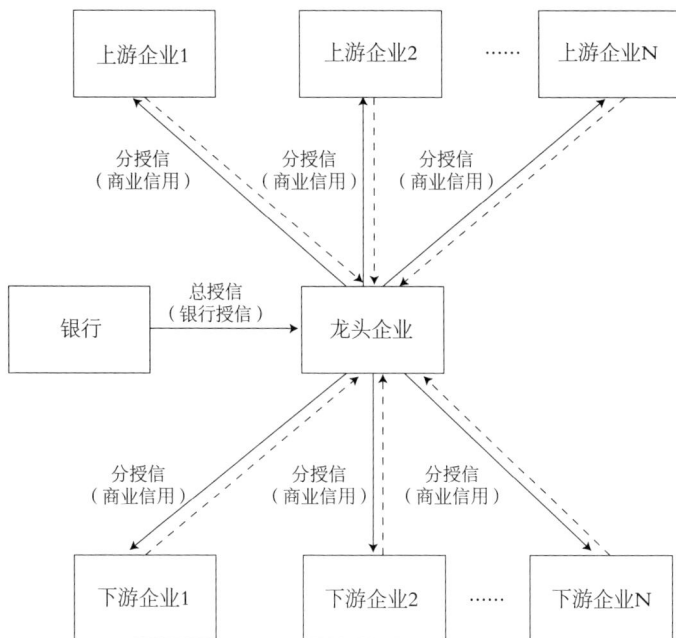

（二）特点

1.银行信用与商业信用有机结合。

2.由点（龙头企业）及线（上、下游），抓重点带一般。

3.将上下游企业评审责任、推荐和转贷权力交给龙头企业，信贷管理成本下降后，可让利给龙头企业。

4. 将零售业务变成批发业务。龙头企业通过批零价差覆盖风险，并获取一定利润。

（三）理论依据

1. 服务实体经济是金融的天职。

2. 银行信用、商业信用优势互补。商业信用基于企业间的产品、产业或资本纽带，相互了解，有助于信贷风险控制。

五、大众贷款计划

美国金融创新方式灵活，各种融资计划层出不穷。如，针对员工不超过 500 人的、一定条件下贷款可改拨款的企业的"薪酬保护计划"；为规模过大而无法参加薪酬保护计划的企业提供贷款的"大众贷款计划"；等等。大众贷款计划由波士顿联邦储备银行负责管理，面向疫情暴发前经营良好但眼下急需资金留住员工和维持运营的企业，通过参与该计划的金融机构向员工不超过 1.5 万人，营业收入不超过 50 亿美元的美国企业，提供总额不超过 6000 亿美元的贷款。与薪酬保护计划不同，大众贷款计划所发放的贷款必须偿还，贷款期限 5 年，允许头两年延迟还款，以便更好地帮助那些因疫情陷入困境的企业。5 年以上免税非营利组织也可以申请一定量（< 30 亿美元）的贷款。大众贷款计划的创新点在哪里呢？第一，央行利率接近零，成本极低。第二，央行直接向企业贷款，承担风险。参与计划的商业银行大概只收取转贷手续费。第三，贷款对象按就业人数分级，保企业、保就业放在政策首位。第四，期限长，还款期安排灵活、便利。第五，应对疫情，政府调控、行政支持色彩十分明显。这让市场经济偏激狂很失望。

第八章
经营管理

关键词：规划管理　支付营运　统计会计　数据管理　后台支撑

第一节　规划管理

提要：规划是银行业务的方向，是银行工作的发力点、切入点、出发点、落脚点。法乎其上，得乎其中；法乎其中，得乎其下。银行拟定经营目标不能太低。要适当高一点，即经过努力是可以实现的。

银行要获得尊重，首先要站得比别人高，看得比别人远，想得比别人周到。而不仅仅因为拥有货币资本分配权。

规划是银行业务的方向，是银行工作的发力点、切入点、出发点、落脚点。规划好了，银行就不会走弯路、走错路。

总行要及时释疑解惑，发布口径，统一全行上下思想、做法，同时，各单位各分行在业务开展过程中有据可依。

银行经营计划，即银行工作的预见性，目标感。好的计划是，跳一跳可以够得着。计划，既要仰望星空，又要脚踏实地。实事求是才是好计划。

银行规划，既要志存高远，又要脚踏实地。太高，叫好高骛远；太低，叫没有出息。

展望未来，不能忘记来时的路。不断总结历史，查找规划中的错误和失误，分析其中的原因，不断提高银行的规划水平。

银行拟定经营目标，不能太低。法乎其上，得乎其中；法乎其中，得乎其下。要适当高一点，即经过努力是可以实现的。

银行规划的权威性，源于规划的科学性和有效性。群策群力，集思广益。不断提高规划水平是关键。

银行规划不是闭门造车。要依据国家规划，参考同业的规划，结合自身的特点，发挥专家智慧，共同谋划银行的未来。搞规划的人，要经常走出去，请进来。

规划是银行业务的序曲。重在合作机会的挖掘，重在客户及其项目的梳理，重在融资模式的创新，重在信贷风险的可控。

规划不是写写画画，挂在墙上。规划是行动纲领、集结号、作战图。从实践中来，到实践中去。见人见事见效果，分工协同，把蓝图变成现实。规划的变现率，是衡量规划的科学性和可操作性的重要指标。

规划就是看得远看得准。站得高，才能看得远。想得深，才能看得准。要站在中华民族伟大复兴的政治高度，规划银行的目标和路径。要全心全意为人民谋幸福，才能得到人民的衷心拥护和赞许。

规划要调研。近代思想家魏源十分强调治理方法：一是实地调研；二是民主商议。他说："古今异宜，南北异俗。自非设身处地，乌能随孟水为方圆也！自非众议参同，乌能闭户造车，出门合辙也。"（《默觚》）他建议，平时勤访问。银行经营决策何尝不是如此！研判经济形式，了解客户底细，成立贷审委员言……无不体现调查研究和民主决策原则。

规划的方法：大胆假设，小心求证。讲到做学问，胡适的观点是，大胆的假设，小心的求证（胡适：《容忍与自由》）。发现问题，解决问题。动手动脚，释疑解惑。胡适所说的假设，并非毫无根据，而是基于蛛丝马迹。所谓求证，是指将证据链建立起来，让蛛丝马迹变成铁的事实。银行家在经营管理过程中，经常遇到困难和问题。产生困难和问题的原因是什么？解决的方法在哪里？恐怕也要来个大胆的假设，小心的求证。比如，提出各种可能性，深入实际调查研究，广泛听取意见建议，择善而从。

银行管理要做到三个基本一致。银行管理的三个基本一致即时间进度与工作进度基本一致，金融供给与市场需求基本一致，总行要求与分行行动基本一致。

银行管理要坚持四项基本原则。即资产与负债匹配原则，审批权力与回收义务对等原则，法规红线与灵活操作结合原则，守成与创新并进原则。

银行业务管理重在培养客户的忠诚度。培养客户的忠诚度要做到两个首先想到，即客户需要金融服务，首先想到本行；本行拓展业务，首先想到客户。

银行与客户做生意要坚守三条底线。一条是廉洁底线，没有利益输送，不搞利益交换、假公济私那一套。一条是成本底线，亏本不贷。一条是同业底线，不做害群之马。

中国特色社会主义银行要实事求是。与时俱进，是从时间的维度来解释实事求是；因地制宜，则是从空间的维度来解释实事求是。邯郸学步，讲的是盲目崇拜乃至照抄照搬引发的严重后果。《庄子·秋水》："子往呼！且子独不闻夫寿陵余子之学行于邯郸与？未得国能，又失其故行矣，直匍匐而归耳。今子不去，将忘子之故，失子之业。"例如，政策性银行商业化，结果是，政策性业务丢了，商业性业务也没有做好。再如，国有商业银行股份化，原来的党建优势、合规优势、执行优势丢了，现有的董事会、监事会、股东大会又没有发挥应有的作用。银行没有自信，就没有方向。银行不能实事求是、因地制宜，就一定会像燕国的少年，趴着回家，沦为笑话。中国特色社会主义银行怎么办？这是需要深入、持久探讨的。

第二节　支付营运

提要：支付清算是银行业的老祖宗。银行数据的背后都是实实在在的经济、资金活动。银行像大海。每一个客户和他的账户，都是流入大海的江河，百川归海。数字货币并不新鲜和突然，它是一个自然而然、从未停止的过程，一个由有形至于无形、由笨重至于轻巧的过程；是先进技术在银行领域运用的结果，具体在支付结算领域运用的结果。营运队伍是一支默默奉献的队伍。营运队伍是血管的养护者、清道夫。

银行的支付清算活动，是货币经营资本从产业资本某些职能（单纯的货币收付行为）分离并独立的具体而生动的应用场景。

支付网络。

中国支付清算网络

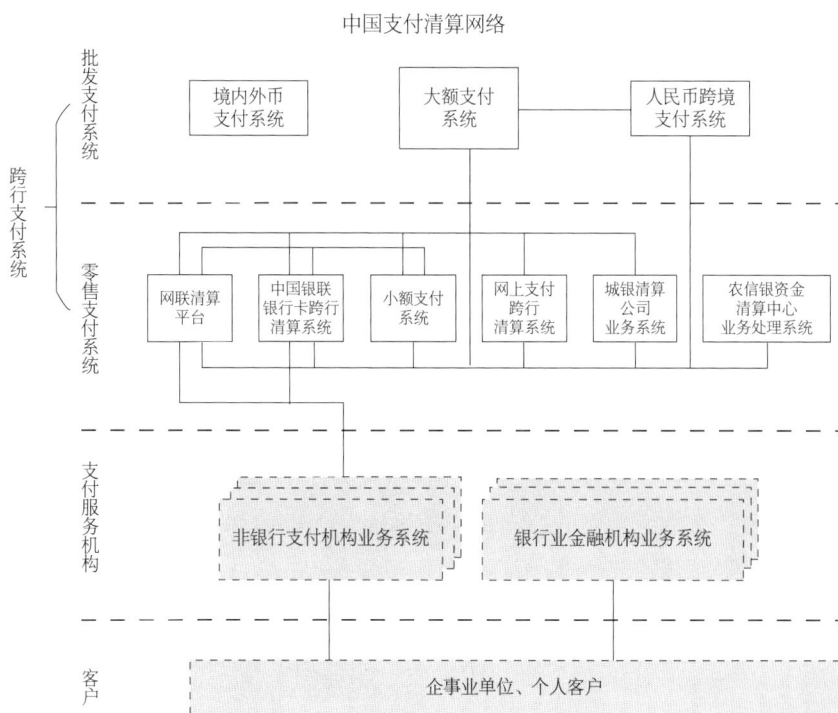

说明：

1.支付服务机构包括银行和非银行支付机构，直接面向客户提供支付服务。

2. 客户在支付服务机构开立账户，支付服务机构在央行开立账户。自 2019 年 1 月 14 日起，非银行支付机构持有的客户备付金全部存放央行。

3. 收、付款账户均属于同一支付服务机构的，由该机构业务系统独立完成。属于不同支付服务机构的，通过跨行支付系统完成。

4. 我国跨行支付系统运营机构有 6 家：

人民银行清算总中心。运行大额支付系统、小额支付系统、网上支付跨行清算系统、境内外币支付系统等。服务所有银行。

跨境银行间支付清算有限公司。运行人民币跨境支付系统（CIPS）。服务所有银行。

中国银联。运行银行卡跨行支付系统。服务所有银行和支付机构。

网联清算公司。运行网联清算系统，服务所有银行和支付机构。

农信银资金清算中心。运行农信银资金清算系统，服务农信社、农商行、村镇银行等。

城银清算有限公司。运行城银清算系统，服务城商行、民营银行、村镇银行等。

5. 跨行支付系统分为批发支付系统和零售支付系统。批发支付系统包括大额支付系统、人民币跨境支付系统、境内外币支付系统，一般采用逐笔全额结算方式；零售支付系统主要采用轧差净额结算方式。

6. 通过支付清算系统可以分析跨机构资金流动情况，便利社会资金监测，服务于金融监管，有利于维护金融稳定。

存贷汇是银行的主业。但从银行的历史看，汇是关键，存贷是其延伸或衍生出来的。因为汇产生了账户体系，产生了沉淀资金，从而产生了存贷款。不懂支付清算的人，不懂银行的原理，也不懂银行的历史。

非法支付渠道规避了监管，助长了犯罪活动。 人们常说，银行的主要业务是存贷汇。事实上，从历史的角度看，存贷汇的顺序是汇存贷。一些网络科技公司，就是从"历史的隧道"（商品买卖产生预付款沉淀而后从事放款业务等）钻进了准入甚严、门槛甚高的银行业，并且规避了监管。一些非法网络支付平台、加密货币等地下支付渠道，更是为赌博等犯罪活动助纣为虐。

银行是货币经营业最大的业主。 按照马克思的说法，兑换业和金银贸易是货币经营业最原始的形式。换句话说，支付清算是银行业的老祖宗。

支付清算数据极其重要。 银行的人要善于通过数据发现规律和特点。这些数据的背后都是实实在在的经济、资金活动。通过自动检测分析模式，可以发现许多问题。

支付清算系统好比国民经济的血管。 如果说资金是经济体血液，那么支付清算系统就是血管。血管出问题，例如脑出血，是要命的。营运队伍是血管的养护者、清道夫。此外，营运队伍要学会做护士、化验员，抽一管血，做些分析，能发现许多经济、金融问题。

一因多果，一果多因。 银行业务分析、报表分析，切忌单因单果、片面武断，像中国古人那样，陷入形而上学思维泥坑，不能自拔。比如，资金没有及时到位，有可能是清算、结算系统故障或效率问题；也有可能是付款行故意延付贪图利息；还有可能是当事人试图以权谋私。

同业联系。事物是相互联系的，又是各自独立的。每一间银行都是独立的：独立的法人，独立结算、核算框架内容，独立承担法律责任。银行又是相互联系的。这种联系不仅体现在同业市场上，也体现在行业声誉上，行业地位和权益上，共同的清算规则和平台上，同一经营物件（货币资本）上，甚至相互竞争和冲突上。这就是中央银行及银行同业工会、协会、学会产生的原因。

营运队伍是一支默默奉献的队伍。平安无事就是成绩。出名就出事了，不出事就不出名。营运队伍要甘于寂寞。

账户体系与支付结算功能。银行像大海，百川归海。证券、保险、实业，都是川流。银行成为大海，源于其强大的独一无二的账户体系和高效准确的支付结算功能。任何部门资产想超过银行，都是不可能的。

账户体系建设。银行好比大海。水即资金和存款。每一个客户和他的账户，都是流入大海的江河。账户体系的覆盖面，相当于流域。流域大，流量大，流入大海的水就越多。所以，对银行来说，账户体系的建设极其重要。

银行像大海，企业像江河，海纳百川，故能成其大。银行不是水库，放出的水不再回来，那样的话，永远做不大。银行更不应该是漏塘，筹措再多的资金，存款户头、结算账里居然没有多少钱，信用零或低创造！

账户是银行吃饭的灶。 银行要吃饭，首先得有一个灶，灶是什么？灶就是账户。《国际货币基金组织协定》开宗明义讲账户，即基金组织须分设普通账户与特别提款权账户，其中，普通账户又分普通资金账户、特别支付账户和投资账户。一个银行如果不能建立强大的账户体系，那是不打算长期过日子的表现，要不得。

数字货币没有改变货币的本质。 在商品世界，货币是一张提货（商品或劳务）通知。历史上，充当提货通知的材质很多，但主要是金属和纸。现在变成银行账户上的一组数字，表面上看，沧海桑田，发生了翻天覆地的变化。实际上，自古及今，人们看重的并不是什么材质做提货通知，而是提货通知上注明的价值量或财富数字。所以，数字货币或者货币数字化，并不新鲜和突然，它是一个自然而然、从未停止的过程，一个由有形至于无形、由笨重至于轻巧的过程。货币的本质是价值尺度，代表财富的数量，或者说，**货币的本质是一组特殊的数字**，即社会认可的、代表一定量的财富的数字。人们或许要问，货币为什么一开始不能数字化呢？既省成本，又清晰便捷！为什么要去铸币、印钞呢？回答是，金融科技或者说科技水平特别是计算机技术、互联网技术、通信技术等，不能支撑货币数字化目标和初衷的实现。所以，数字货币不是什么货币革命，而是先进技术在银行领域运用的结果，具体在支付结算领域运用的结果。

第三节　统计会计

提要： 统计重形，分析重神。银行财务目标，内外有别。对外，要偏保守一点。对内，要偏积极一点。财务报表、财务分析。银行的经营指标是可以"做"出来的。考核是一个指挥棒。业绩好时，要谦虚低调，居安思危；业绩差时，不自暴自弃，要卧薪尝胆。

银行统计，是银行经营、管理、决策的基础。统计不准，决策不明；数据错误，决策失误。

银行统计数据，应该是银行历史、现状的真实反映，是银行的家底和银行未来的显示窗口。心中有数，才谈得上精细化管理；鉴往知来，才谈得上行稳致远。

银行统计不仅是宏观经济调控的需要，也是银行内部经营管理的工具。统计学是一门高深的学问，实用的学问，严肃的学问。金融基础数据统计系统建设十分必要和重要。

银行统计、会计和银行业务的联系是天然的、必然的。一方面，统计、会计是业务活动的结果；另一方面，也反作用于业务。数据的背后是业务，是银行员工的观念和行为。要确保数据与事实一致，防止数据失真、失实，防止蓄意干预，禁止瞒报、误报，不允许歪曲、误导、做假账。

秀才不出门，能知天下事。别人不一定能真做到，营运队伍真能做到。支付清算数据全面、真实、客观、实时，通过数据整理、分析、判断，情况一般八九不离十。可惜很多人没有意识到这一点，把宝石当普通石头了。

统计重形，分析重神。统计是过往的事实，分析是未来的走势。分析基于统计数据，运用的是逻辑推理，以所见知所不见，像 Kanizsa Triangle，重要的是发现隐藏的白色三角形：

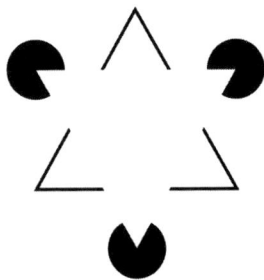

金融同业统计分析。一是着眼长远，把握大势。坚持宏观与微观、抽象与具体有机统一，善于观大势、谋全局，加强对国家宏观形势和发展趋势的精准分析研判，科学系统谋划银行各项工作。二是坚持常态分析与非常态分析并重。特别是要通过有针对性的非常态分析，深挖制约业务发展深层次矛盾问题，主动应对、科学应对，找准症结、靶向治疗。三是坚持"开门办银行、开门做统计"。加强同业交流，统一统计口径，强化纵横比对，取长补短、择善而从，突出优势、错位发展。四是坚持统计数据普遍性与特殊性结合。广泛采集数据，持续动态跟踪，化繁为简、去粗取精，保持数据分析的连续性，确保统计结果真实、客观、准确、及时。五是加强统计人员队伍建设。加强宏观经济学习和宏观经济形势研判，不断提高专业素养和统计分析能力。

离岸金融统计与概念。据估计，全球高达 60％的资金放在离岸，全球近 50％的金融交易发生在离岸。可是，何谓离岸？"很难简明定义"，因为"离岸有很多解读方式，要限定范围似乎是件不可能的事"（希尔顿·麦卡恩：《离岸金融》）。既然如此，统计自然沦为估计，研究亦相当于瞎子摸象了。

银行财务目标，内外有别。对外，要偏保守一点；对内，要偏积极一点。

要重视财务报表数据。具体情况具体分析。透过数据看问题，找规律。要把握好分寸，注意不同场景。内外有别。对外宣介以成绩为主，对内汇报以问题为主。

财务分析好比照 X 光。财务报表是温度计、监测仪，是银行窗口。不仅要全面准确系统反映银行运行情况，更要监测和发现问题，不断校准银行运营方向，实现稳健经营。

银行的报表要具体情况具体分析。例如，不良资产的增加，可能是经营恶化的结果；也可能是审慎经营，实事求是，敢于担当的表现。

确保账、表真实。古人说，无商不奸。可以说，这是封建时代留下的商业糟粕。现代商业，诚实为本。而不做假账，或者，如美国法律所说的，任何人不得故意规避或故意不执行内部会计控制制度或故意篡改账簿、记录或账目（《外国腐败行为法修正案》1988 年），是最基本的。在所有的市场主体中，银行在这方面的要求尤其严格。银行应该是诚实的化身，老实的榜样。

诚为银行之本。诚实，是人最重要的一个品德，也是做银行最推崇的职业道德。充分揭示风险，夯实银行资产，加快不良处置，一句话，家底清楚，家底实，既是银行诚实的表现，也是国家金融安全的标识。要做到这一点，必须转变观念。比如，财务服从业务，财务反映业务，业务是因，财务是果，不做削足适履的蠢事，不用财务目标扭曲业务实际，不搞倒推倒算那一套，该核销的核销，该拨备的拨备，利润因此减少就减少。再如，依法追责，狠抓回收率。"出表"不是目的，核销也不是最终手段。多一分回收，即多一分营业外收入，少一分损失，多一分客户诚信。最后，要控制增量。吃一堑，长一智。贷款质量分类，是为了做好贷款精细化管理，防止贷款质量每况愈下。

实事求是。现象与本质，表与里，既可以一致，也可以不一致，甚至完全相反。深刻的人善于透过现象看本质，肤浅的人容易被现象迷惑。比如，一时利润可观，可能是经济发展，贷款项目成功的真实结果；也可能是高风险投资的暂时现象；还可能是做假做出来的。必须实事求是，具体情况具体分析，不能见钱眼开，闻利则喜。

银行收益有不同的分类法。按收益是否可以预期和大致确定，可分可变收益（浮动收益）和固定收益。一般来说，按权责发生制计账与按收支实现制计账结果差距很大。权责发生制侧重投入和预期，收支实现制侧重结果和实际。差距越大，说明可变收益比重越高。可变收益的多少，取决于市场预测能力，特别是对利率和汇率走势的判断。固定收益的多少，则取决于计算基数和风险管控，例如，一般贷款。

算账是银行的本性、本能。伟大的银行知道算大账、算总账。从不锱铢必较。它们在这个地方亏了，会在另外一个地方找回。今天亏了，明天找回。它们有长远观点，平衡思维。

算大账算长远账算综合账。银行经营当然要算账。问题是算什么账？算小账？不是。算眼前账？不是。算单项账？也不是。银行算账，算的是大账、长远账、综合账。比如，贷款增长，要考虑其存款结算增长；核心企业贷款发放，要考虑其上下游或周围企业金融业务带动；让利要基于超低不良率；免税要基于其他业务超额利润；等等。

财务与业务。

（一）财务应该服从、服务于业务，规范和促进业务发展，而不是阻拦、扭曲业务。比如，研究经费的预算和管理，应该提升本行研究水平，补偿本行研究人员付出，为本行规划、预测、决策等服务，而不是采取招投标方式，外包给行外机构，找人捉刀代笔，花钱搞形式主义，同时，为少数人学术腐败提供机会。

（二）银行的工资、奖金总额分配应该体现部门、分支机构业绩好坏和风控水平高低。一刀切，一个样，吃大锅饭，是平均主义的表现，不公平，不利于调动全行的积极性。

（三）银行财务数据、资金往来含有大量商业秘密，不可轻易示人。自从金融情报组织诞生以来，国际贸易投资领域斗争愈演愈烈后，银行保密工作尤其重要，银行对会计师事务所聘用的门槛要更高，条件要更严，对外资特别是对有敌对国家背景的会计师事务所要慎用、禁用。

（四）银行净资产收益率大大高于社会平均水平，并不是一件好事。说明利差还可以缩少一点，行业垄断形成的超额利润是存在的，应该有所收敛。

银行的经营指标是可以"做"出来的。例如，核销多一点，不良率就低一点，拨备就少一点。再如，银行保守一点，不良贷款就多一点，核销压力就大一点；相反，乐观一点或故意做大利润，多拿年终奖，可以延降不良，少提拨备。所以，判断一家银行经营好坏，要综合分析，长期考察。不能一叶障目，看一两个指标。

会计科目。成本、工资、利润、利息、租金、税负、费用等概念的出现，并且它们之间看上去毫不相关。在会计科目里，各有归属。有借必有贷，借贷必相等。清清楚楚，明明白白。从而模糊了剥削与被剥削的关系，似乎一切都是合情合理的，工人的意志很容易被消磨，只能怨天不能尤人。

账外账或暗账要不得。汪伪政权下，上海钱庄暗账盛行，或因投机需要，或因逃税，或因转移资产（刘梅英：《民间金融机构与政府：上海钱庄研究（1843—1953)》）。新中国成立后，钱庄被改造并退出，暗账现象一度消灭。改革开放后，一些金融机构包括某些银行，搞起账外账。暗账现象，死灰复燃。或逃避监管，对抗政令；或追求小集团利益；或腐败，化公为私；或隐瞒真相，害怕处理。

账户意识。要确保项目贷款、企业贷款可持续监测，必须让贷款对象在本行开户。通过账户上资金的变化，可以轻松了解项目进展情况，贷款企业经营情况。现金流、营业收入等，反映生产、经营情况指标，从账户变化上可以看得一清二楚。账户是观察企业的窗口，是银行最要命的武器。把控账户，就是把控主动权。银行家必须树立账户意识。

银行资产负债表和损益表充满辩证法。

（一）总体与结构的统一。银行的资产负债表和损益表，是两张非常漂亮的表。不仅资产与负债、损失与收益对立统一，而且相当多科目能一一对应。例如，拆出与拆入、买入返售金融资产与卖出回购金融资产等。剩下那些科目名称上虽不能一一对应，但资金进出根据复式记账原则即"有借必有贷，借贷必相等"，也都可以追根溯源，其来龙去脉在总账、明细账中一清二楚。

（二）平衡与不平衡的统一。报表中资产＝负债＋所有者权益。如果不平衡，账一定做错了。不过，即便是对应科目，数额亦未必相等。例如，拆出资金并不一定要等于拆入资金，所以报表结构性不平衡是正常现象。

（三）抽象与具体的统一。总账是不断综合、归纳和抽象的结果，明细账和单证记载的往往是具体的。它们必须统一，否则会出现账账不符或账表不符或账实不符等现象。

（四）现象与本质的统一。报表隐含银行经营信息和经营成果，反映银行复杂的内部结构和广泛的社会联系。报表是现象，背后才是本质，现象与本质的统一即账表的真实性。资产负债表主要记录的是银行经营活动。损益表反映的是经营成果。薪酬反映的是经营管理人员的收入。所有者权益记录的是股东的利益。所有权和经营权分开。税费则记录银行的社会责任。

（五）原则性与灵活性的统一。银行是非常严肃的机构，当然，不允许做假账，搞账外账，这是原则。但是，银行的确可以根据监管当局的要求，在某些具有灵活性、存在自由裁量权的指标上做文章，以至于考察单一指标，可能导致片面印象。例如，拨备率有最低要求，如果想让银行的利润看上去少一些，即可有意增加拨备；如果想让银行的资本充足率更高一点，即可有意减少股东分红。所以银行报表不只是银行经营状况的客观反映，也是股东和经营管理层主观倾向的结果。

（六）因与果的统一。资产项下任何一个科目的变动，都能在负债项下科目和所有者权益项下科目找到原因。反之亦然。单因单果、一因多果、一果多因、多因多果，全都存在。科目是足够反映的，不够的话，均归入"其他"资产或负债了。银行账表的任何变动，既是复式记账的生动例证，也是因果律的充分展示。

银行内部考核是一个指挥棒。要用好这个指挥棒，不能让考核成为各部门各单位斤斤计较的诱因。考核指标设计要科学、合理，突出全行经营管理方向和目标。不要纠缠于细枝末节。银行必须做到稳健经营，银行的员工要有专业精神和职业道德。

考察分行业务，系统内排名应与该分行所在省市区经济总量全国排名基本一致，增长速度应与地区生产总值、地区社会融资增速基本一致。

绩效考核，要坚持目标导向和结构导向。考核指标设计，要尊重民意，协同商定，扶正祛邪，扶优限劣。权重参数法，可以一年一调。原则性与灵活性，普遍性与特殊性要结合。考核的等次可以多一点，绩效与绩效工资挂钩，但差距不宜太大。具体评分要从正、反两方面考虑，比如说，不良率高、不良贷款余额大，要扣分；不良资产化解多，不良贷款率下降快，又要加分。任务增大，要加分；任务没有完成，又要扣分。核销多，要扣分；追回多，又要加分。如此，才算公平。

银行内部考核，是指挥棒、风向标。很重要，也有困难。要做好考核工作，必须做到以下几点：1.考核结果符合正态分布规律。表现一般的占比高，表现特别好的和特别差的占比少。2.个人与机构分开。个人，要考核其任期表现，不管他现在何处；机构，要考核其整体表现，不管谁在负责。如果机构出现案件，应追究考核期及之前责任人的责任，表扬任期发现并处置案件的领导。而不是相反，处理发现人，甚至一票否决他，这不公平。当然，出了问题，机构考核必须下调等级。3.考核期已过，考核结果公布之前，出现纰漏、负面情况，要下调考核等级。因为事实证明，尽管事实未出现在考核期内，考核等级被高估了。4.党建、业务综合考核。党建管动机，业务看结果。综合起来，考核评价才全面、准确、实在。

银行薪水。薪水是劳动报酬或者说是劳动力价格。薪水高低体现的是贡献大小、责任大小。好的薪酬制度激励先进，鞭策落后。薪酬水平必须体现行业平均利润率，但又要照顾社会平均利润率。太高，会影响社会公平和稳定，成为众矢之的；太低，留不住人才。薪酬可以体现行政级别，体现责任大小，但又不能太悬殊，否则会形成官本位和内斗。反过来影响权威，让下属从内心里瞧不起领导。薪酬差别，最应该体现在贡献大小上。能者多得，多劳多得，谁也没有意见！难点在于能力和贡献评价有时候是模糊的、难以量化的。唯一的解决办法，是内部民主和操作透明，尽量做到让多数人满意、服气。

"目的性颤抖"与银行经营目标的确定。把方向，定目标，是银行经营之道。但是，在设定目标的时候，一定要考虑心理学实验——"目的性颤抖"现象。目标不宜太高太严，奖惩措施不宜太大太厉，跳一跳能够着才行，否则，因为紧张和恐惧，反而实现不了目标，这是要注意的。

银行盈利能力是比较强的。美国银行业的资产大概占整个金融系统的资产 1/3，而收益占比达 1/2，说明银行的盈利能力仍然是最高的。中国呢？银行资产和收益分别占金融业的 91%、87%。银行的盈利模式，虽曰最古老，但也最可靠、最可持续。

经营指标背后的主观因素。一般来说，银行经营指标要求反映情况真实、客观、全面、准确。但是，现实中，人为的、主观的因素影响仍然存在。比如，风险是否要及时、充分暴露？资产是否要做实？不良处置节奏是快是慢，都会影响当期银行的不良贷款比例和不良贷款总额。所以，看一个银行经营的好坏，不能光看数字，还要看数字是在什么样的指导思想、经营理念和经营目标下计算出来的。一个保守的、审慎的、老实的银行家，一方面，他的银行的不良资产比率和不良资产总额可能略高于同业水平；另一方面，他的银行资产可能比同业更实，风险没有藏着掖着，经营比同业更稳健。

银行业绩与庄子的"无情""无乐"。一般人都会得之喜、失之悲。银行业绩好，喜形于色；银行业绩差，忧从中来。这里说的喜和忧，即普通人的情感。庄子说，至人无情，至乐无乐，意指"哀乐不能入也"（《大宗师》），即不为欲望所羁绊，不为情感所束缚。得之不喜，失之不悲。这是一种很高的境界。一个成熟的银行应该有这样一种境界：业绩好时，要谦虚低调，居安思危；业绩差时，不自暴自弃，要卧薪尝胆。

标志与标准。没有标准，就无法度量。但标志不一，标准也会多重。比如，温表有华氏、摄氏、开氏三种。中国人习惯用摄氏。摄化温表以水结冰为零度（华氏 32 度，开氏 273 度），沸腾为 100 度（开氏 373 度，华化 212 度）。而华氏以氯化铵和冰水的混合物结冰为零度。开氏呢？以所有原子和分子停止有效运动的温度为零度（摄氏负 273 度）。这看起来有点复杂，听起来有些混乱，因为零度的标准不一样，所以产生了三种温表。但是它们三者又是可以换算的，所以最后的标准事实上是统一的。开氏温度 = 摄氏温度 +273，华氏温度 = 摄氏温度 ×1.8+32（水的冰点到沸点在摄氏、开氏那儿刚好差 100 度，而华氏差 180 度即沸点 212 等于 180+32）。银行的各部门、分支机构看问题的角度不一样，立场会有差别，考核的标准也不一。同样看起来有点复杂，听起来有点混乱。但是宗旨和目标是一样的，**最终标准**

也是一样的，即贷款还本付息的情况或者说净利润情况。

经验与逻辑同样重要。重视经验，忽视逻辑，容易陷入经验主义。重视逻辑，忽视经验，容易陷入主观主义。做银行的人，既要重视经验，也要重视逻辑。比如，风控，既要重视现场检查、监督，又要重视非现场监测、监控。分析业务报表财务报表，既要看单项指标，也要看各项指标间的关联度和内在逻辑。既要凭经验去判断，也要凭逻辑去推理。这样才能更好地发现问题，解决问题。

第四节　数据管理

提要：银行的数据是绝对不能篡改的，不能丢失的。业务需求书，是银行核心业务系统开发的前提和关键。科技改变的是银行服务实体经济和居民个人的能力，而不是银行的借贷本质。科技改变的是银行服务客户的方式，而不是它与客户既定的法律关系。科技改变的是风险监测手段，而不是风险本身的消除。科技让银行更强大，但同时也让银行更脆弱。

财富在银行那儿就是一组数据。我们肉眼看到的财富，都是有形的使用价值。财富的价值形态和财富的价值量，都在银行的账户上躺着、记载着。财富的让渡，或者说，所有权的变更，都反映在银行账户数字的变动上。所以银行的数据是绝对不能篡改、不能丢失的。

银行核心业务系统的标准。银行核心业务系统，必须做到：1.数据绝对无法篡改。2.监测自动化，24小时不间断。3.分析智能化，为决策提供参考。4.数据不能丢失，必须做好异地灾备。

业务需求书，是银行核心业务系统开发的前提和关键。需求说不清楚，系统无法开发。所以技术人员和业务人员必须配合好。而业务要说清楚，首先要对业务了如指掌，其次对业务发展趋势胸有成竹。

银行业是一个最能产生数据的行业。根据麦肯锡研究报告，银行每产生 100 万美元的收入，就会产生 820GB 的数据，居百业之首。而数据利用率却不到 10%。一方面，说明对数据的挖掘和利用不够。另一方面，说明积聚的大量的数据，未必真正有用。具体情况必须具体分析，不能一概而论。

银行数据安全极端重要。首先，货币在数字化。其次，清算和结算在网络化。再次，支付在自动化、自助化、终端化。最后，账户体系已变成了数据库。所以，数据安全（不可篡改、可追索、留痕、可恢复、灾备等）越来越重要。

银行并非行政机构，但银行也有官僚主义和形式主义。官僚主义、形式主义害死人。随着银行服务智能化、标准化、格式化、程序化、自动化，应该说形式主义和官僚主义现象在迅速减少。简单的、重复的、容易受情绪影响的服务越来越多地被机器替代了，特别是自助的智能的手机银行的出现，除了用户的体验需要不断改善，做到简单而明确、有效而安全外，传统的抱怨和投诉不会再出现了。这真是一件大好事。

银行业的生产力和生产关系是一对矛盾。在这对矛盾中，生产力具有决定性作用。随着科技在银行业的运用，越来越多的银行采用智能化设备、格式化软件，这将员工从简单、重复、繁重的柜台劳动中解放出来。同时，银行与客户的关系，银行同业的关系，存贷款的关系，结算清算关系，都发生了变化。比如，银行服务的质量更加稳定，不再受银行员工的情绪影响，因为终端界面代替了喜怒无常的人的表情；程序化、自动化服务，取代了不稳定的服务；银行服务突破了时空限制，物理网点和营业时间越来越没有经济意义和社会意义；操作差错率大幅下降，复杂的财务工作变成了简单的数字输入；征信越来越轻松，约束力却越来越强，以至于个人贷款不良率持续下降；资金监测自动化后，银行成了社会管理和打击各种犯罪的重要情报来源。所有这些说明一点，银行业生产力提升，银行随之发生了深刻变化。不过，科技在银行业的运用，改变的是"器"，不是"道"，换句话说，银行科技进步没有改变生息资本的本质，没有改变信用的本质。恰恰相反，技术进步与应用，强化了信任。所谓"新金融"有点哗众取宠，名不副实。技术，仅仅改善了银行与客户的关系，改变了某些过时的规则和操作指引，让客户获得感更强，同时，银行自身的效率也提高了，管理变得更加轻松而已。

人工智能并不改变银行的本质。有人说，自 2017 年阿尔法狗大胜柯洁，人工智能即将碾压人类的话题便进入大众视野，迅即引起普遍的狂热和焦虑（《暗知识》序言）。的确，这些年，是人都在谈 AI。银行界也在谈，仿佛天要变了，银行将面目全非。每个人因此而狂热和焦虑。然而，人工智能毕竟是人工的产物。它在某些方面胜过专家学者运动员艺术家是完全可能的应该的。人工智能战胜某些人，不是机器战胜了这些人，而是设计机器的人战胜了这些人。不要认为人的智商差不多。在科技能力方面，人的差距是巨大的。可以说现代社会绝大多数人，享受着现代生活，但其科技能力不比古人高多少。科技改变客观世界，人的主观世界或心理却鲜有变化。AI 是人的大脑的产物、延伸，离开人一切都没有意义。它始终是可控的。如果不可控，那只是对那些非设计人员来说不可控。离开社会，AI 也没有意义，也不比宇宙世界更神奇。

利用数据科学预测。人们生活在现代，却想弄清过去，也想知道未来。考古、考据、文献研究等，都是弄清过去的方法。而预测尤其让人动心、着迷。谶语、占星、卜卦、算命等，都是尝试，虽然未必科学。东汉人王充不相信这一套，他更倾向于见微知著，案兆察迹。他在《论衡》中说："先知之见，方来之事，无达视洞听之聪明，皆案兆察迹，推原事类。"做银行既要埋头拉车，也要抬头看路。怎么看？也无非是案兆察迹，推原事类，以堂下之阴，知日月之行。外观经济形势，内察经营指标，未雨绸缪，银行才不会犯颠覆性错误。

客观看待金融科技的影响。有人说，智能金融将导致一大批白领、金领失业。AI 将给金融行业带来彻底的颠覆。金融行业的重要分支，比如银行、保险、证券、理财将无一幸免（《暗知识》）。但从论据看，无非是线上金融占比高了，数据自动分析和报表自动形成能力强了，聊天机器人替代人工客服而已。所以，有点危言耸听。要知道金融科技的进步始终是为金融业更加自动化标准化格式化服务的。金融科技不会改变金融的本质，也不会改变金融的基本原则。

防止银行数据库被攻击。由于货币形态发生了变化，货币脱光了所有衣服和鞋帽，大隐隐于市，日益表现出它的原始野性，即财富数字。银行或者金匠们的贮金柜（Bank）从汇票和银行券的足额兑换者，到不足额发行人，再到有形的纸币存、贷、汇等金融服务提供者，到今天无形的财富数据的管理者、运行维护人，形式与内容发生了很大变化，虽然做钱生意的本质没有改变。由于货币形态消失及支付结算技术革命，银行变成了特殊数据库，代表财富的数据库。因此，腐败、搜刮、金融犯罪等方式方法也随之发生了变化。小盗窃钩，大盗改数据。犯罪更隐蔽，更轻松了。也因此，银行数据安全成了银行的头等大事了。

敏捷银行靠的是科技手段。平安马明哲先生提出，科技加金融理念。渤海银行赵志宏先生提出敏捷银行概念。说的道理是一样的，即如何因应科技的变化，提升银行的服务能力，扩大银行市场份额。具体说，赵先生的敏捷银行是以金融科技为依托，借助数字化、智能化手段，内部实现组织和流程的高效率运转，外部快速洞察并响应客户差异化、个性化、定制化的需求。重构金融服务的前、中、后台作业模式，实现银行服务内部全流程的组件化、参数化、智能化，服务体验的简约化、电子化、实时化。敏捷实时洞察和响应客户个性化需求，同时大幅度降低运营成本（赵志宏：《敏捷银行：金融供给侧蝶变》）。应该说，这些想法基本上是对的，现实中银行业也是这么做的。但要注意几点：1.科技改变的是银行服务实体经济和居民个人的能力，而不是银行的借贷本质。2.科技改变的是银行服务客户的方式，而不是它与客户既定的法律关系。3.科技改变的是风险监测手段，而不是风险本身的消除。4.科技让银行更强大，但同时也让银行更脆弱。系统运维、数据保护、网络安全既是银行的筋骨，也是银行的软肋。

第五节　后台支撑

提要：后台部门没有存在感，恰恰说明它是健康的正常的。

身体的任何部件，如果你感觉它似乎不存在，这说明，它是健康的放心的。同样，银行的某些部门，例如，后台部门没有存在感，恰恰说明它是健康的正常的。

后台部门要谨小慎微，甘于寂寞。行长轻易不找他们，不是他们不重要，恰恰相反，是他们的工作干得好，让人放心。如果三天两头找他们，金融基础设施一定出了大问题。

后勤保障。不管银行多么神圣，银行员工多么高贵，饭总是要吃的。因此银行的后勤保障工作十分必要、极端重要，要把高素质的人充实到后勤保障队伍中去。

一叶知秋，见微知著。一个银行管理得好不好、水平高不高，从办公室、厕所、食堂就可以看出来。环境差，乱七八糟，这个银行好不了。

银行的党建、团建、工会、妇联、纪委监察、人事、宣传等部门非常重要。这些部门虽然不做业务，但做比业务更难甚至更重要的工作即人的工作。他们无须替银行谋生，但须替员工安心立命，树立正确的人生观价值观。他们是银行的灵魂工程师。

在银行，做业务的人当然重要、必要，但不是充足条件。围绕银行运行，确保行员吃喝拉撒，需要一大批后勤服务队伍。这些人或许学历低一点，岗位也不显眼，但不可或缺。要管好、训练好，同时，关心他们，尊重他们。以人民为中心，必须体现在每一个具体的人身上。

银行保密工作很重要。银行是国家机器的重要组成部分，是财富和隐私的集中地，也是国家重大战略的参与者。银行是重要的涉密机构。古人说，隔墙有耳。防人之心不可无。祸从口出。守口如瓶，防意如城。银行必须增强保密意识，做好保密工作。行员要有家国情怀，把国家利益和民族利益放在首位，切不可掉以轻心，特别是要经得起各种诱惑。

公文，是银行公务产品，是理念、政策、决定传导工具。要确保公文质量，首先要做到内容正确，不能有政治错误和常识性错误。其次要表达准确，不能产生歧义。再次要把每个环节当作最后一个环节来把关，不能指望下一个环节。最后也是最重要的，要对公文涉及的事，一清二楚，明明白白。

银行是信息集散地。银行是一个综合经济部门，直接接触企业和居民个人，它的信息特别是借贷信息，内涵丰富，分析和预测价值高。银行本身是一个数据生产和储存相对集中的部门，深入挖掘和利用数据，意义重大。掌握信息越多、越准、越及时，工作越主动。

银行信息要进行分类。不同类型的银行信息，它的处理方法和使用价值不一样。按区域分，银行信息可以分为境外信息和境内信息；按业务分，银行信息可以分为业务信息和非业务信息；按币种分，银行信息可以分为外币信息和人民币信息；按内容全面与否，可以分为宏观信息和微观信息，综合信息和专门信息。银行家要掌握各种信息，并从中抓住重点，提出思路，寻找对策。

银行信息处理在于结论。银行信息浩如烟海，信息处理是技术也是艺术。总的来说，银行信息处理过程，是一个去粗存精，去伪存真，删繁就简的过程。或给人以事实，或给人以观点。事实贵在真准，观点贵在正确。

银行信息搜集原则。人们是依据信息、逻辑、商量、事实来决策的。信息可以帮助决策，也可以误导决策。银行信息的收集和报送，必须遵循以下原则：1.客观性或真实性。主观主义害死人，假信息害死人。2.公正性。在搜集和提供信息过程中，不带偏见和私心。对信息使用者绝对忠心、负责。3.全面性。忌以管窥豹，瞎子摸象。牢记辩证法，一分为二。4.可验证。子不语怪力乱神，银行不能提供一些虚无缥缈或故弄玄虚无法验证的信息。

虚实结合。虚与实，谈与干，言与行，是一对矛盾。国人一向崇实。而老庄比较辩证。宋·邵雍等人比较偏颇。邵在《皇极经世》中说："夫天下将治，则人必尚行也；天下将乱，则人必尚言也；尚行则笃实之风行焉，尚言则诡谲之风行焉。"其实，理论与行动，认识与实践，既对立又统一。比如，银行有众多业务部门，也有研究规划部门、党建部门、群团组织等非业务部门。简言之，有虚有实，不存在哪个部门更重要、更必要。可以说，都重要、都必要。言谈，辩论，理清思路，是为了更好地前行，避免盲干、傻干、乱干；而埋头苦干，是为了更好地认识银行经营管理之道，实现银行既定理想、目标、计划。

第九章
国际金融

关键词：业务开发　债务控制　外汇经营

第一节　业务开发

提要：国际金融的本质和基础是民族金融和国家金融。国际金融有两面性。银行的国际业务必须依托实体企业走出去。汇率变动、资本流动、收支变化……都是利益规律作用结果和具体表现。国际金融业务拓展的原则。银行与进口商互动是最佳选择。

除了同业，银行的国际业务必须依托实体企业走出去。银行与企业同舟共济。双方要建立联络人制度和定期会晤机制。共商海外业务，共谋全球发展。

国际金融规律是利益规律作用的结果和具体表现。规律即必然性。国际金融规律，包括汇率变动规律、资本流动规律以及国际收支平衡规律等。但真正能体悟、把握事物尤其是社会事物发展必然性的人和机构凤毛麟角。国际金融市场没有常胜将军就是一个很好的证明。天下熙熙，皆为利来；天下攘攘，皆为利往。利益规律放之四海而皆准。汇率变动、资本流动、收支变化……都是利益规律作用结果和具体表现。不过，亿则屡中，让圣人叹服者几稀矣。

坚守国际金融业务拓展原则。一要借助国家力量，配合国家外交战略。二要总部直营，在开放度高的城市设分支机构，知行合一，集中力量。三要由近及远，由亲及疏，避免好高骛远，盲目出击。四要尽职调查，独立判断。见证≠担保，MOU≠合同。五要设立多种方式还贷，不拘泥一种。可以以物抵贷，加大进口，包括消费品；可以外转内、债转股，扩大实体企业海外投资；可以贷转租，拓展海外种植基地等，不必坚持贷钱还钱，见钱才眼开。

国际金融的本质和基础是民族金融和国家金融。国际是抽象的，民族或国家才是具体的真实的。国际金融的本质和基础是民族金融和国家金融，准确地说，是不同国家和民族金融之间的关系。如果某一天，世界上只有一家中央银行，一种货币，一个支付系统，那么，国际金融与国家和民族金融划分的意义和依据即失去了。或者说，金融大同或大同金融实现了，这时候，国际金融的本质暴露无遗，基础水落石出，神秘面纱揭开了，完全还原为统一经济体内的金融。

国际金融的两面性。国际金融是国际活动，主要是国际经济活动的产物，为国际经济活动服务。它的正面作用是明显的。但是，由于国际金融市场的不公平，比如，货币地位的不平等，发达经济体的货币自行代行世界货币职能；市场规则制定及市场组织本身高度集权在少数城市；支付系统和金融经济信息系统垄断……总之，欧美等发达国家事实上控制着国际金融活动，从而使国际金融成为发达国家进一步盘剥发展中国家，转移自身危机的一个强大而隐蔽的工具和平台。比如，美元贬值，世界买单，美国政府不劳而获；又比如，通过支付系统获取金融情报。通过资讯引诱国际投资者参与，再通过内幕交易、市场操纵等方式造成对方巨亏，等等，皆属负面作用。货币战、金融战是一场永不停止的没有硝烟的战争。

在跨国、跨境信贷活动中，一定要提防的几点： 1. 注册在开曼、维京等所谓免税天堂的公司和个人。这些公司和个人，税都不打算缴纳，获得贷款后，十有八九不打算还本付息。2. 名头大的，行为诡异的，出手阔绰、排场大的，神秘兮兮、号称有政治背景的公司和个人。3. 拥有境外籍或者境外居住权的本国人，用从别的银行借来的钱形成资产进行抵押的，来路不明或履历不清楚甚至有污点的，中间人急于撮合成功的，熟悉的人评价很负面的。总之，每一笔国际信贷损失案件，都应该认真分析解剖。第一次犯错，可以说上当受骗。第二次犯同样的错误，只能说傻。要把失信公司及其法定代表人列入征信系统，既警示我们的后来者，也警示我们的同行，让骗子在中国声誉扫地、寸步难行。

唯变不变。 香港联交所李小加先生在《互联互通的金融大时代》一书中讲，过去几十年，香港为改革开放主要做了三件大事：第一，转口贸易；第二，外商直接投资；第三，资本市场大发展。这三件大事都有一个核心问题，那就是为中国内地输入资本，因为那个时候内地很缺钱。随着经济的发展和国家的富裕，现在的内地已经不差钱，甚至正在逐渐开始资本输出。未来几十年，香港应当如何找到自己新的定位，在李小加先生看来，香港未来有三件大事要做：第一件事是帮助内地国民财富实现全球配置，第二件事是帮助中外投资者离岸管理在岸金融风险，第三件事是帮助中国实现商品与货币的国际定价。李小加先生的总结和建议，基于"与时俱进"的哲学理念，因此，它们是正确的。银行要有国际视野，配合企业走出去，让人民币跟着走出去。要树立国际信贷思想，制定自己的国际信贷规则，在引进外资的同时向境外输出资本，加强与境外金融机构人民币业务合作。

银行要与进口商互动。对外贷款，最担心的是国别风险。信用保险是防控手段之一，主权担保也是防控手段之一。但是比较而言，银行与进口商互动是最佳选择。第一，资金与物资平衡，海外风险内陆化；第二，外债与出口平衡，不会造成所谓债务陷阱；第三，外汇储备与进口平衡，减少了人民币贬值压力；第四，贷款收益相对于美国国债投资更高，国内居民生活质量提升，国内物资更加丰盛。

第二节　债务控制

提要：一个国家也会欠债。做银行不是搞国际政治，但是不懂国际政治绝对做不好银行。

主权债务违约。一个人会欠债，一个企业会欠债，一个国家也会欠债。一个国家欠债，叫主权债务违约。除了政治原因以外，比如新政权不承认旧政权的债务，主权债务危机一般与过度负债、评级误导等分不开。通俗地说，借债度日，寅吃卯粮是不行的。化解主权债务危机的方法包括，通货膨胀、本币贬值、延期支付、债务重组、债券回购、债务减免、诉讼斗争、削减公共开支、调高关税、私有化等。市场应对危机的方法包括，评级下调、抬高筹资成本、压低交易价格直至市场禁入。人而无信，不知其可也。国家无信，亦不知其可也。

贸易融资的关键。贱买贵卖，批零结合，是商人采用的基本方法，是流通资本的本质特征。只要贸易行为是真实的，即要求贸易商提供采购合同，并向供货方、海关确认，同时，要求贸易商提供经销商、代销商名录和协议，并对经销商、代销商账户掌控，从而确保销售款优先归还银行，那么，贸易融资是没有风险的。

国别风险。随着国际贸易和国际投资业务的开展，国际金融活动越来越频繁和引人注目。国别风险成为银行经营管理的一个重要内容。银行应该将国别风险当作集团客户予以重视。每一笔贷款的情况都要记录在案，定期评估其风险。同时，同业纪录要相互参考，确保国别风险始终保持在可控的范围内。

了解才能趋利避害。了解你的客户，是信用发生的基本前提。客户包括自然人、法人，也包括外国政府。主权债务，客户是外国政府、政权。由于空间距离、语言障碍、制度差别、文化差异等诸多因素，规避风险的难度更大。因此，银行在主权信用业务上，要更认真、更谨慎，下更大的功夫去规避风险。

银行要关心国际政治。做银行不是搞国际政治，但是不懂国际政治绝对做不好银行。政者，正也。国际风云变幻，政局动荡，政权更迭，废债、赖债，时有发生。银行并不参与政策，但国际政治对银行信贷资产安全构成威胁，所以不能不关心政治。

结算货币的选择与国民财富的转移。如果贸易双方各自的货币或者双方共同选择的结算货币的价值不变、价格（汇率等）稳定，那么，双方的国民财富都不用担心货币价值变化、价格波动而发生不公平转移。因此，选择什么货币作为结算工具完全无所谓。如果其中一方货币价值变化、价格波动，例如，因为滥发而发生贬值。那么，选择其货币结算，意味着对方国家利益损失，意味着对方外汇储备贬值和国民财富转出。如果结算和储备选择的是第三方货币，例如，美元。那么这个货币一旦滥发贬值，贸易双方的国民财富都会遭受损失。美国政府视美元霸权、美元世界货币地位，国际结算和各国央行储备地位神圣不可侵犯，原因即在此。利益太深，手段最隐蔽，掠夺最容易。

国际债务危机化解。

（一）国际债务危机化解的方法有很多种。外债转内债，银行和进口商联手，主动加大进口，以物抵贷是最实在的，也最受债务国欢迎。与此同时，进口国人们的生活水平、财富积累水平，都会大大地提升。

（二）国际金融组织援助，债权国减、免、延，都是有效的方法。但对国际信用秩序的破坏和契约精神的伤害难以估量。关键还是"还"。不过，还的方式方法可以灵活。不一定非要采取货币形式不可。房子抵债，土地、山林、岛屿出租等也可以。

（三）在国际债务市场上，无赖是存在的，因此强力是必要的。商战也是战。强力存在的目的，并非掠夺和侵害他国，而是维护自己的合法权益，维护公平正义。

（四）国际债务危机大多源于消费性债务，源于政府财政赤字。因此，债权银行或者债权国新增贷款要注意用途把控，即，新增贷款只能用于生产性、建设性项目。消除国际债务危机的根本办法，还是提振债务国经济，提高偿付能力。坐吃山空，危机是不可避免的。

（五）债权银行的责任不可推卸。双方国家领导人见证国际信贷投资活动签字仪式，是对合作本身的认可和期许，不是项目评审，不是担保，不是贷后管理。出现不良，债权银行自身负有不可推卸的责任，切不可本末倒置。

（六）仅从财政收支角度，寻求债务危机化解方案是不够的。财政收支表实际上是政府的现金流量表，是远不完整的资产负债表。化解国际债务危机，要盯钱，更要盯物，盯资源，盯土地等。

国际业务风险管控。

（一）全面梳理。动态监测国际业务违约客户及实际控制人信息，避免再次上当受骗；对客户进行精准分类和管控，总结归纳其特点，惩恶扬善，维护社会信用。

（二）违约客户信息管理做到四个全覆盖，即时间全覆盖、客户全覆盖、事项全覆盖、属性全覆盖，是违约客户管理的有益探索，是全面系统思维在客户管理领域的体现。三大违约客户类型，即借款人、保证人和实际控制人；两大违约事项，即重大与一般；形成 3+2 国际业务违约客户划分模式，是很好的创新。

（三）借款人"无力"还款，一般是假象。真实的情况往往是欺诈、洗钱、转移资产等。

（四）同业信息不能共享，关门办银行，以至于骗子骗完东家骗西家。这一点必须克服，同业信息要共享，尤其是违约客户信息要同业内部通报。同业竞争是一方面，同业团结、维护合法权益，是绝对需要的。

（五）违约发生后，银行不仅要借助司法系统予以追讨，也要借助新闻媒体对骗子、老赖予以曝光，让他们成为"过街老鼠"，人人喊打，全世界喊打。

（六）国际业务风险表面上看是国别风险、信贷风险，实际上是人文风险、国民风险、营商环境风险。

（七）实践证明，借款人是私人企业，实际控制人与自然人合一，注册地在免税岛或不发达地，信息残缺，信用结构难落实，项目天花乱坠……风险较大，十分危险。

第三节　外汇经营

提要：外汇是贸易顺差的货币现象。称王称霸的只有那么少数几种。国际储备，无非是拥有强国货币的余额而已。滥印，成为世界腐败政权、落后政权、流氓政权的惯用伎俩。外债内转，以物抵贷。世界货币必须是自由外汇。

外汇的实质。理论上，外汇是外国的货币。实际上，外汇是发达国家的货币，如美元、欧元、日元等。外汇是贸易顺差的货币现象。顺差越大，外汇越多，储备越足。如果外汇用于进口或者卖给任何一个进口商、消费者而不是本币发行人，那么外汇不会给任何人造成伤害和实际性损失。如果本币发行人通过强制手段收购出口商的外汇并据为己有，那么，外汇和外汇储备实际上是通货膨胀的结果。

外汇敞口风险。银行有人民币资产，也有美元等外币资产。由于年终决算一律用人民币结算，因此汇率变动会形成外币资产的浮盈或浮亏，这就是所谓外汇风险敞口。处置外汇风险敞口的基本方法是，削减即卖掉外汇资产。然而，这是一种简单的方法。最好的办法是，根据汇率走势买卖外汇，做多或做空，获取资本利得。当然，这要水平。所以，简单地削减，可以说是忠厚老实的表现，也可以说是无能和懒惰的表现。

汇率是货币的相对身价。世界上有各种各样的货币，就像森林里有各种各样的动物，但是，称王称霸的只有那么少数几种。成为世界货币、国际支付手段、国际储备货币、所有货币的标杆，是货币的最高境界和追求目标，是所有货币的梦想。当然，大多数货币注定成不了这样的货币，尽管它们像封建时代一样有自己的领地。然而，一旦走出国门或者进入货币市场，它的身价及其与其他货币的比价立即由充当世界货币的货币度量、标示和确立了，这个身价和比价即汇率。汇率随行就市，既是国家信用、经济实力和对外贸易状况的综合反映，也是国际货币投机势力影响的结果，还是国家之间争夺贸易优势和经济利益的工具。所以汇率同利率一样，既要看到基本面的必然性影响，也要看到人为因素偶然性影响。

国际收支平衡应该成为一种追求。平衡，是事物的正常状态；失衡是事物的非常状态。商品与货币平衡，财政收入与支出平衡，国际收支平衡（中国国际收支平衡表附后），俗谓经济三大平衡。它们各自不同，但又互相影响。国际收支不平衡，不仅影响国内经济，也影响世界经济，加剧贸易摩擦，妨碍贸易的可持续性。所以，损人不利己，要不得。

附：2020 年一季度中国国际收支平衡表（概览表）

项目	行次	亿元	亿美元	亿 SDR
1.经常账户	1	−2352	−337	−250
贷方	2	38797	5559	4128
借方	3	−41148	−5896	−4379
1.A 货物和服务	4	−1671	−239	−178
贷方	5	36312	5203	3864
借方	6	−37983	−5442	−4042
1.A.a 货物	7	1612	231	172
贷方	8	32513	4659	3460
借方	9	−30901	−4428	−3288
1.A.b 服务	10	−3283	−470	−349

续表

项目	行次	亿元	亿美元	亿 SDR
贷方	11	3799	544	404
借方	12	−7082	−1015	−754
1.B 初次收入	13	−791	−113	−84
贷方	14	1845	264	196
借方	15	−2636	−378	−281
1.C 二次收入	16	111	16	12
贷方	17	640	92	68
借方	18	−529	−76	−56
2. 资本和金融账户	19	774	111	82
2.1 资本账户	20	−6	−1	−1
贷方	21	1	0	0
借方	22	−8	−1	−1
2.2 金融账户	23	781	112	83
资产	24	−3574	−512	−380
负债	25	4355	624	463
2.2.1 非储备性质的金融账户	26	−968	−139	−103
2.2.1.1 直接投资	27	1138	163	121
资产	28	−1257	−180	−134
负债	29	2394	343	255
2.2.1.2 证券投资	30	−3712	−532	−395
资产	31	−3595	−515	−383
负债	32	−117	−17	−12
2.2.1.3 金融衍生工具	33	−324	−46	−35
资产	34	−245	−35	−26
负债	35	−79	−11	−8
2.2.1.4 其他投资	36	1931	277	205

续表

项目	行次	亿元	亿美元	亿 SDR
资产	37	−226	−32	−24
负债	38	2157	309	230
2.2.2 储备资产	39	1749	251	186
3.净误差与遗漏	40	1577	226	168

数据来源：国家外汇管理局网站（http://www.safe.gov.cn/safe/2020/0624/16496.html）。

在资本主义社会，司法通常以公平公正的名义参与利益斗争。在涉及国际资本竞争方面，它们会毫不犹豫为本国资本服务，毫不犹豫打击和肢解对手。公平公正徒有其名，罚款无异于敲诈与勒索。

国际贸易和国际收支，既相互联系，又彼此区别。收支范围比贸易范围广。与贸易对应的收支现象，是贸易活动在银行清算结算系统里的反应。二者完全一致，说明国际信用体系极为健全、可靠。事实上，二者经常不一致。发达经济体不仅输出商品，贸易上出现顺差；而且同时输出资本，导致国际收支方面出现逆差。这使曾经通过输出商品开拓国际市场，消除国内经济危机的办法，变得越来越没有作用。穷国变成了债务奴隶，富国成了金融寡头，成了资本帝国。地区不平衡更加严重，世界总是动荡不安。

国际储备并非越多越好。世界大同之前，世界货币是由强国货币代行的。因此所谓国际储备，无非是拥有强国货币的余额而已。人们把货币发行同主权搅在一起，不愿意放弃自己的货币，无非是不愿意放弃巨大的铸币税，不愿意放弃通胀这种隐形的财富攫取方式而已。国际储备并不是越多越好，特别是通过货币当局发钞积聚积累起来的储备，其行为无异于对外输送国家和人民利益：首先是本币通胀，形成国际储备；然后是强国通胀，储备货币缩水，被迫对外输送国家和人民利益。所以，储备货币不如储备物质，顺差不如国际收支基本平衡。

资本自由流动，是世界经济大势所趋。一种货币要成为国际支付手段，成为国际货币和储备，以资本的形式自由进出是绝对必要的必需的。管制，弊大于利。至于哪些领域和项目能够进入，可以依法办理。但资本自由流动本身，不能人为设置障碍。外汇管制意味着开放的局限性。

国家风险的防范。贷款可以分为商业贷款和主权贷款。商业贷款存在市场风险，主权贷款存在国家风险。政权不稳、战乱、贫困、制裁等，都可能成为风险之源。防控国家风险要有办法，除了依靠政治、军事、外交等力量外，银行自身也要心中有数，未雨绸缪，主动作为。比如，外债内转，以物抵贷，将债务卖给国内进口商，等等。

国际货币体系的本质。矛盾普遍存在，矛盾分主要矛盾和次要矛盾，矛盾的主要方面和次要方面。每一种货币都在自己的领地被赋予了崇高的法定地位。但是，一旦相互见面，一旦上了世界舞台，它们的角色和地位就发生了变化，有主次之分，有轻重之别。谁主导，谁从属；谁是神，谁是形；谁是尺子，谁是衣服，一清二楚。国际货币体系是国际经济活动计价货币和结算货币、储备货币产生、认可、使用、评估，再选择循序渐进的结果。

区域货币产生的意义。区域货币介于国家货币和世界货币之间，如，欧元，是多国共同拥有的货币。区域货币产生意义非凡：一是货币发行和主权是可以分离的。把货币发行权视为主权的一部分，已变得陈旧、站不住脚。二是世界货币由强国货币代行可以结束了。世界央行产生的可能性完全存在。而且，对世界其他国家更公正，贸易和投资更方便。三是区域货币的产生，是以政治联盟、军事同盟等为前提的。欧元生于欧盟、北约之后。

货币国际化是成为世界货币的前奏和序曲。成为世界货币是所有国家货币的梦想和追求。货币国际化是对货币成为世界货币过程的描述，二者的区别是明显的。货币互换等，属小打小闹，充其量算记账外汇，而世界货币必须是自由外汇。成为世界货币，不仅取决于国家综合实力、政权稳定性、贸易对手数量和贸易金额、币值的稳定性、清算系统的效率和可靠性……更取决于发钞国的自信心和开放度：货币要完全可兑换，没有自作聪明的外汇管制，作为资本的货币进出自由，金融市场包括登记结算系统彻底开放、高度发达。

外汇管制要逐步放开。一般来说，外汇管制有三个目的，一是平衡国际收支，二是稳定本国货币对外汇率，三是保护国内市场、促进经济发展。逆差国以第一目的为主，贫弱乱国以第二目的为主，产业竞争力差国以第三个目的为主。一个国家长期顺差，经济总量又位居前列，产业竞争力也比较强了，仍固守外汇管制，是错误的、不明智的。

第十章
风险控制

关键词：银行监管　制度建设　合规审计　风险化解

第一节　银行监管

提要：君子爱财，取之有道。一间伟大的银行，必须是守规矩的银行。好银行静悄悄，不折腾，循规蹈矩，感受不到监管和司法的存在。合规成本在与日俱增。银行大部分不良资产形成，源于客户贿赂。超额储备是不必要的。政策性金融能体现集中财力办大事的制度优势。《民法典》对银行业务影响深远。

国际银行监管要对等，要保护本国银行。国际银行监管标准不统一，处罚依据五花八门，甚至"欲加之罪何患无辞"，那么，相对弱势的国家的银行要吃大亏。

厘清监管权与银行经营自主权。如果银行监管部门陷入银行具体业务，一方面，束缚了银行的手脚；另一方面，因为越位错位，丢了自己的主责主业。

防止行业垄断。商业银行牌照放开，即只要满足法定条件，监管机构必须批准申请人设立申请。否则，必然形成行业垄断和行业垄断利润。

银行反洗钱义务是外加的。自从有了反洗钱规定的义务，货币就有了味道。银行像一条条警犬，要嗅出货币的各种异味来！

政策性银行监管的特殊性。政策性金融能体现集中财力办大事的制度优势，而商业性金融必须遵循集中度监管要求，不能把鸡蛋放在一个篮子里。监管标准要按照金融活动的性质不同而有所区别。

政策性银行的业务分类。由于政策（权责）不同，银行业务要进行分类。例如政策性业务，由政令发出单位负责风控，偿付贷款或者弥补损失，而与之相对的业务即自营业务或商业性业务，决策权和风险控制责任都由放款银行自己拥有和负责。有些业务，可能是共商、共议的结果，其偿付责任，由参与方共同负责。再如，因为监管要求不同，银行业务亦须进行分类。分类既体现政策，也体现银行原理。

守规矩，守"好"规矩。监管当局在日常监管中，会发现银行存在某些违规违法问题并作出处罚。银行收到处罚决定书后，应该反思、自查、整改，明确牵头领导、部门和整改时限。一间伟大的银行，必须是守规矩的银行，尽管个别规矩未必科学合理。

监管本身要规矩。由于监管居高临下，拥有规则制定权和违规处罚权，所以，监管越位是可能的、经常的。监管人员必须依法依规，自省自律，公正客观，不能掺杂一点私心。

银行拥有大量的信息，但绝不能轻易变成情报机构。 如果银行在人民的心目中没有安全感，货币就会变为个人的贮藏手段进入休眠状态，或转变为实物财产，或转移到境外。反洗钱是必要的，但不能被滥用。

银行经营和银行监管是一对矛盾。 化解这对矛盾，既难又不难。如果双方都能实事求是，秉公办事，毫无私心，再难也不难。否则，不难也难。监管部门要多一些理解，而银行要多一些尊重。

寻租与腐败。 当巨额公共资源，包括金融资源，掌控在官员手中，同时，社会公共部门和私人部门同时存在，以权谋私、权钱交易式的寻租与腐败土壤就有了。如果不能自律或依法惩治，寻租与腐败的可能性就会变成事实。

西方监管理念与中国实际相结合。 实事求是，一切从实际出发，是马克思主义的精髓，也是最科学的思想方法。食古不化或食洋不化，分别从时间上、空间上违背了这一条。犯了形而上学的错误。是教条主义、主观主义的表现之一。比如，用西方的监管理念和制度来约束中国的银行，忘记了中国的监管部门和大银行都是在中国共产党的领导下及国有控股的基本事实，二者并不是猫和鼠的关系。

银行经营依法合规当然重要，但如果有人既不讲规矩也不讲法律，蓄意敲诈，那么，规矩和法律就成了摆设，甚至变成敲诈的工具。 法国人弗雷德里克·比耶鲁齐写的《美国陷阱》一书，深刻揭示了美国如何通过非经济手段瓦解他国商业巨头。书中说，十几年来，美国在反腐败的伪装下，成功地瓦解了欧洲许多大型跨国公司，特别是法国的跨国公司。美国司法部追诉这些跨国公司的高管，甚至会把他们送进监狱，强迫他们认罪，从而迫使他们的公司向美国支付巨额罚款。不过，看完这本书，必须承认，法国公司通过中间人行贿中标是铁定事实。如果美国人不管，国际商业竞争又谈何公平呢？

美国《反海外腐败法》的震慑作用。在美国，只要有一笔金钱交易违法，美国司法部就会认定同样存在洗钱行为。将黑钱洗白即密谋洗钱罪要判处 20 年监禁，而考虑到已被证实的钱款总额，监禁的年数还有再乘以 5。按照《美国陷阱》作者的说法，美国的《反海外腐败法》就是这样"荒唐"。实际上，这些看上去过分的规定，具有极强的震慑，就是说，任何人都不敢做违法金钱交易，因为代价大得难以承受。中国古人说，乱世当用重典。反过来说，只有重典，才能确保世界公平。

"长臂管辖"与应对之道。"任何损害我们经济的个人、公司都会受到法律的制裁。"美国司法部长埃里克·霍尔德用这一句话做了总结。而且，他们的目标不仅仅是工业公司，21 世纪第一个 10 年的中期，特别是次贷危机以来，美国政府打击了一个又一个违犯禁运令的金融机构。2014 年初，法国巴黎银行掉进了陷阱。它被美国司法部起诉的理由是它与美国的敌对国家（包括伊朗、古巴、苏丹、利比亚）达成了"以美元计价的交易"。银行不得不很快解雇并处罚了 30 多名高级管理人员，并同意支付 89 亿美元的巨额罚款。《美国陷阱》的作者这样写到。作者继续说："我始终没有搞明白，为什么法国政府没有坚决反对美国的敲诈勒索。它到底害怕什么？我们的企业将被掠夺到什么程度？我们甘心被另外一个国家这样操纵？我无法理解为什么我们表现得像个心甘情愿的受害者。"随着中国经济的发展，对外经济合作、交易的增加，国际市场和竞争深度参与，美国的"长臂"必然伸到中国，法国人的感受和委屈必然变成中国人中国企业同样的感受和委屈。美国人的甜头就是其对手的苦头。一定要有思想准备和应对方案。

从商包括做银行，要始终牢记一点，君子爱财，取之有道。绝不能为实现某个目的，干行贿之类的违法勾当，否则，必然掉入"美国陷阱"难以自拔。美国《反海外腐败法》始于 1977 年，初衷无可非议。1998 年扩大到美国公司的外国对手，也没有什么不妥，毕竟腐败（主要是行贿）影响公平竞争，总得有人管。但以后变成美国对外经济战、掠夺对手财富的神器，或者说，损人利己、敲诈勒索的工具，性质即变了，初衷也改了，国际营商环境因为相互报复而越来越凶险了！正像美国人自己说的，立法"以保护美国利益并促进国际商业中充分且自由的竞争"。显然，前者是实，后者是名。

银行大部分不良资产形成，源于客户贿赂。世界银行等机构十分清楚，贿赂不仅导致竞争的不公平、豆腐渣工程，而且造成银行资产风险隐患。有鉴于此，世界银行等机构建立了腐败企业黑名单，让腐败企业忌惮，让守法银行警惕！美国法律规定，涉嫌企业或项目 5 年内不能获得贷款等财务支持。可见，对于反腐败，银行是可以作为的，于己于社会也都有利。可惜，反腐败对某些人、某些国家来说，反别人可以，反自己不行。腐败安在别人头上可以，安在自己头上不行，因为自己并不觉得自己腐败。

超额储备是不必要的。它包括现金类头寸，30 天内到期资产和 30 天以上可变现资产。一般来说，现金类资产占比非常低，以开行为例，不到 10%。但是，超额储备是不必要的。这部分资产，法律上不必要，经济效益上太低，所以，应保持零状态。

　　监管当局对银行流动性管理有必要。他们管理指标主要有三个，一个是流动性比例（LR），一般要求 25%以上。第二个是流动性覆盖率（LCR）。第三个是流动性匹配率（LMR）。后两个指标都要求达到100%，对不对？原则上是对的。但金融市场的发达程度和市场主体的信用高度对流动性管理有很大的影响。此外，一些突发性的，临时性的事件，对于流动性管理影响也很大。不能机械地去理解和执行这些指标。

　　检察官国际反腐并没有错。问题是，检察机构参与国际商业竞争，损人利己，讹诈对手，以国家力量帮助本国企业实现商业目的，即变形走样了，同时，为其他国家报复提供了令人同情的借口，开国际商业竞争之恶例。这些年，银行动辄得咎，而指控的"罪名"近乎荒唐，罚金无异于敲诈。这种假正义之名，行为富不仁之实，只能给世界添乱。

　　道德面前是平等的。企业道德规范，包括银行道德规范，要不要？回答是肯定的。但是，这些规范绝大多数话语权都被美国的企业把持着，无论是审计事务所，还是律师事务所，抑或是经济情报组织，几乎所有这类企业都属于亚格鲁－撒克逊模式。国际上一些著名的非美国本土的企业，都被美国联邦调查局秘密调查过，而他们却浑然不知（《美国陷阱》）。这是值得深刻反思的，必须研究"以其人之道还治其人之身"的方式方法。

　　正义是制裁与罚款的前提。做个阴谋论者，固然不对。但是，说世界上不存在阴谋，那也是不对的。正大光明与阴谋诡计同时存在。人们不能不注意，银行也不能不注意。法国前总统密特朗说过，"这是一场持久的、至关重要的战争，一场经济战，一场表面上没有伤亡，却生死攸关的战争。"21 世纪头十几年，美国仅对欧洲的银行即处以数以百亿美元的罚款。而罚款的理由仅仅是，这些银行违反了美国对某些国家的经济制裁令，为有关国家的企业提供了清算结算服务！

探索中国金融机构管理方式方法和观念理念。中草药里黄芪、板蓝根、大青叶、贯众、蟛蜞菊以及甘草和大蒜提取物，都有抑制病毒的作用，对肠道病毒、呼吸道病毒、虫媒病毒、肝炎病毒感染有一定的防治作用，可惜，作用机理还在研究中。数千年中华民族健康史和屠呦呦团队的成功，证明中医是大有作为的。上面提到的具有抑制病毒作用的中草药，一定含有某种病毒的克星。如果能找到并提取出来，中国人、中医对世界病毒防治，一定能作出新的大的贡献。同样，在中国历史上，中国区域内，实践证明行之有效的银行和其他金融机构管理方式方法和观念理念，要发扬光大，而不是自暴自弃。

在监管准则下自主经营。"你自由的程度 / 等于线的长度"（海子：《纸鸢》）。岂止是纸鸢，银行何尝不是？银行的自由，或者说，银行的经营自主权，也不是放任的。监管准则、法律规定等，就是线。自由也好，自主也好，都是有限的。

银行监管与自由是一对矛盾。对银行实施严格的监管，与让银行自主经营自由竞争，是一对矛盾。如果监管源于市场公平、公开、公正的需要，源于存款人和投资人合法利益保护的需要，是完全可以的。如果自主经营和自由竞争源于市场效率提高的需要，源于同业服务水平改善的需要，源于消费者福利增进的需要，也是完全可以的。因此，只要法律规定清晰，双方又循规蹈矩，井水不犯河水，矛盾一定可以化解。

合规成本。为了满足监管当局提出的各种合规要求，银行要花不少钱。到底多少，要计算。计算结果可以判断监管是否过度，银行内部何处需要完善和改进，合规成本比重是上升还是在下降，哪些开支可以节约下来，等等。合规部门工作业绩可更好地量化，与经营主业的联系更加密切。

合规成本与过度监管成正比。银行需要监管，但监管必须适度。过度监管，会导致银行合规成本大大提高。1991 年，美国银行家协会做过一次调查，该年度美国银行业为满足联邦和州的银行法规要求而付出的成本，大约相当于全行业利润的 60％。中国银行业的合规成本有多高，目前还没有人计算，但可以肯定，随着监管不断强化、细化和过度化，合规成本在与日俱增。

离岸金融活动需要国际监管合作。金融为经济活动服务。跨国投资与贸易活动必然产生跨国金融活动，乃至在岸与离岸金融行为。但是，如果把离岸金融中心当作避税天堂、洗钱中心和其他违法犯罪场所，那么离岸金融的性质就变了。马蒂斯·列文在《欧洲离岸金融中心前景》中讲得特别好："离岸金融中心的相关问题如此的复杂，以至于个别国家的单边或双边行为近乎毫无意义，一个单独的国家不能在一个经济一体化的世界中控制它的税收基础，一个单独的国家不能解决洗钱问题，这是一个全球现象，且需要全球合作行动来解决，一个单独的国家不能增加金融系统的稳定性，如果其他国家继续危害这一环境的话。"

自律与监管并重。银行业要稳健，一靠自律，二靠监管。自律是内在力量，监管是外部因素。内因是根据，外因是条件。以英国为例，第一个银行业法，1979 年才被执行，此前，伦敦很大程度上是靠"信任"和市场参与者的"正直"来进行业务操作，并且行之有效。

以预防为主。好银行静悄悄，不折腾，循规蹈矩，感受不到监管和司法的存在。有问题不慌，抓早抓小，抓细抓实，防微杜渐。《鹖冠子·卷下·世贤第十六》载，魏王问扁鹊："子昆弟三人其孰最善为医？"扁鹊说："长兄最善，中兄次之，扁鹊最为下。"魏曰："可得闻邪？"扁鹊说："长兄于病视神，未有形而除之，故名不出于家。中兄治病，其在毫毛，故名不出于闾。若扁鹊者，镵血脉，投毒药，副肌肤，闲而名出闻于诸侯。"好银行如长兄于病视神，未有形而除之。早发现，早处理，见微知著，防患于未然。

过度与不足都不可取。银行监管是必要的，但只有适度才有意义。"过度监管（不管它意味着什么）与监管不力是一样的糟糕。"（希尔顿·麦卡恩：《离岸金融》）官僚主义，法令滋彰，瞎指挥，劳民伤财的形式主义，肆无忌惮侵害银行经营自主权……都是过度的表现。过度监管，其害甚于监管不力。

监管与自主界限要清楚。监管与自主，监管当局与银行之间的界线应该清晰地划分，明确地规定。理论上，这是可以做到的，就像警察与居民泾渭分明一样。警察缺位，居民没有安全感。警察越位，居民没有自由权。银行监管当局，即银行同业市场警察，越位和缺位都不好。该管的不管，不该管的乱管，会造成权责混乱。有些纯属于银行经营范围的事，监管当局不宜介入。介入后出了风险，谁负责？所以，两者的关系法律上政策上要清晰明确。银行要尊重监管和法规的权威，监管要尊重银行的经营自主权。谁都要按规矩办事。所谓规矩，即体现共同意志和公共利益的一些规定。监管的重点是查处违法违规行为，而银行要养成循规蹈矩的习惯。

《民法典》与银行业务。

（一）《民法典》确定的四原则，即平等、自愿、公平、诚信，极其重要，对银行来说，诚信尤其重要。《民法典》共计 1260 条，可以说四原则贯穿始终。

（二）《民法典》第五十六条规定：个体工商户的债务，个人经营的，以个人财产承担；家庭经营的，以家庭财产承担；无法区分的，以家庭财产承担。因此，银行在做个人或家庭贷款业务时，查看、管控个人财产或家庭财产登记证书及价值评估报告，非常关键。《民法典》第六十二条规定：法定代表人因执行职务造成他人损害的，由法人承担民事责任。法人承担民事责任后，依照法律或者法人章程的规定，可以向有过错的法定代表人追偿。从实践经验看，银行追讨不良资产时，法人承担责任。但被法定代表等少数人控制的法人，是否会向法定代表人追偿，很不确定。事实证明，几乎不可能。公司资不抵债、信用破产，个人逍遥法外、奢侈淫逸者，比比皆是。好在《民法典》第八十三条规定很清楚：（营利法人出资人）逃避债务，严重损害法人债权人的利益的，应当对法人债务承担连带责任。《民法典》第六十七条规定，法人分立的，其权利和义务由分立后的法人享有连带债权，承担连带债务。这一规定，有效防止了某些老赖金蝉脱壳式赖债法。他们一家公司欠一屁股银行贷款，却在另一个公司拥有巨额股权，化贷款为收入，化债务为股权，化公款为私财。

（三）银行对私或对公业务，都需要获取自然人个人信息，即征信。《民法典》第一百一十一条规定：自然人的个人信息受法律保护。任何组织或者个人需要获取他人个人信息的，应当依法取得并确保信息安全，不得非法收集、使用、加工、传输他人个人信息，不得非法买卖、提供或者公开他人个人信息。显而易见，"任何组织"包括银行在内。银行既要了解客户，又要依法征信，认清边界，不越边界。

（四）《民法典》讲的财产权利，包括物权、债权、知识产权、股权和其他投资权利等。正确理解和运用财产权利，对银行业务特别是管理和处置贷款、质押抵押物，极其重要。

（五）诉讼时效规定，对银行资产保全，依法追收，影响巨大。《民法典》第一百八十八条："自权利受到损害之日起超过二十年的，人民法院不予保护，有特殊情况的，人民法院可以根据权利人的申请决定延长。"一方面，银行有关债权主张，要及时统计、更新，防止失效；另一方面，要用好例外条款，例如，法院不得主动适用诉讼时效规定，义务人愿意偿还的不得以时效抗辩，不动产物权和登记的动产物权的权利人请求返回财产等，尽可能保护银行权益或减少银行的损失。

（六）银行贷款 90% 有抵押质押，按照《民法典》第二百零九条规定："经依法登记，发生效力；未经登记，不发生效力"。可见，质押抵押是否有效，登记很重要。但根据第二百一十五条规定："未办理物权登记的，不影响合同效力。"未办登记并非失信毁约的原因，也不妨碍债权追收，但的确影响银行处置不良的主动权和止损。因此，也是有责任的。

（七）建设用地使用权抵押，在银行看来，是比较可靠的。事实上，按《民法典》第三百五十三条、第三百五十四条、第三百五十五条、第三百五十八条规定，除了需要做变更登记以外，使用权剩余的期限也是非常重要的，银行不能不关注这一点，尽管期满征用也有补偿和出让金退还。

（八）《民法典》第四分编"担保物权"对银行业务具有特别重要的指导意义和规范价值。为了确保银行信贷资产安全和不良资产处置主动权，银行要准确理解和运用好这一分编的规定。

（九）《民法典》第三编"合同"，对于银行贷款合同拟订、执行，至关重要。在大多数情况下，银行是以债权人的身份出现的，因此，关于债权人的权利和义务的条款尤其要注意。

（十）《民法典》第六百六十七条和第六百八十条规定了借款合同。强调借款人必须向贷款人提供真实情况，提供有关财务会计报表或者其他资料；对借款用途、利息支付、提前还款或展期等，做了明确规定。同时也对贷款人高利贷、预扣利息、未按约定日放款等行为作了禁止性或惩罚性规定。银行业对这些条款尤其要做到耳熟能详、运用自如。

（十一）保证合同、融资租赁合同、保理合同、保管合作等章节条款，对银行贷款安全保证、融资租赁业务开展、应收账款管理和保管箱业务有直接影响。

（十二）《民法典》第一千零二十九条、第一千零三十条关于个人征信，第一千零三十二条、第一千零三十九条关于隐私权和个人信息保护，对银行征信行为和客户信息保护，具有重要的指导意义和规范价值。

第二节　制度建设

提要：银行是靠制度管理和运行的。做银行，最要紧的是讲规矩。银行制度没有最好，只有更好。银行制度既是鞭子，也是绳子。限薪，应该针对各层次。千标准，万准则，欠债还钱第一条。

做银行，最要紧的是讲规矩。没有规矩，定规矩；有了规矩，守规矩。规矩好，银行好；规矩严，银行稳。而修订规矩的最好的办法是解剖案例。深入解剖，发现问题的症结，对症下药，制度就可以不断完善。没有"天不变、道亦不变"之说，只有与时俱进的道理。银行制度没有最好，只有更好。也没有放之四海而皆准的银行制度，只有实事求是、符合自身发展的道路。履不必同，期于适足。总行更多

的是制定规矩，组织培训，检查修正。分行更多的是执行、操作和
反馈。

　　规矩是银行经营工作的生命。规矩可以随意破坏，意味着银行
的生命受到挑战，绝不允许。不合理的规矩可以修改，但是，未修改
之前，它必须不折不扣地执行。骗子都善于拉大旗做虎皮。作为白领
阶层，银行的职员很容易被他们恫吓、迷惑、忽悠，上他们的当，吃
他们的亏，甚至掉进他们的陷阱。只有坚持原则，按规矩办事，才不
会上他们的当，保护好自己和银行的信贷安全。

　　国际标准与准则之要义。银行业的国际标准与准则很多。中国
金融部门评估规划部际工作小组编过这方面的小册子。"文化大革命"
期间，孙冶方发表《千规律，万规律，价值规律第一条》，真是大道
至简呵。对于银行业来说，可以写一篇类似文章，那就是《千标准，
万准则，欠债还钱第一条》。

　　从坏事中找规矩。实事求是，是最好的工作作风和工作方法。
对银行来说，一件件核销案，就是一个个失败故事，一桩桩头破血流
事实。剖析案例，从中发现规律，提炼规矩，银行才能不断成熟起
来，老练起来。

　　制度包含规律。尼采讲，自由存在于最深情的必然性中。怎么
理解这句话呢？必然性即规律性。认识规律，尊重规律，驾驭规律，
是自由的本质或真正含义。银行有数百年的历史，一些规律性东西逐
渐被发现和总结出来，遵循才能得心应手，游刃有余。

　　银行制度变迁的实质是利益再平衡。银行规章制度，可谓汗牛

充栋。而其变迁，足够银行史学家研究一辈子。银行制度是银行经营管理的依据，反过来，在银行经营管理过程中，不断被修改和完善。银行制度必须与时俱进，因地制宜。否则将失去生命力和引领作用。所有银行制度的变迁，归根结底，是利益的再平衡。揭开银行制度背后的利益关系和利益矛盾，即找到了银行制度隐藏的活的灵魂，找到了银行制度千变万化的实质。

道德与规则相辅相成。道德是规则的内核和精神实质，规则是成文的道德。道德必须内化于心，规则只能外化为形。银行规则是死的、客观存在的，行员道德是活的、主观能动的。道德体现在规则的执行上，规则体现在道德的标准里。

银行制度既是鞭子，也是绳子。有利于经济发展，有利于民生，有利于银行稳健经营，制度就是鞭子，鞭策银行上下奋力作为。相反，就是绳子。乱作为的人，无法无天的事，必须捆住。改革是有选择性的，有的放，有的必须坚持。放权也是有选择性的，有的要放下去，有的必须控制在手。一个伟大的银行家，左手拿的是鞭子，右手拿的是绳子。该激励的激励，该捆住的捆住。

职责重于泰山。银行是靠制度管理和运行的。设岗定职，任职担责，谓之职责。职与责二者不可分割。履职即须尽责，尽责即是履职。规定、办法、操作手册，……皆为职责之具体化。职责重于泰山，威武不能屈，富贵不能淫，贫贱不能移。制度神圣，在制度面前人人平等，要有敬畏之心。领导交办，违规办，亦失职渎职，必须追究。

银行规章制度拟定原则。银行规章制度拟定，要坚持四项原则，一是与上位法一致，避免矛盾；二是与行内已有规章制度一致，确保内部规定没有矛盾；三是参考同业好的做法，择善而从；四是有针对性，查漏补缺，不断完善。

制度是用来执行的。一要上行下效。银行制度是行业制度，要与国家宪法、公司法、银行法等上位法基本精神和规定保持高度一致。二要左右协同。制度之间不能互相打架。三要实事求是与时俱进。没有一劳永逸的制度，要根据实际情况，不断修改和完善制度，让制度永葆青春！四要身体力行。制度不能成为摆设，成为稻草人。制度的生命力在于执行。执行制度既不能层层加码，也不能层层打折扣。制度的可行性在于具体和可操作，制度的持续性在于效果。

薪酬制度不能违反常理。历史上，因为分配制度不合理导致社会动乱和民众不满的教训十分惨痛。当今世界，或按资分配，或按劳分配，两者的共同性在于分配依据即资本和劳动本质上都是劳动，只不过一个是过去的凝固的劳动，一个是新的活的劳动。所以，不管分配形式如何，薪酬高低都体现劳动多少、贡献大小、责任轻重。国有企业包括国有银行限薪规定有一定合理性，但仅仅针对高管几个人就不对的。限薪，应该针对各层次。否则，职位低的，责任轻的，贡献小的，劳动少的，薪酬反而高。这样违反常理，荒唐之至。既不利于领导权威树立，也不利于群众向善向上，人为造成方向迷失，荣誉颠倒，地位反常，思想混乱。

行长办公会第一议题制度。行长办公会第一议题制度核心在于落实"党管金融"要求。银行要自觉把贯彻落实党中央决策部署作为主责主业和目标任务。切实引导银行员工，坚守定位，勤勉尽责。经营管理层要通过行长办公会第一议题制度找方向、定目标、划重点，形成银行当期信贷政策或指导意见，清单化、项目化、责任化，抓紧抓细抓实。

经营计划双月调度会。即每两个月一次分析研究各分支机构落实总行党委、董事会部署的重点工作情况及年度经营计划执行情况，横向比较各分支机构指标任务完成进度，通过业务结构性分析及时纠偏，统筹调度规模资源，研究部署下两个月工作，增强业务经营计划性、有效性、延续性。

制度评估会。即重点关注国家政策法规出台修订情况，做好银行制度体系与国家政策法规衔接，及时开展相关宣传培训，指导银行依法合规开展工作，确保银行制度说得清、行得通、真管用。集思广益，交流研讨，查找制度空白、漏洞、短板、错误，及时组织修订补充完善，提高法治化水平。

集团客户联络人制度。以客户为中心。通过集团客户联络人制度，把维护客户关系工作落细落实落到位。每个集团客户至少明确三名联络人，负责及时了解客户情况和业务需求，主动宣介银行政策动态和经营管理情况，挖掘合作机会。联络人要提高现场工作频次和深度，定期登门拜访，把项目开发储备、信贷管理、尽职调查向客户现场延伸，增进双方互信，防范信用风险。同时，管好、带好联络人队伍，建立考评奖惩机制。

信贷业务禁入名录。吃一堑，长一智。全面梳理总结银行重大风险和不良项目，记录失信失范和给银行造成严重负面影响的贷款客户及其关联方关系人，纪录违法违令的企业和人员名单，形成银行信贷业务风险客户"黑名单"，明确禁入措施，合理设置禁入时限，实行动态监测调整，提高授信审批和授权管理的针对性。

可靠客户名录。不让老实人吃亏、不让投机钻营者得利，这是客户管理原则。忠诚度高、贡献度大的优质可靠客户，要全面梳理。口碑好、合作顺、行业地位和专业能力突出的客户，要了如指掌并放宽信贷条件、扩大授信额度、简化信贷手续、优化贷款服务、降低沟通成本。

重点案例分析制度。解剖麻雀，举一反三。从具体案例中，发现一般规律；从具体项目中，找寻管理漏洞，不断提升管理水平。全面排查银行各类风险项目和高危客户，深入剖析重大风险项目给银行造成巨大损失案例，总结反思，形成案例并在银行内部发布，做好员工案例教学工作，组织员工反复研讨，教育员工遵守党纪国法，坚守职业道德底线，遵循职业规范，廉洁服务。针对案例分析中发现的管理漏洞，及时修订完善相关制度。

重大信贷政策发布会制度。隔行如隔山。银行要及时、主动向优质客户、重点客户和媒体宣传解读银行重大信贷政策和信贷制度。要加强银行政策宣介，塑造银行形象，提高银行声誉，对接金融市场供需双方，提高金融资源配置效率，精准服务实体经济，实现银行企业合作共赢。

国际前沿金融理论和实践研讨制度。知行合一，激发银行员工和专业部门学术潜力，调动全行研究积极性，组织开展国际金融前沿理论和实践研讨，深入研究国际前沿问题，及时做好成果转化运用，指导推动银行制度创新建设、治理体系完善和业务高质量发展。

年底、年中财务分析会。 为人民理财、替国家算账，这是共产党银行的底色。根据财务运行、资产负债变化、预算执行进度和损益情况，统筹调度银行下一年度或下半年财务资源配置。统计分析各单位各分行财务贡献状况、财务管理绩效，形成综合排名，作为年度评价和下一年度财务资源分配的依据，始终做到心中有数，而不是心中无数，一笔糊涂账。

扎牢制度的笼子。 银行的制度，相对许多行业企业，算比较严了。但银行业的案子仍然不少，说明制度漏洞仍然不少，牛栏关猫的现象仍然存在，扎牢制度的笼子仍然必要。以贷谋私，不想、不能、不敢的体制机制还未形成。官僚主义和形式主义在制度建设上执行上还大量存在。官本位、一言堂、利益集团、帮派会严重威胁银行制度和体系的安全，使它形同虚设，只管束别人不管束自己。

好制度的标准应该是管而不死、活而不乱。 制定要科学，即实事求是，合情合理合法。执行时要严格，不能选择性执行，变通式执行。违反时要惩处，王子犯法与庶民同罪。没有规矩不成方圆，有了规矩不遵守等于没有规矩。制度和规矩是行为的准则，是衡量行为正确与否的标准。必须敬畏制度和规矩。当然，再好的制度和规矩都不完美，必须与时俱进，定期修改，止于至善。银行管理层要带头遵守制度和规矩，做遵守制度和规矩的模范与标杆。以遵守制度、规行矩步为荣；以违反制度、破坏规矩为耻。始终把制度和规矩视为自己行为的底线。

银行是最要面子的，没有比银行更要面子的机构。 因为信用是银行的生命。不要面子，没有廉耻，哪来的信用？在全面风险管理的时代，银行声誉风险，即负面评价防范和管控，亦即面子维护，极其必要和重要。银行声誉风险管理，要遵守全员性原则、一致性原则、真实性原则、前瞻性原则和及时性原则。每一个员工都是他所在银行的声誉和形象。一点负面评价都没有，是很难做到的。有了负面评价，不及时处置，可谓不可救药。善于处理负面评价的人，即善于将负面影响尽可能减少，消除，甚至转变为正面。

开创具有中国特色的开发性金融财务制度。开发银行负债来源和贷款管理，与商业银行不完全相同。不能生搬照抄商业银行做法，迷信"巴塞尔协议"等针对商业银行的国际金融监管要求。要努力建设既符合国际开发性金融机构惯例，又符合中国具体情况的财务报表和分析制度，找准自身定位，广泛调研借鉴国际开发性金融机构财务报表和财务分析制度原理，开创具有中国特色的开发性金融财务制度，掌控该领域制度建设话语权。

银行制度是严肃的。银行制度权威性和严肃性是一致的。君子不重则不威。没有严肃性，就没有权威性。比如，债券招投标过程中，个别承销商在投标期限截止后仍然入围，就很不严肃，势必影响银行的声誉。

银行制度好比银行运行的轨道，是银行的灵魂，体现银行的精气神、软实力，必须给予高度重视。银行制度建设，既要体现银行经营哲学，也要包含银行经验、教训。上要与国家法律法规对标对表，不打折扣不加码；下要与基层实践需求对应对接，确保可操作、可持续、可预期。银行制度建设，没有最好只有更好，需要在实践中不断完善。但是，天不变道亦不变。银行的经营规律是不变的，银行的宗旨、目标、初心、使命是不变的。

银行的总、分行要分工合作。总行要重点放在为中央政府和中央企业服务上，放在国家对外战略合作上，放在规则制定和监督上，放在跨区域业务协调上，放在方向和目标上。分行要放在为地方政府和地方企业服务上，放在规则具体实施与执行上，放在信息搜集与报告上。

银行的稳定性和可持续性极其重要。古人说，君子贵因循而重改作。适时适度修改银行规章制度是对的，但一定要保留正确的，修正错误的，求同存异，在实践中检验，保持自身特色，忌亦步亦趋，东施效颦。

凡事都有规矩，没有规矩不成方圆。家不以规矩则败，国不以规矩则衰。习近平总书记指出，治理一个国家、一个社会，关键是要立规矩、讲规矩、守规矩。党的十八大以来，以习近平同志为核心的党中央反复强调规矩意识，高度重视制度建设，推动各方面制度更加健全，规矩的刚性约束不断增强。党的十九届四中全会从党和国家事业发展的全局和长远出发，对坚持和完善中国特色社会主义制度、推进国家治理体系和治理能力现代化作出全面部署；2020 年十三届全国人大三次会议通过我国首部《民法典》，这些都是立规矩、建制度的重要举措，对推进国家治理体系和治理能力现代化具有重大意义。对一家银行来说，规矩同样重要，它既是规范，也是标尺，有了规矩，开展工作才能有所遵循，想问题、办事情才能有所依据，广大干部员工才能朝着明确的方向和目标前进，整个机构才能沿着正确的轨道发展。

立好规矩，办好银行。规矩有好坏之分，规则制度有优劣之别。好规矩能防止好人变坏，使坏人无法横行，对促进发展能够起到事半功倍的效果；相反，坏规矩使好人无法做好事，甚至有可能做坏事，阻碍和破坏发展进步。银行是特殊的企业，与一般企业相比，业务和管理更加专业，精细化管理要求更高，只有立好规矩，建立一套健全完善、科学合理的规则制度，才能有效推动发展、保障运行、防范风险、提升效率，更好地服务实体经济。

好规矩的内涵是效率高和效果好。好规矩的内涵主要有两点，一是效率高。精简高效，可操作、能落地，既要起到规范约束的作用，又不能搞烦琐哲学，给实际工作带来不必要的干扰，降低工作效率。二是效果好。务实管用，有利于履行银行使命、实现机构发展目标，有利于服务经济社会发展，有利于行稳而致远、蹄疾而步稳，能够促进银行与客户合作共赢，既有力支持发展，又有效防范风险。

那么，好规矩从哪里来？好规矩从上位法中来。国家法律、党内法规、监管规定都是银行制定规矩的依据。要遵守宪法、民法典、公司法、银行法等国家法律法规，以及党章等党内法规制度，把相关要求落实到位，结合实际制定符合银行特点的规矩。好规矩从实践中来。实践出真知。习近平总书记指出，党内很多规矩都是我们党在长期实践中形成的优良传统和工作惯例。要树立实践导向，对实践中的好做法、好经验进行总结、提炼和升华，上升为制度成果。好规矩从总结反思中来。吃一堑长一智，学费不能白交。要加强风险案件总结反思，解剖麻雀，从实际发生的案例中分析寻找一般规律，发现管理漏洞，在查漏补缺中完善规矩制度。规矩没有最好，只有更好，规矩的建设和完善永远在路上。好规矩从调查研究中来。必须扑下身子、沉下心来，深入基层一线，把情况摸清，把问题找准，把思路和对策研究透，制定出好规矩、好制度。好规矩从比较借鉴中来。制定规则制度不能闭门造车、自说自话，要善于向别人学习，借鉴国内金融同业经验，与国际一流金融机构对标，加强比较、分析和辨别，结合银行特点取长补短、改进提高。好规矩从交流碰撞中来。真理越辩越明。通过思想交流、观点碰撞能够从不同角度发现问题，集中各方智慧解决问题。要发动群众、集思广益，不断查找制度空白、漏洞、短板，推动打通"堵点"、解决"难点"、消除"痛点"。

规矩好不好，要经过检验。好规矩经得起人民检验。规矩好不好，广大干部员工最清楚。规矩要有群众基础，只有得到广大干部员工一致认可、受到普遍拥护的规矩，才是好规矩，经得起实践检验。实践是检验真理的唯一标准，也是检验规矩好坏的试金石。任何规矩都要在实践中执行、在实践中完善。只有"说得清、行得通、真管用"，在实践中确实能为业务发展提供便利、为开拓创新指引路径、为资产安全保驾护航的规矩，才是好规矩。经得起历史检验。好规矩不仅当时看是可行的、合理的，即使时过境迁回过头再来看，仍然是最优选择、最优安排。只有符合事物发展规律、能够保证银行事业薪火相传、基业长青的规矩，才是好规矩。

规矩不是用来摆设的。习近平总书记强调，定了规矩就要照着办。好的规矩、好的规章制度，如果只是写在纸上、贴在墙上、编在手册里，就会成为"稻草人"、"纸老虎"。规矩的生命力在于执行，权威性也体现在执行。要强化规矩意识、制度意识，在严格遵守执行方面下功夫。常怀敬畏之心。从银行一些风险案例看，很多情形不是因为没有规矩，而是对规矩缺乏敬畏之心，不按规矩办事，遵守规矩不老实、执行规矩不严格，合意就执行，不合意就不执行，选择性地执行规矩。不打折扣不加码。严格执行规矩，不搞变通，不打折扣，不搞"上有政策、下有对策"那一套。也不加码，不提不切实际的要求，加重基层负担。维护规矩的一致性、严肃性和权威性。一些老的规矩如果滞后于实践发展，需要及时修改或废除，但是在新规矩出台之前，仍然要严格遵守、坚决执行。

银行要以拥有规矩为骄傲，以严守规矩为光荣，争做规规矩矩的银行。银行员工要努力成为熟悉规矩的专家、执行规矩的表率，做制度建设的参与者、推动者、开拓者，提升运用制度干事创业的能力和水平。

第三节　合规审计

提要：银行不是法外之地。银行必须从严管理。管住人、看住钱、扎牢制度的笼子。风险点、损失处即银行案件查办切入点。

银行不是法外之地。依法合规，是银行的命根子。

发现问题是本事，解决问题更是本事。银行巡视要从体制机制上，从主责主业上，提出不断完善规章制度的意见和建议。

贷款、存款都不能谋私。以贷谋私的结果一定是，银行不良贷款上升。存款奖励的结果一定是，资金存放权拥有者或其特定关系人谋私。

慎用信贷权。信贷权亦不例外。有了权，易贪，须治；易骄，须戒；易被诱惑，须预防。权如病，不防则易患，不治则身亡。

内控是保健，审计是体检，教育是老师，纪委是医生。确保银行稳健经营和长远发展，这些都是必要的、重要的、不可或缺的。

腐败对金融安全造成极大的威胁。金融安全相对于金融风险、支付危机。而风险与危机形成的主要原因是内外勾结，利益输送，损公肥私，损人利己。所以，反腐防腐、打击犯罪是维护金融安全的根本办法。

制衡的重要性。银行是做钱生意的。存贷汇本身并不复杂。由于钱极其重要和敏感，所以处理这些业务时，必须耐心细致，白纸黑字，签字画押，相互制衡。因此，显得很复杂。

银行要有自己的底线。守住底线，银行的业务空间和想象空间是巨大的。守底线，不是束手束脚，胆小如鼠，不作为。

产权不能抽象化，一定要明晰。所有权代理人不忠诚，必然导致利益输送和交换。以多换少，以公换私，崽卖爷田不心痛的现象。

以其人之道，还治其人之身。银行经济犯罪，最好的惩戒，除了刑罚，还应罚款。比如受贿，受一罚十；行贿，行一罚百；骗贷，骗一罚五。如此这般，没有人敢行贿受贿和骗贷！

有些人并不适合做银行，却进了银行。这些人包括：粗枝大叶的人，没有耐心的人，对数字不敏感的人，吃里爬外的人，弄虚作假的人，坑蒙拐骗的人，以贷谋私的人……银行要稳健经营，必须防范和清除这些不稳定分子。

扶正祛邪，银行才能走上正道。明辨是非，银行才不会上当受骗。依法依规，银行就不可能形成山头和宗派。从严治理，银行就不会出现大的纰漏。

银行必须从严管理。管住人、看住钱、扎牢制度的笼子。全面提升党建、制度和业务内涵，确保每一笔业务记录真实、准确，绝不做假账，糊涂账，账外账。严格做到账账、账表、账实相符，总账、分账、明细账、凭证水单相符，经得起内外部审计、纪检监察和群众举报等多方面考验。

银行问责必须适度适中，依法合规。不问责，不足以震慑坏人坏事。动辄得咎，则无所作为。问责，既要看后果，也要看动机。主观故意的，要严；过失的，要宽。有利益输送的，要严；廉洁清白的，要宽。马马虎虎的，要严；尽心尽力的，要宽。依法合规问责是原则。法规幅度或自由裁量权，是针对具体情况不同而设置的。

风险点、损失处即银行案件查办切入点。与社会办案主要依靠信访不同，银行办案切入点在贷款风险点和经营损失处。每一笔核销，每一笔批量转让，每一次重组，都可能涉嫌腐败和利益输送。对内追责，对外追讨，必须成为银行风险处置的两大要求。内部责任不清楚不放过，外部损失原因不查明不放过，企业法定代表人和主要负责人逍遥法外奢侈淫逸不放过。

用国内法规管理国际事务，既是国家强大的标志，也是其霸道的表现。某些国家动辄指控外国银行洗钱，又是搜查，又是拘捕，又是巨额罚款，实质上，不过是披着合法外衣打劫而已。外交上绝不能示弱，必须坚决斗争，以牙还牙，切实保护本国银行利益。所谓洗钱，重在上游犯罪。如果不能证实上游犯罪的存在以及银行配合的话，惩罚银行纯属讹诈。

美国 1988 年外国腐败行为法修正案第 5003 节规定：在下述情况下应属违法：以腐败方式利用邮寄或洲际贸易的任何手段或工具来促进提供物品、支付款项、承诺付款或者授权支付货币、物品、礼品或承诺给予或授权给予任何有价值物品给外国任何官员，任何外国政党及其官员或任何外国政治职位的候选人，任何人知晓以直接或间接的方式向任何外国官员、任何外国政党或其官员或任何外国政治职位的候选人，提供给予或许诺全部和部分现金和有价物品。当然，所在国明文规定合法、合理且善意的支出如差旅费住宿费等，可作为肯定性抗辩理由。银行在经济活动中，一般来说，处于相对优越地位，所以，银行行贿的可能性比较小。证券业不一样，券商在一级市场竞争十分激烈，违法可能性相对高些。

千里之堤，溃于蚁穴。言细微之物，对于整体安全和健康的危害。然而，到目前为止，病毒是已知的最小的生命体，小到没有细胞结构，却能寄生于宿主的细胞。有遗传、自我复制等生命特征，必须借助电子显微镜才能观察到。其传染性更是令大众恐惧。同理，银行破产或损失，追根溯源，并非明显处出了问题，而是看不见摸不着的思想、理念、心理出了问题，特别是贪婪和腐败。善于银行管理的人，见微知著，防错误思想和观念如防病毒。

力戒贪婪。马基雅维利说：最招人憎恨的，莫过于贪婪以及霸占臣民的财产和妻女，君王一定要力戒此弊。因为对于绝大多数人，只要财产没受到损失，体面没受到凌辱，他们就会心满意足地过日子（马基雅维利：《君王论》第 19 章）。这话虽然是 500 年前说的，看看今天银行系统违纪违法的人和事，这话错了吗？No！

银行管理要做到两防：外防骗子，内防耗子。外防骗子，是信贷等部门的职责；而内防耗子，是财会等部门的职责。耗子们作案的手段有很多，如，虚开发票套现，化营销费为己有，以交易亏损之名行利益输送、瓜分之实，等等。对耗子们不能客气，一旦发现，必须开除。因为他们不具备做银行的基本品德，突破了诚实守信的底线。

尊重审计和监管。无论内部审计、外部审计，审计好比体检，目的是更健康。所以，对待审计结论、意见建议、处罚，要虚心接受，严格执行，从善如流，认真整改。即使有些委屈和误解，也要本着有则改之、无则加勉的态度对待。每一间银行都要成为国家大政方针执行的模范。监管好比家庭医生，外科医生。无论哪一级监管部门提出的监管意见，都要认真听取和改正。

银行审计具有特殊性。银行审计与一般审计不同：审人之品性，计财之损益。人品端正，银行不可能出现大的纰漏和风险；经营有道，银行不可能获利薄或亏损。

与其他行业审计不同，银行审计的靶向非常明确，那就是不良资产形成的原因。审计发现的问题，无非是技术问题和道德问题。技术问题可以通过培训和教育来解决，而道德问题往往与腐败连在一起。必须刨根问底，广泛而又深入核查，不放过任何蛛丝马迹，务使当事行、当事人不敢腐、不能腐、不想腐。抑制贪欲，防止勾结，斩断利益链，才能确保信贷资产安全。

声波不能穿过真空，银行内部不能出现真空。只要存在真空，银行的正确声音即被隔断。小圈子、利益集团、本位主义等，就是真空。在那里，制度的声音听不见了，纪律的声音听不见了，领导的声音听不见了，群众的声音也听不见了。而违法乱纪、以贷谋私的事情就可能出现了。

第四节　风险化解

提要：银行的风险具有隐蔽性、突发性、传染性和复杂性等特点。银行风险具有传染性，系统性。管住人是最重要的、最基本的。核销不是豁免。批量转让、债务重组。风险损失与融资难。风险损失与融资贵。

核销不是豁免。

存款自愿、信贷自主的潜台词是，存款、信贷风险自担，否则，银行不能也不敢破产。

从重组项目看，银行对产业走向及其政策研究严重缺乏，对民企扩张危险估计严重不足，对国别风险控制严重不力。

银行是金融市场的一员。同业往来非常频繁和普遍，所以，银行风险具有传染性、系统性。

银行的风险，归根到底，是人的风险。所以，管住人是最重要的、最基本的。

金融风险具有传染性。同业未必同志、同心、同德。同业风险隔离的关键是：了解对方，扶优限劣。

要处理好防风险与积极作为的关系。光看风险、不作为，不行；盲目作为、忽视风险，也不行。

银行核销的不良资产，犹如从冰箱里取出的冰棍。不尽快处理，就会融化得无影无踪。

风险案例不能轻易放过，要深入、具体、多维度、多视角总结解剖，发现其中规律，提高防控水平。钱花了，要长知识，也要长记性。

银行封存的坏账，如果不认真反思成因和过程，则近乎不可救药，还会有更大的坏账形成。

银行的每一笔损失，都要认真分析、总结。否则还会损失。第一，要把不讲信用的人及其关联人列入黑名单。第二，要公开披露，让骗子恶名在外，寸步难行。第三，要追究责任，深挖背后可能存在的腐败行为和利益输送。第四，要查漏补缺，扎牢制度的笼子。第五，要切实做好信用保险工作，要依法索赔。第六，损失封存后，仍然要关注受让资产管理公司资产回收情况，要借鉴他们行之有效的追讨、变现方式方法。总之，不能一核了之，一卖了之。吃一堑，必须长一智。

对银行来说，不良资产特别是坏账即痛苦。而解剖分析，追根溯源，吸取教训，查漏补缺，完善信贷管理，未必不是好事。"痛苦留给你的一切，请细加品味！苦难一经过去，苦难就变为甘美。"（歌德：《格言诗》二十）如果一核了之，那就真正完了。

金融犯罪和腐败不能掩盖。如果金融风险是由于金融犯罪和腐败导致的，那么，以稳为主的风险化解模式，实际上是在掩盖犯罪和腐败。稳，是必要的。但不能成为掩盖犯罪和腐败的借口。

要处理好区域风险与项目风险的关系。低风险区域也可能有高风险项目，高风险区域也可能有优质项目。要具体情况具体分析。

出现声誉风险，不要手忙脚乱，不应着急。防患于未然，消灭于萌芽状态，避免发酵，及时处置，实事求是，错了敢于承认，有则改之无则加勉，灵活应对。

债转股要辩证看。的确，债转股，对于降低杠杆率，减轻企业眼前困难，是有意义的。但如果把银行当作唐僧，让某些企业吃了，就可以长生不老，那是笑话。

所谓风险控制，就是趋利避害。"只有人类能 / 报答善人 / 惩罚恶人 / 治病救人 / 把一切迷误歧途 / 变成有用的人"（歌德：《神性》）。

银行破产与庞氏骗局破灭，没有本质区别。他们都是用新的高成本资金，去堵旧的窟窿。直到有一天，旧的窟窿大到无法堵了。所以，银行的风险具有隐蔽性、突发性。

要处理好历史风险与未来风险的关系。两者有联系，可供参考，但没有必然联系。一朝被蛇咬十年怕井绳，不对。但谨慎一点总是可以的。

银行业必须控制风险，稳中求进。做实资产质量，敢于暴露风险。不片面追究规模和速度。行业老大，如水到渠成，不是揠苗助长出来的。

管住人。一是管思想，理想信念是精神上的钙；二是管行为，让人不敢、不能突破制度的规范；三是管信用，让失信的人寸步难行。

银行的风险具有隐蔽性、突发性、传染性和复杂性等特点。所以，小风险要警惕，资产负债异常膨胀要警惕，同业拆借规模大频率高要警惕，不良资产多要警惕。风险化解要与地方合作，要取得他们的帮助。

正确看待风险。

（一）既不能风声鹤唳、草木皆兵，闻风便是险，要把主要的和次要的，重点的和一般的，紧急的和平常的风险区别开来；又不能盲目乐观，此处乐，不思蜀，高枕无忧，眼中无事，心中无险。对待风险的正确态度是，实事求是，客观公正，不夸大，不回避。一要深入调研，仔细分析，多问几个为什么，善于见微知著。二要科学判断，精准评估，理论与实践相结合。信息清晰，信号清楚。三要合理解释，尊重常识，遵循银行经营规律。结论有依据，建议可操作。四要坚持实践是检验真理的唯一标准，在实践中不断提高风险管理水平。

（二）经营银行的人，既不能眼中无险，心中无忧，又不能见"风"就是"险"，无所作为。银行业是风险行业，没有风险是不可能的。如履薄冰，如临深渊，审慎经营，合规经营，完全是对的。但不能泛化，风声鹤唳，草木皆兵，乃至不敢放款，不敢拆借，不敢投资，不敢做一切。春风得意，寒风刺骨。关键在找准风险点，化解风险源；在查漏补缺，对症下药；在辨别风险性质，做好防范、把控和化解工作。

风险提示函。泛泛地谈银行业务风险，是不行的。发现风险，特别是重大的、潜在的风险，必须向有关部门、分支机构发提示函，并要求关注和防范。经营目标要实现，经营任务要完成，同时，风险要管控住，两手抓，两手都要硬。

防患于未然，是风险管控的最高境界。有了风险，妥善化解，是水平。但没有风险，治未病，水平更高。银行风险防控，关键在队伍建设和思想教育。了解客户，更要了解行员。知己知彼，才能百战不殆。

"出表"只是一个技术问题，面上好看而已。核后追索才是石（实）打石（实）、硬碰硬的事。要下苦功夫、笨功夫、硬功夫，要提高回收率。

权力划分与风险责任承担相关。权利和责任，是一枚硬币的两面，是一对孪生兄弟。权力不清，则责任不明。银行的经营自主权和监管权，是有边界的。如果银行的一笔贷款或者投资，都要经过监管部门的批准，那么，银行的经营责任是什么？有了风险，谁来承担呢？

同类性质的银行，风险认定标准应该一致。所谓标准，即大家公认的标尺和标杆，不能随意拔高，也不能随意降低。比如，逾期90天，同业认定为不良。有的银行却坚持逾期当月即认定为不良，并且美其名曰，资产质量认定标准更为严格，经营风格更为审慎。这是不对的，因为标准乱了，同业的口径不一样，结果无法比较。

从量变到质变，同样适用于银行风险管理。不良资产是一笔一笔累积的，项目是一个一个做坏的，风险是逐渐扩散的，窟窿是慢慢变大的。千里之堤，溃于蚁穴。风险上升到一定程度，坏账累积到一定数量，银行就破产了。防微杜渐，举一反三，对银行管理层特别重要。

风险损失与融资难。影响信贷投放的因素很多，但最重要的是风险损失，即行业不良率、损失率。银行毕竟是企业，不是慈善组织。有借有还，再借不难。不良率、损失率越高，妨碍信贷投放的力量就越大。假定损失率为1%，银行息差为一个百分点，则损失1，意味着百倍贷款的工作量和效益为零。换句话说，如果一个行业的损失率比另一个行业损失率高1个百分点，则贷款投放影响量不是1，而是100。所以，控制贷款损失率，共同维护信用，是增加贷款投放的关键。用数学语言表达，企业融资难度（D）与银行损失（L）成正比，与银行息差（G）成反比，即D=L/G。

风险损失与融资贵。假定银行利润率不变，同一行业企业融资价格（P）与银行风险损失（L）成正比，而与银行息差（G）成反比，即：P=L/G。

可见，融资难与融资贵是一对孪生兄弟，是一块硬币的两面，一根藤上的两个瓜。D=P。如果企业处于不同行业，那么，某一行业的损失，对其他行业或者说整个社会的融资价格有无影响呢？前面已假定，银行利润率不变，一个行业的损失一定要另一个行业的利息收入弥补。因此，一个行业的损失率提高，会扩大整个社会的损失（Wl），从而推高整个社会的融资价格（Wp）。

即：Wp ∝ Wl，而Wl包括损失率低的行业损与损失率高的行业损失。由于银行在一个行业的损失，要摊到所有行业贷款身上去，或者说，必须由其他行业的息差扩大予以弥补。所以，其他行业的融资价格会因此相应提高。对其他行业来说，新增的融资成本是其他行业损失造成的，让它们承担，是不公平的。要解决这种不公平和融资贵问题，必须解决整个社会信用问题，尽可能压缩信贷行业损失空间。

银行损失越少，整个融资价格才能随之不断下降，同时，融资市场才能更公平。如果将行业换成地区、企业，分析的逻辑是一样的。信用好的地区、企业会受信用差的地区、企业之拖累。

银行风控的实质是看住钱。银行是做钱生意的机构。存款是钱，贷款是钱，汇兑的还是钱。数字在很多地方仅仅表示数字。但在银行，它是价值量，是钱，是数字货币。钱如流水，在古代，钱又叫泉币。看住钱，不是不让钱动，把钱埋在地窖，锁在保险柜。恰恰相反，钱只有在不断的贷放过程中才能增值。钱的生命在于运动。伟大的银行家手里的钱一刻也不会休息。看住钱，本质上是看住信贷资产，管控信贷风险，让贷款安全回到银行并带来利息。财务上那点钱也要看住，但不是银行特色，每一个单位都有财务。看住钱，对银行来说，就是防范和化解不良贷款，确保不良贷款在可控、可承受的范围内。要做到这一点，一靠尽职调查，防止上当受骗；二靠忠诚担当，防止内鬼。贪赃枉法，内外勾结，里应外合，骗钱洗钱，对银行是最致命的。

限制高消费，是惩戒失信者的好办法。让他们及其家人、关系人有钱无法奢侈。不过，门槛太高，起不到维护社会信用的作用。只要失信属实，就应该限制高消费，不管金额大小，也不管是否经过司法判决，直到债务清偿为止。

确保不发生重大金融风险，事关全面建成小康社会目标的实现。金融风险不仅影响整个社会经济发展的进程，而且会严重损害人民群众的切身利益，影响党和国家形象。金融风险具有隐蔽性，所以能积累，有可能集中爆发；具有传染性，因为同业往来密切，所以，容易引起系统性、区域性风险，对此绝不能掉以轻心。

处置金融风险，要坚持市场化、法治化原则。按照"稳定大局，统筹协调，分类施策，精准拆弹"的基本政策，严密防范系统性风险，及时有效处置个别风险。要强化机构的主体责任，监管部门的监管责任，政府的属地责任，坚决打击非法经营活动。要实行防范化解重大风险问责制。

金融风险的背后，不是有关部门不作为或不知道怎么作为，就是腐败。每一起风险案件，都有一大串一大片利益关系人存在，即骗子加腐败分子。所以，要坚决查处风险背后的腐败行为。杀一儆百。

核销一笔坏账，至少要问 10 个问题。1. 贷款企业是干什么的？2. 法定代表人是个什么样的人？3. 向银行借了多少钱？还了多少？4. 为什么还不了钱？是经营困难，还是故意诈骗？5. 什么时候放的款？谁批的？谁做的贷前调查，谁是中间介绍人？6. 银行都采取了哪些措施？为什么不见效？7. 有没有抵押质押？目前的资产状况怎么样？8. 重组有没有可能，是一时困难还是不可救药？9. 核销后或转让后怎么管理？估计最终损失多少？10. 教训在哪里？怎样扎牢制度的笼子？

"末路律"。西汉·刘向《战国策·秦策五》："《诗》云：'行百里者半于九十。'此言末路之难。今大王皆有骄色……"联想银行不良资产回收，感同身受。贷款一旦形成不良，催收难度会逐渐增加，总回收率上升越来越困难，单笔回收率不断下降，最后一笔尾款回收率最低。所以不良资产处置，用中国古人的话说，也是行百里者半于九十，我把它叫作"末路律"。

不良率比较，不能单纯地看目前的数字高低，要联系核销情况。

如果一个地方核销项目多，核销金额大，即使目前不良率低，也不表明其风险低，恰恰相反，它是经过技术处理即从表内移至表外，风险被掩盖了。实际风险与核销金额成正比。核销越多，即使不良率降低了，该地区的风险仍然很高。

保持不良率较低的水平，技术上有两个办法。一是做大分母，即扩大资产规模，扩大贷款规模。假定不良资产不变，分母越大，不良率越低。二是控制风险、化解风险，即做小分子，控制分子加大，银行风险管理水平主要体现在这方面。

纾困要看对象。靠牺牲银行的利益，减轻某些经营不善的企业的负担，实现所谓盈利或纾困，不过是让这种企业回光返照而已。其所造成的道德风险难以估计。其所制造的不公平的不良影响令人担忧。让赖债的人得到好处，对于诚信的人和整个社会，都是极大的伤害。纾困者，纾有能之人的暂时困境。

人是要有点精神的。不怕牺牲，排除万难，去争取胜利，这是一种精神。化解银行风险，不是一件轻而易举的事。但是，风险积聚到一定程度，银行就要完蛋。"世界不是由粥糜造成，因此不要做游手好闲的人；我们要嚼碎坚硬的东西，不把它消化就要被它噎死。"（歌德：《格言诗》二三）

拨备是老本。化解存量风险，吃掉一些老本，是可以理解的。如果不能控制新的风险，就会坐吃山空，威胁拨备，成了啃老族。做银行，绝不能把前人留下的老本吃空，而又不给后人留一点抗风险本钱。

走在经济周期前面。研究经济周期，走在周期前面，早进早出，是防范信贷风险、避免债务危机最有效的方式方法。银行注重个案风险固然不错，但宏观经济周期性变化对银行资产质量影响更大。在经济过热时期，信贷替换率高。即使出现个案风险，也会相对容易转嫁出去。

要有逆周期思维。有人说，银行是顺周期行业，其经营情况与经济波动关系密切（陈四清：《全球银行业转型镜鉴》）。从金融与经济的关系来看，这个观点一点也没错。但是从银行经营策略的角度看，银行业是逆周期行业。只有具有逆周期思维，银行才能够既盈利又避免风险损失。

坏账越多的银行，越不道德。坏账不只是一个经济问题，也是一个道德问题。坏账核销、损失冲销，靠的是拨备。而拨备源于利润，主要是贷款利息收入。坏账越多的银行，损失越多的银行，在平均利润率规律的作用下，贷款利率越高。他们必须从诚实守信、按时还本付息的客户即优质客户身上获取更多的利息，弥补那些不良客户造成的损失。因此，银行在这里不是惩恶扬善，不是彰扬道德，而是欺负好人，鞭打快牛。

银行不是依靠群众举报入手查办案件。大多数地方纪检监察是依靠群众举报来办案的，但银行不是这样。银行完全可以从不良资产特别是坏账、损失资产入手查办案件。一般来说，不良资产的形成，都与利益输送即腐败有关系，除非天灾和不可抗拒因素导致贷款损失。

管住股东的手。基蒂·卡拉维塔对白领犯罪有较深入的研究，特别是对美国金融业巨额诈骗和权术了如指掌。他非常认同美国国会"打击全国金融机构诈骗渎职和不良行为"政府运作委员会的一句名言，即，"抢银行最好的办法是自己拥有一家银行"。联系 21 世纪初中国某些中小银行风险暴露案例可以发现：银行出现的巨大窟窿，基本上都是大股东掏空的；是大股东与管理层甚至监管机构某些腐败分子相互勾结、共同实施犯罪的结果。可以说，没有犯罪，银行不会走到被接管或清算破产的地步。一般性违规，不符合监管指标要求，最多让银行伤风感冒。

只有好资产才能证券化。

（一）资产证券化极大地改变了银行从传统银行借贷向交易银行业务的金融中介角色的转变，通过资产证券化银行将非流动贷款转变为市场证券，将自身的信贷风险向外部投资者转移，并且为未来更多的放贷募集新的资金。（所罗门·Y.迪古、阿尔珀·喀拉：《资产证券化》）其实，道理很简单。实体经济或企业好比一头牛。银行也好，投资者也好，都是牛身上的血吸虫。血吸虫的种类繁多，不管换上谁来吸，企业、实体经济的感觉都是一样的。但是一旦实体经济萧条，企业垮了，寄生在牛身上的血吸虫（证券持有人），而不是金蝉脱壳的银行，按照法理将承受巨大的最终的损失。如果资产再打包出售或证券化，那么，它引起的危机将是系统的连锁的巨大的普遍的。所以，不要夸大资产证券化的功能。流动性增强也好，信贷资产规模扩大也好，风险转移也好，都有一个基本的前提，即资产本身质量优，还本没有问题；能产生现金流，足够支付投资回报。如果不考虑投资者的利益和感受，烂在锅里的信贷资产也证券化，那一定是银行一厢情愿、缺乏社会责任感、自私自利的做法。如果投资者不愿意承担损失，通过游行或上访的方式使社会动荡不安，那么，最终损失银行很难避免。

（二）存量信贷资产大致可以分为正常资产和不良资产。正常资产证券化的前提是，有更好的、更有利的客户需求存在。而不良资产证券化，实际上是将银行机构的风险向社会转移，间接融资市场的风险向直接融资市场转移。由于资产本身透明度不高，评估精确性令人怀疑，市场又瞬息万变，所以，证券投资者可能获取高收益，也可能遭受巨大的损失。监管当局必须就证券化程度和规模，实施严格的限定和监督。

债务重组。

（一）所谓债务重组，说到底，是某些企业逃债、减债、赖债的一个说辞。其中，主要的方式方法是债转股。一方面，强行要求银行债权转成股权，即债权人变成股东；另一方面，将濒临破产的企业的资产溢价折股，指驴为马，将现实中的坏资产变成想象中的好资产。通过强制折股高额溢价收入来弥补企业的亏空，降低负债率。银行成了股东以后，股东的权益悬空了，原有的利息收入没有了，未来分红也遥遥无期，美好的愿景更像水中月镜中花。从这一点上说，银行的确是弱势群体。生息资本不仅服务于产业资本，而且从属于产业资本。皮之不存，毛将焉附？

（二）所谓债务重组，说穿了，是困难或失败企业企图逃废银行部分贷款的安慰剂。一个企业沦落到重组的地步，无异于山穷水尽，很难柳暗花明。银行相信它们通过重组，可以翻身、解放，不是幼稚，就是自欺。很少有银行能从企业的重组中得到什么好处，保全自己的资产。银行答应重组，是没有办法的办法。

（三）债务重组是不良资产处置的一个方式。实践中，债务重组与核销和批量转让相比，银行的受偿率更高。而政府牵头的重组，又比法院牵头或市场化重组受偿率高出几倍。这说明在中国，不良资产压降，依靠银行自身的力量是不够的，依靠市场和法院的力量也是有限的。化解金融风险，压降不良资产，主要靠党委和政府的决心和权威。这是中国特色社会主义银行业的特点，也是中国特色社会主义银行制度的优势之一。

让银行员工不敢、不能、不想腐败。银行的风险与员工的腐败是分不开的。让员工不敢，不能，不想腐败，是防控银行风险的三大发力点。惩罚严厉，代价高，则不敢；制度严密，盯得紧，则不能；有待遇，有体面，则不想。对违规者不能有怜悯之心；对立规者不能满足之意；对守规者不能有吝啬之举。怜悯违规，无异于农夫与蛇；满意立规，无异于漏网欲渔；亏待守规，无异于正门不开。

风控：减损亦增收。《大学》讲，生财有大道，生之者众，食之者寡。风控即减损，而减损是另一种形式的增收。对银行来说尤其如此。假定息差为 1 个点，则一笔贷款本金损失，需要百倍贷款的利息收入弥补。所以，银行的风险控制极其重要，做银行的人务必保守审慎：树立风险意识，守住风险底线，完善风险机制，减少风险损失。

核销与追责。核销与追责并不具有必然的逻辑联系，所以，可以先核后追，可以先追后核，可以边追边核，可以不核不追，可以只追不核，可以只核不追……实践中，不同银行，做法因事不同。但是，贷款出了问题，银行受了损失，穷根问底，分清责任，惩罚不法行为和违法乱纪者，是共同的，不管要不要核销，也不管核销与否。

问责与审计、监察。问责之前，先要出示违规违法证据。证据从哪天来？从审计、监察中来。一笔贷款失损了，有天灾，更有人祸；有经营风险，更有道德风险；有客观原因，更有主观故意；有被骗，更有甘于被围猎。审计和监察的目的，不是走过场，而是较真碰硬；不是找鸡毛蒜皮、细枝末节，而是找违规犯罪线索；不是纠缠于技术问题，而是深挖背后腐败和渎职失职行为；不是冲着事去，而是冲着责任人去。

追责要分不同情形。 银行出现不良资产，不管怎么处置，核销、批量转让、重组，都是要追责的。如果说"没有不良分子，就没有不良资产；没有坏人，就没有坏账"成立的话，那么，首先要调查和追究的是背后的犯罪、腐败、寻租行为。其次是自身清白，但明知故犯，渎职、有意违反贷款程序和规定，致使审核流于形式。最后才是因为过失和能力不足造成的瑕疵。追责不能避重就轻，敷衍塞责。第一种情况，要追究刑事责任；第二种情况，要采取行政处罚；第三种情况，主要是教育和培训。追责的目的：警示，举一反三，追责一个，教育一批一片。要善于从案件中发现问题，像棱镜一样，能分光，从白光中发现色彩，揭示隐含的现象，分析透、研究透，让银行的经营和管理止于至善。

荒谬的退市融资。 银行贷款必须建立在"希望"上，而不是"失败"上。比如，助学贷款、扶贫贷款、扩大再生产贷款、科技贷款，等等，支持的都是充满希望的事业。而退市，在资本市场，意味着休克，进了 ICU，甚至死亡，是彻底的失败，银行给予贷款或美其名曰退市融资再安排，不是脑子进了水，就是贪赃枉法、狼狈为奸，故意为之。

高风险没有高回报。 很多学者认为，低风险与高回报，好比鱼与熊掌，二者不可兼得。有的学者甚至断言这是金融逻辑之一（李国平：《解码金融》）。事实上，高风险未必有高回报。谁见过非法集资参与者获得过高回报？庞氏骗局的受害者获得过高收益？没有。参与高风险投资，经常血本无归。真正的高风险里没有高回报。而能获得高收益的投资等，高风险往往是表面的、虚假的、主观片面的，是所谓的高风险，不是真正的高风险。反过来，低回报的投资、贷款、拆借，未必意味着低风险。银行不良资产的形成，难道因为银行贷款利率太高？可以说，大部分贷款是在正常利率下发放的。由于腐败、内外勾结、诈骗行为等存在，银行没有追求高回报，也可能陷入高风险泥潭。所以，风险与回报的关系，比鱼与熊掌的关系复杂得多，不确定得多，至少复杂一倍。二组排列变成了四组，即：1.高风险、高回报。2.高风险，低回报。3.低风险，低回报。4.低风险，高回报。鱼和熊掌，有时可以兼得，有时可能俱损。可见，回报与风险的关系并不确定，两者没有必然的逻辑。

受偿顺序对银行不利。一旦债务人破产清算，信贷资产作为债权的受偿顺序，排在税款、工资、劳保等项之后，受偿权力相对小。银行损失比率高，势必导致银行贷款行为更加谨慎，风险成本转嫁，从而导致资金更紧张，利率偏高。

批量转让流标。银行不良资产处置方式，大致有四种：一是回收重组，二是升优，三是批量转让，四是核销。其中，批量转让的对手，一般是专业资产管理公司，转让的方式是招标。流标，意味着银行与资产管理公司没有达成转让协议。从资产管理公司的角度分析，或银行转让价格偏高，或资产预期回收率偏低，或资本有限资金不足，或其他原因。总之，不是一个好现象。

不贰过。银行是一个经营风险的行业，不犯错误、不上当受骗是不可能的。但是，不重复犯错误、不犯同样的错误是可能的。"颜回不贰过，后世称其仁。孔子过知更，日月披浮云。"（王水照、崔铭：

《欧阳修传》）明知客户不能还本付息，甚至资不抵债，硬说流动性困难，放款"救助"，掩盖矛盾和风险，这就是贰过了。明知道救助无望，贷款继续拖欠着，旧的不还，新的又进了无底洞，银行还打算放款，除了有毛病，除了不是自己的银行和自己的钱，或双方有见不得人的关系存在，或迫于神秘力量的压力以外，无法解释这种三过、四过、N过行为。

零号风险金融机构和 Ro 计算。 在流行病、传染病（infectious disease）学里，有零号病人（patient zero）和基本再生数（Ro 传染率，basic reproduction number）说法。同理，既然金融风险具有传染性、隐蔽性、突发性，金融风险是金融市场公认的传染病，那么，也有一个零号金融风险机构存在和传染率测算问题。弄清它们，无疑有利于评估和化解金融风险，稳定金融市场。

银行风险控制，无非外防骗子，内防败家子。 败家子有几个特点：一是糊涂。如，把回购资金当资本金，看不出关联数据矛盾等。二是欺瞒。如，客户入刑、失信等负面信息，明知不报，欺骗总行。三是倒帮。吃里爬外，胳膊往外拐。如，放大客户收入和盈利潜力。四是乱办。如，不走程序或违背规定办。五是瞎算。不学无术，计算错误。六是不严。如，条件未落实也放款，支付依据不够也支付，超进度、超比例发放资金，发现资金挪用等违规行为仍睁一眼闭一眼。七是懒惰。大门不出，二门不迈。找人写尽调报告，让客户准备评审材料，贷前不去现场，贷中不愿跟踪，贷后疏于管理。八是不实。出工不出力，人在曹营心在汉，抵押不实无所谓，质押不稳不关心，账户如同虚设，牛栏关猫。

败家子产生的原因。 林子大了，什么鸟都有。银行系统出几个败家子是很正常的。但是，要剖析，尽可能减少，尽可能防控。一块钱的本金损失，要靠百倍的贷款业务才能赚回来。所以，减少损失也是增加利润，创造价值。那么，败家子产生的原因是什么呢？大千世界，无奇不有，原因可能有很多。成功的银行都是一样的，失败的银行各有各的失误。但是，大致可以归类为二点：一是私心太重，包括贪婪。吃了人家的嘴软，拿了人家的手短。对方不合理的要求，也要去满足，没有敬畏之心，利令智昏。二是责任心不够。崽卖爷田不心痛，不能视行如家。唯上，唯形式。把制度当儿戏，把履职尽责当走过场。尽责是很辛苦的，甚至会得罪某些有私心的人。能力缺失算不算？算。但在银行这样一个高素质的行业里，不是主要原因。

事后归因谬误不能犯。人们追根溯源，有正确的方式方法，也有错误的做法。比如，事件乙发生在事件甲之后，则事件乙因事件甲而发生。这种用时间先后替代因果分析的简单、粗暴做法，即事后归因谬误之一。银行在处置和分析不良资产形成原因时，在整顿和分析不良风气形成原因时，也会犯同样的错误。例如，一家银行查处了一个领导，出了一件腐败案件，人们会有意或无意地把它当作一个筐，什么都往里装。

核后追索要动真碰硬。核销，是银行处置不良资产的方式之一，是没有办法的办法。核销又分账销案存和账销案销。前一种情况，银行保留追索权。从核后追索回收现金统计看，国内大多数银行在3%左右，换句话说，基本损失了。然而，令人吃惊的是，那些蓄意逃废债务的人并没有完全受到应有的惩罚和制裁，是否存在利益输送等腐败行为也没有去深挖，欠债赖债的家伙甚至没有被输入国家不良信用记录（征信系统）。他们有的还逍遥法外，有的继续奢侈淫逸，有的仍在到处行骗。这是不正常的。

自由不能让诈骗横行。 一些幼稚而又激进的自由主义者相信，什么都应该自由，包括对银行机构在内的存贷机构必要的限制都应解除，竞争万岁！他们忘记了 20 世纪 80 年代美国储蓄与贷款危机留下的惨痛教训。办一个储贷社吧，没有门槛。开出高利率吧，没有限制。大笔同款和大批又贪又傻的人来了，你的钱堆积如山！别担心这些钱怎么花，存款保险公司在后面替你撑腰，它们提高了保险限额，届时会替你还的。在自由的天堂，你可以花钱干任何事情，加些杠杆甚至可以造出一台投机者梦想机器。他们完全忘了，没有门槛，就没有好坏之分，大批的骗子拥进来了。没有股东资质审查和监管，股东立即把银行当作自己的造币厂了。存款保险公司推波助澜、为虎作伥，完全忘了"泥菩萨过河自身难保"的俗话。贷款或投资者异想天开，既不严肃也不审慎，只留下一大堆烂资产，玩不转了，最后买单的，只有不明不白、不清不楚的政府，以及那些钱多心贪的智残者。

第十一章
做一个真正的银行家

关键词：党管银行　取之有道　服务实体　其命维新　从业准则　成事在人　做一个伟大的银行家

第一节　党管银行

提要：不懂政治，银行就没有方向和目标。只讲政治，不讲市场，银行就变成了财政。

国之所需，民之所向，银行之所为。

不懂政治，银行就没有方向和目标。只讲政治，不讲市场，银行就变成了财政。

银行家要讲政治。政治管根本，管方向，管目标。但是，银行讲政治，不能把法规和内控要求扔在一边，做超越权限的决策，办违反程序的事，更不能滥用国家金融资源，自我表现，实现个人目的。讲政治，是在国家的号召下，局部服从整体，地方服从中央，在法规允许的范围内，量力而行，尽力而为。

要从全市、全省或者说全域的资产、负债角度，来考量和安排具体项目的融资计划。

银行是现代经济的核心，但不是现代政治和社会的核心。银行要意识到自身的重要性，但又不能过高地估计自己。

区域经济发展不平衡，而且，差距还在不断扩大。这叫马太效应。银行不应该推波助澜，放大效应。

银行不能自说自话。要从宏观经济角度看问题想问题，从微观主体需要和潜能出发找切入点突破口。

银行是国家机器的一部分。银行私有化，比普通企业私有化后果严重得多。控制不住银行，很难控制企业，因此，政权基础不牢固。"巴黎公社"失败，有这方面的教训。

党领导有利于金融稳定。金融稳定得益于党的领导、定力、稳中求进、改革、积极性调动，以及逆周期调节思维，金融企业治理现代化，以大概率思维应对小概率事件。

忠诚、干净和担当。干净，是做人的底线；担当，是做事的底线。为谁担当，为谁做事，是忠诚要解决的大问题。为人民服务，为公共利益奋斗，为国家担当，是共产党人忠诚的基本内涵。银行业的平均收入水平和共产党员占比远高于其他行业，忠诚、干净、担当等三方面应该做得更好。

金融要扶贫。摆脱贫困，是中华民族数千年来的梦想，银行要在脱贫攻坚方面有所作为，有所贡献。例如，项目准入信用等级适当降低，如 B 级；贷款项目不设利率下限；不良贷款容忍度提高，比如 4%；转贷款；等等。这是中国特色社会主义制度优势在金融领域的重要体现，是银行商业性外公益性的体现，是其内在道义、道德的外化。

服从和服务于国家发展。一是要强化责任担当。中央对政策性、开发性金融在重点领域、薄弱环节、关键时期发挥作用提出了明确要求，政策性、开发性金融机构要走在"第一方阵"，主动担当作为，集中资源服务区域协调发展、"两新一重"、脱贫攻坚、高质量共建"一带一路"、制造业高质量发展等重要领域。二是要发挥自身优势。政策性、开发性金融机构资金具有集中、大额、中长期的特点，与基础设施、基础产业和支柱产业等重大建设项目资金需求匹配度高，因而，以中长期投融资支持重大项目是开发银行的看家本领。我们要充分发挥自身优势，进一步做好与国家部委、地方政府、龙头企业的沟通对接，加强规划先行，深入挖掘合作机会，提高响应速度和服务效率，为重大项目建设提供优质金融服务。三是要推进改革创新。主动适应新的政策要求和市场环境，积极创新融资模式，才能更好地为服务经济社会发展提供支撑。

政治清明是金融稳定和有序的前提。如果没有政治清明，金融乱象是必然的。所以，稳定金融关键是反腐防腐。乱象背后是个人利益，斩断利益链，乱象自灭。

银行的政治站位、社会责任，决不是一句空话、一句口号，是实实在在的行动，是危难时期的自觉。2020 年春节前后，武汉出现新型冠状病毒引起的肺炎疫情，国家开发银行立即发放 20 亿元应急贷款，利率低于筹资成本；此外，无偿捐款 2000 万元。就是一个很好的例子。

经济发展与社会稳定必须兼顾。 发展经济，要做到三不：一不丑化嫌贫爱富的心理，二不遏制发财致富的欲望，三不侵犯合法取得的财产。稳定社会，要做到三要：一要鼓励扶危济困的善举，二要提倡勤劳致富的品行，三要制止违法犯罪的活动。银行既是经济发展的助推器，又是社会稳定的重要支柱。

惜贷抽贷压贷现象不能只归咎于银行。 没有银行真的不愿意贷款，就像没有商店老板不愿意把自己的商品尽快卖出去一样。出现惜贷抽贷压贷形象，一定有客观原因。信用环境恶化，不良贷款居高不下，恐怕是最主要的。而"一旦银行不能或不愿意发放或创造存款，经济中的每个人或机构都将受到影响。"（彼得·S.罗斯：《商业银行管理》）因此，政府要出面干预。然而，与其要求银行不如把诚实守信作为社会的行为规范。

做银行，要动脑筋，这是大家都明白的道理。做银行，用脚，不是每一个人都明白的，更不是那些三门（家门、校门、银行大门）行员能够明白的。 用脚做银行，就是要求行员到贷款企业去，到项目一线去，到基层社会去，到群众期盼中去。共产党银行家尤其应该这样，走群众路线，搞调查研究。把国家的号召和人民的呼声融入一个一个具体的信贷项目中去，让银行助力国家繁荣富强。

人是政治动物。 讲政治，要讲科学、讲实事求是。政者，正也。政治的本质是实事求是，否则，政治要失去基础，失去号召力和亲和力。银行经营有许多原则，讲政治，不是破坏这些原则，而是维护和完善它们，为实体经济提供更好的服务。

理想与信念。银行既是一个有形的金融机构和营业网点，又是一个精神组织。银行员工来自五湖四海，为了一个共同目标走到一起来了。只讲利益，不讲理想和信念，这样的银行是很危险的。

银行可以是抽水机，也可以是洒水机。在经济落后的地区、贫困的地区，银行通常是抽水机，即把资金从区内抽到区外。在经济发达的地区、富裕的地区，银行通常是洒水机，即把区外的资金弄到区内来。因此，没有宏观调控，没有政府这只有形的手，银行会加剧地区发展不平衡。这种现象的出现，并非由于银行站位低，觉悟低。生息资本质属性就是这样。人往高处走，钱也往高处走，即往利润率高的地方去，这叫资本流动规律。古人把钱同水、泉连在一起，仅就流动状态而言；如说水往低处流，则二者完全相反。钱是没有家乡观念的。钱像女人，有娘家有婆家，但没有哪个女人不希望找一个比娘家还富还强还体面的婆家去养儿育女、繁衍生息！

囫囵吞枣要不得。元代白珽《湛渊静语》："客有曰：'梨益齿而损脾，枣益脾而损齿。'一呆弟子曰：'我食梨则嚼而不咽，不能伤我之脾；我食枣则吞而不嚼，不能伤我之齿。'狃者曰：'你真是囫囵吞却个枣也。'"清代魏源讲，"善琴奕者不视谱，善相马者不按图，善治民者不泥法。……君子学古之道，犹食笋而去其箨世。""履不必同，期于适足；治不必同，期于便民。"（《默觚》）类似例子，不胜枚举。道理反复说，道理人皆知。因为简单而人皆知，因为屡犯而反复说。银行业这样的事还少吗？中国国有银行的脚不是非要穿西方私人银行的鞋么？资本金要求、各种监管比例的要求，不都是以西方的标准为标准么？政策性银行的大脑袋不是非要戴商业银行的小帽子么？

管党治党从严治党难道不如松散的董事会么？纪检监察巡视结论难道不如昂贵而徒有虚名的外资会计审计报告？这些与囫囵吞枣有什么区别呢？知之易行之难啊！

探索中国特色社会主义金融制度。 从资源到资产到资本到有价证券到货币，人们一直在思考在幻想。自然资源、不动产，能不能变成动产、财富、资本、货币？回答是肯定的。马克思在《资本论》第三卷第三十章里，也有详细的论述，并称这类资源和资产证书为幻想出来的财富。"作为纸制复本，这些证件只是幻想的。"中国 20 世纪 30 年代，有许多人也曾幻想过，比如，劳动券、能力本位、虚粮本位、商品本位等。并煞有介事，说可以解决资本不足、缺钱缺物、百业萧条、失业等所有经济问题。实际上，本质上，都是为通货膨胀政策出台找借口，放烟幕弹；或者为政府和军队弄钱。2019 年，中国经济下行压力加大，原因不在于资本不足或货币缺乏；不在于是由地方政府向银行举债，还是直接向市场筹资。因此无须发行保证充足抵押充分的有价凭证。而在于各级干部担当作为，积极主动工作。在于深谙国情，坚定走中国特色社会主义经济发展道路。中国政府利用资源，调控土地、资金和准入，调控民生领域价格，制定经济政策，监督经济活动。这样的政府，如果无为而治，让市场自由发挥，国民经济一定会失去方向、目标、原动力或引擎。

第二节　取之有道

提要： 银行以营利为目的，但并非唯利是图。银行业是一门老老实实的行业。银行的义利观。

银行不是慈善机构，但也不是势利眼、高利贷者、为富不仁的地方。高素质的银行一定是，高屋建瓴、高瞻远瞩的金融机构。

银行给人的印象不太好。存款的人总觉得银行的利率太低，银行太小气；贷款的人总觉得银行的利率太高，银行太贪婪。所以，就这两点而言，银行给人的印象好不了。

银行以营利为目的，但并非唯利是图。银行是商业机构，不是慈善组织，但并非铁石心肠。银行赚钱，也是为了彰扬道德。

银行业是一门老老实实的行业。来不得半点虚假、滑头、小聪明。唯利是图，则创新是幌子。弄虚作假，则动机是欺诈。

银行是服务机构，对外窗口。统一着装，注重仪态仪表，既是对客户的尊重，也是对客户的集体承诺。体现银行的形象，展示银行的风采。

有理想的银行。"远方就是你一无所有的地方"（海子：《龙》）。海子是这样写的。不是吗？真正的理想，就是让你付出一切的东西，一种"无我"的状态。做一个有理想的银行，是要付出的。

"应急金融"要重视。与常规金融不同，应急金融有自身的特点：1.效率高于效益。2.有无高于优劣。3.执行高于程序和手续，即特事特办，急事急办。4.考验高于考核。5.响应级别高于信用级别。

开发性金融中的开是什么意思？开即开拓精神，做金融界的头狼和领头羊。开即开阔胸襟，瞄准国家战略和民生幸福发力。开即开放心态，立足中国，放眼世界，消灭贫困，共筑人类命运共同体。

商业银行的商是什么意思？ 商即商议，讨价还价。商即商榷，等价交换。商即商量，合作共赢。商即利益，天下熙熙，皆为利来；天下攘攘，皆为利往。商即商人，生意人，无利不起早，以营利为目的。

银行的义与利。 信贷政策要与财政政策、产业政策同向发力、相向而行。社会主义初级阶段，发展中国家，项目多，融资需求量大，而金融资源有限，或者说，融资难、融资贵长期而普遍存在，信贷政策面临一个选择和取舍问题，而产业政策是银行取舍的重要根据。当然，也要看市场的需求和效果、效益。市场是评估和矫正政策的重要力量。不过，政策性银行与商业性银行不一样，在义与利、鱼与熊掌不可兼得的时候，要舍利而取义。

圣·奥古斯丁心中的主也是银行家。 奥古斯丁《忏悔录》中的主，充满天地，充满一切，是宇宙本身、世界本源。同时，也是银行家。他在卷一第四章中写道："你求利息，可没有吝啬"，"你免人的债，你仍没有损失"。奥古斯丁的文章，类似老庄，充满辩证法。上述两句话，可以引申、启示现代银行：你求利息，但你要尽社会责任，不做守财奴。你在合情合理合法的前提下免去人的债务，可获得社会更广泛的认可和支持，所以，你最终不会有损失。

贷款的义和利。 银行扶贫贷款、助学贷款、科创企业贷款、大型基础设施贷款，无一不表明其友爱和善良。"愿人类不倦地做着/有益的、正当的事情。"（歌德：《神性》）

银行的义和利。银行以营利为目的，但这并不意味着银行唯利是图。中国人讲见得思宜，君子爱财取之有道，也不意味着西方国家或其他国家的人不这样。罗伯特·迈克威尔在《商业帝国崩溃督查报告》中说，"需要学习的最重要的一课，就是必须将道德和职业标准永远置于商业利益之上。"

银行义利观。人为财死，鸟为食亡。人不为己，天诛地灭。这些话听起来都有道理。但仔细想想又未免绝对、极端。为什么多数人追求经济利益并未失去生命？为什么一心为公、一心为民的人也有活得好好的并且倍受尊重。说明什么事都有一个度的问题，有底线红线高压线问题，即法律法规约束。劳动致富，靠本事吃饭，己欲达而达人，不仅可以，而且应该提倡。只有为富不仁、以权谋私等不当行为，才会受到法律惩处。同样，商业银行是企业，以营利为目的似乎无可厚非。但利有大小、公私、长短之分。公共利益、长远利益是大利。大利者，义也。一个负责任的、有前途的企业，包括银行，追求的是这种利益，而不是损人利己的不义之财、竭泽而渔的眼前利益和无法无天的横财。这就是儒家"重义轻利"四个字的真正含义，也是商业银行"以营利为目的"六个字的真正含义。

银行的盈利观。人文哲学通常要回答三个问题，即，我是谁？从哪里来？到哪里去？所谓"必然性"讲的就是到哪里去。尼采说："不仅要忍受必然性，更不要隐瞒它，而要热爱它——在面对必然性时，所有的理想主义都是谎言……"（尼采：《瞧，这个人》）做银行的人，也要思考银行是什么？从哪里来？到哪里去？银行是服务机构，为商品生产和交易服务，它从商品经济中来，到商品经济中去。银行在存、贷、汇（支付结算）等金融服务中生存和发展。银行不是慈善组织，它是企业。它必须以赢利为目的，必须考虑成本与收益。

所以，银行不能官僚化，不能搞形式主义。

银行捐助。银行的捐助，来源于银行的利润，而银行的利润主要来源于息差，即资金价格的低进高出。因此银行的捐助，要适度，不是越慷慨越好。"一旦当你因为慷慨而出了名，你就会深受其害。"（马基雅维利：《论君王》第16章）或耗尽自己的财产，或放肆地掠夺别人。陷入贫困，受人轻视；掠夺别人，遭人憎恨。银行绝不能利用慷慨来沽名钓誉。

银行商业化。20世纪最后十年，中国学者普遍认为，"我国的国有银行还不是商业银行。但商业银行是国有银行改革的目标。"（姚长辉：《货币银行学》）二十几年过去了，中国国有银行也改制上市了，这是否意味着当初的改革到位了？商业化愿景实现了？现在看来，未必。但是，一定要将中国人的面孔整成西式的，只有西方商业银行理念和制度才是银行标准范儿，实践证明，也未必。中国特色社会主义必须在银行组织体系、制度框架、运行机制上有所体现。党管金融，集中财力办大事，服务国家战略，等等，是中国特色社会主义金融、银行的核心内容。而且，与商业化的大方向并不矛盾。利莫大于公利，义莫高于公平。中国特色社会主义银行追求大义大利！有什么不妥呢？

圣人之道与银行之道。宋代周敦颐讲，万物生生，变化无穷。只有人得其秀而最灵。形神俱备，善恶分而万事出。圣人之道，仁义中正而已。经营管理一家银行，道理一样，仁义中正而已。以客户为中心，为实体经济服务，可谓仁；履职尽责，互惠互利，可谓义。不折不扣，不偏不倚，不层层加码，依法依规，可谓中正。

银行的道德情操。银行是企业，以营利为目的。但并非为富不仁。首先，银行必须依法合规经营，每一分钱都经得起检查和监督。其次，银行会主动捐赠，也会参与扶贫等社会公益事业，履行社会责任。银行是讲道德的，是清楚义与利的辩证关系的。宋代张载《正蒙》有一段话讲得很好："民，吾同胞；物，吾与也。……凡天下疲癃残疾惸独鳏寡，皆吾兄弟之颠连而无告者也。于时保之，子之翼也。"程颢《遗书》有："故博施济众乃圣人之功用。"银行的捐赠和扶贫开发行为，正是建立在这样的朴实的认知上。

让利要有原则。银行是市场机构，商业机构。贷款合同是讨价还价的结果，所以，理论上，不存在银行让利问题，企业也不需要感恩戴德。因为银行业准入门槛存在，银行业行业垄断利润存在，因此，事实上，又存在让利问题。何谓让利？算法不同，结果大不一样。例如，与原合同利率相比贷款利率下降了，贷款利率同比或环比下降了，息差缩窄了，减免利息了，等等，都是让利，但让的数字不一样。让利的原则是：第一，让给干事创业而不是坑蒙拐骗的企业。第二，让给仅仅因为资金困难而不是技术、市场、管理等有问题的企业。第三，银行以稳定为基调，升降为权宜。利润不宜大起大落，即，让利要从长计议，考虑声誉和行业风险。第四，要综合考虑GDP，财税收入，银行业总体利润率等，不宜过于突出。第五，要做实资产，加大核销和拨备。防止出现资产虚、利润假现象，真正把银行做成让人放心的机构。

第三节　服务实体

提要：银行信贷必须建立在实体经济有效需求上。以人民为中心，即服务民生，支持经济。为实体经济服务，是银行的根和魂。

银行不需要过多的花样，只需要老老实实，循规蹈矩。

幸福的银行都是一样的，即稳中求进；不幸的银行各有各的不幸。

没有最好的银行，只有更好的银行。行稳致远，是众多伟大银行的共同秘密。

银行再有实力，也经不起类似赌博的衍生品交易的失败。银行要有赚老实钱、本分钱的想法。

银行要有定力。而定力源于智慧，即自我判断，不畏浮云遮望眼；源于自律，不为利益和嗜欲所诱惑。

银行各项指标要有一定的规模和速度。发展是解决一切问题的最佳方案。当然，不能为速度而速度。银行信贷必须建立在实体经济有效需求上。银行要走得快，还要走得稳、走得实。

以人民为中心。以人民为中心，体现在银行经营管理上，就是要引导大银行服务重心下沉，推动中小银行聚焦主责主业，深化农村信用社改革，引导保险公司回归保障功能。在银行眼里，人民就是客户，就是市场主体，就是项目单位，就是存款人、贷款人、结算户。以人民为中心，即服务民生，支持经济。

主责主业不能忘。主责主业，构成行业细分。不越位，不错位，不缺位。恪尽职守，方得始终。银行有主责主业。不能见什么做什么，什么赚钱做什么。看上去热闹非凡，最后闹剧一场。

服务实体经济是银行的根和魂。智利诗人聂鲁达在《这就是我的生活》中写道："我来自人民，我为人民歌唱。"同理，银行来自实体经济，要为实体经济服务。为实体经济服务，是银行的根和魂。忘记这一点，银行等于无源之水、无本之木。

要有担当作为。有钱放不出去，人民币、美元都没有人要了，这简直是个笑话。中国还是一个发展中国家，还处于社会主义初级阶段，有许多事情要做，怎么不需要资金了呢？这实在是某些银行不担当、不作为的表现。

银行与实体经济同舟共济，同甘共苦。银行是一条大河。它的流域就是它的市场。灌溉是它的使命，丰收是它的期望。银行天生为实体经济服务。银行与实体经济同舟共济、同甘共苦。

银行与实体经济同呼吸、共命运。银行靠利益是凝聚不起来的，也是做不大的。朝三暮四，耍猴子，迟早要吃耳光。上下左右皆言利，银行必乱。银行是有灵魂的。什么是灵魂？理想信念就是灵魂，亦即与实体经济同呼吸、共命运，服务民生，改善民生。

不忘初心、牢记使命，对银行来说，就是为实体经济服务。现代银行本质上是信贷供应商，即 Lenders。而贷款，源于存款，存款源于汇兑，汇兑源于贸易，贸易源于商品生产，所以，银行的产生，是商品经济发展到一定阶段的产物。

与实体经济相比，银行是年轻人，是晚辈。银行是实体经济发展到一定阶段后出现的。银行天然为实体经济服务，而实体经济在相当一段时间里不知有银行，"乃不知有汉，无论魏晋"，甭提银行服务与产品了。

支持实体经济要落"实"。恩格斯说，一种情况是客户向银行要求资本并获得资本，比如信用贷款；另一种情况是他仅仅获得贷给他的货币或向银行购买货币，比如质押贷款和汇票贴现，"这两种情况是显然不同的"。恩格斯讽刺劳埃德—奥弗斯顿将二者混淆起来。他指出这位银行勋爵通常只是在极少的情况下才不要担保而贷出他的基金。"他所说的关于宽宏大量的银行家把大量资本贷给缺少资本的工厂主的漂亮话，是纯粹的吹牛。"我很担心，当今中国的银行界，一方面，大量做的是质押贷款和票据贴现，信用贷款占比不到贷款总额的 10%。另一方面，它们信誓旦旦地说，要支持实体经济，响应逆周期调节，恐怕也会像奥弗斯顿因为概念混淆而陷入"纯粹的吹牛"。

产业分类要科学。把产业分为一二三，既体现了逻辑，也体现了历史，是历史与逻辑很好的统一。银行业是第三产业。现在，有人把产业分为高端产业、低端产业，分为朝阳产业、夕阳产业，完全是无稽之谈，很不严肃，误导产业政策，后果严重。比如说，农业、纺织工业算朝阳产业还是夕阳产业呢？回答是二者都不是，农业、纺织工业是永恒的产业，日不落产业。人要生存，必须穿衣吃饭。农业、纺织工业算高端产业还是低端产业呢？回答是要看生产力水平，看生产技术运用。每一个行业都可以做得很高端，进步没有止境。银行业算高端产业还是低端产业呢？回答是根本不能用高低来描述。银行业是一个综合服务部门，它为所有的行业服务。富贵的人的钱，它要赚；普通的人的钱，它也要赚。可见，把产业划分为高端、低端，朝阳、夕阳之类的做法，会造成认知上的错乱，误导政府产业政策，是错误的做法。

摆脱贫困，是发展经济学追求的主要目的之一。而开发性金融或者说发展金融，是发展经济学的重要分支。摆脱贫困，是发展的切入点、发力点；也是发展的出发点和落脚点。研究贫困经济金融学，有益于人类的不断进步。

贫困与银行。

（一）扶贫，实现均富，乃银行应尽之责。穷加穷等于更穷，富加富等于更富，富加穷等于均富。银行业是一个先富起来的行业，理应帮助贫困地区和贫困人群。扶贫，实现均富，乃银行应尽之责。

（二）竞争出效率，但也出差距、不公平、贫富分化。由于各方面原因，一些人陷入生存困难需要帮助。一人有难众人帮，一方有难八方支援，这是人类文明进步的标志之一。银行不能袖手旁观，银行的收益源于产业利润，贷款资金源于社会存款，所以，应该主动作为。扶贫济困，无比光荣。

（三）扶贫不是简单的放款。具体情况具体分析。致富的故事都是一样的，贫穷的原因千差万别。所以，精准扶贫理念十分正确。银行在扶贫的过程中，要弄清致贫的原因，分析潜力，找寻切入点，通过信贷，整合生产要素，实现脱贫，而不是简单的放款。

（四）扶贫，钱不是问题，重点在扶产业。银行是有钱单位，对它来说，扶贫，钱不是问题。问题是，钱怎么用？效果如何？捐赠，权宜之计，解燃眉之急，不能治本。产业扶贫，很关键。解决就业，才能解决生计问题。所以，银行扶贫重点在因地制宜培植贫困地区的产业，实现可持续发展。

（五）银行要加大基础设施和公共服务领域的信贷。俗话说，要致富，先修路。又说，扶贫先扶志、扶智。基础设施落后，教育卫生投入不足……是导致贫穷的重要原因。银行要加大基础设施和公共服务领域的信贷，坚决拔掉闭塞、愚昧、残障等穷根！

（六）创新银行扶贫模式。从技术上说，银行扶贫的方式方法有很多。比如，无息或优惠贷款、助学贷款、电子支付服务、放低核销标准、降低信贷门槛、发行扶贫专项债券、租借祠堂公屋等兴办农村金融服务站……创新模式，追求效果。

（七）有人号称"穷人的银行家"并因此获诺贝尔奖。事实上，名不副实。妇女、穷人获得信贷权的代价仍然高昂。其推崇的会员资金合作，严格说，是一种封闭的、小规模的信用互助组织，不是银行。真正的"穷人的银行家"是共产党银行家，他们为消除贫困竭忠尽智并取得了历史性成就。

（八）政策性银行是扶贫的主力军。中国过去许多问题源于贫穷，5000 年文明最大的痛点不是别的，是贫穷。消灭贫穷，实现大同小康，是历代仁人志士追求和奋斗的目标。然而，只有当代，只有在中国共产党的领导下，中国才从真正意义上摆脱贫困。史书上所谓"盛世"，无非短期内不少人"两不愁"而已，"三保障"是绝对没有做到的。相反，人相食，易子而食，饥寒交迫，不绝于耳。银行特别是政策性银行是扶贫的主力军种。消灭贫困，信贷等金融支持功不可没。

（九）提高信用贷款占比，有利于扶贫、脱贫，促进贷款市场的公平。有人抱怨银行嫌贫爱富，不愿意雪中送炭，喜欢锦上添花。过于强调质押、抵押、担保，的确容易给人留下这个印象。穷人、创业者，除了勤奋、梦想以外，有什么物质财富可供质押抵押呢？质押、抵押不是信用增量，而是资产交易，是存量资产形式的变化。穷人、穷公司、创业者……没有存量财富可供质押、抵押，如果不能获得信用贷款，他们的抱怨是自然的。因此，提高信用贷款占比，有利于扶贫、脱贫，促进贷款市场的公平。当然，信用贷款对银行的尽调、预测、评审，要求更高，风险管控能力要求更强。而这，是许多懒人银行、庸人银行不愿意做的。

（十）脱贫攻坚是对中华民族和全人类具有重大意义的伟业。扶贫是真正意义上的开发性业务，支持脱贫攻坚是开发性金融题中应有之义，是国家交办开行的重要任务和光荣使命。

（十一）开发性金融与开发性扶贫，具有天然的血缘般的联系。从中国扶贫的经验看，摆脱贫困最持久的最有效的方法是产业化、城市化，是有效和高效就业。农民务工收入占家庭收入的 2/3。可以肯定，产业扶贫、充分就业，既是开发性扶贫的特点和亮点，也是开发性金融的切入点和发力点。

（十二）扶贫要与扶智和扶志相结合。有志者，想摆脱贫困、愿摆脱贫困、能摆脱贫困也。立志和尽智，靠教育、培训、助学。所以，对贫困家庭孩子发放助学贷款、组织贫困户培训等工作极其重要。

（十三）特殊贫困人口是救助和兜底的对象。特殊贫困人口是指年老体衰、残疾、重病等原因，导致劳动能力失去、不能自食其力的人群。这一部分人可以帮，但无法扶。与其说是扶贫对象，不如说是救助和兜底对象。金融业包括银行业，除了捐助以外无能为力。换句话说，特殊贫困人口的生活，得靠财政兜底，民政帮助。

（十四）做一个跟中央保持一致的银行，做一个有品德讲道义的银行，做一个传播中华优秀文化传统的银行，做一个算大账算长远账的银行，做一个发现和培养潜在客户的银行，做一个主动承担社会责任的银行，做一个技术先进的银行。助学贷款很好地体现了这七点。

（十五）为贫困家庭的孩子提供助学贷款。除了产业扶贫即用劳动和智慧兴办实业摆脱贫困外，为贫困家庭孩子提供助学贷款，确保孩子们不因贫困而辍学，不因贫困而上不起大学，也是扶贫最有效的方式之一。在中国乃至在其他所有国家，如果一个贫困的家庭出了一个有出息的孩子，受过良好的教育并获得一份体面的工作，那么，摆脱贫困是指日可待的。一个有出息的孩子，好比一个家庭一个村庄的太阳，一定能驱逐黑暗带来希望。宋代神童诗曰：

天子重英豪，文章教儿曹。

万般皆下品，唯有读书高。

如果说，神童诗里有封建思想，那么，知识就是力量，知识改变命运，可能不会有人怀疑了。

（十六）贫困标准划定与金融扶贫目标设定，两者密切相关。贫困，曾经是中国历史上相当长一段时期的社会普遍现象。"两不愁，三保障"，横向看，并不高；但纵向看，相当于历史上的盛世和小康水平，是相当了不起的。有杜甫诗为证：

忆昔开元全盛日，小邑犹藏万家室。

稻米流脂粟米白，公私仓廪俱丰实。

随着经济社会的发展，贫困的定义和标准会不断修改、提升，因此，金融扶贫的目标，会一次又一次重新设定。人民对美好生活的向往，是政府、也是开发性金融机关奋斗的目标。消除贫困，摆脱贫困，开发性金融机构责无旁贷、义不容辞。扶贫，是开发性金融真正的主责、主业。

（十七）产业发展是稳定脱贫的根本途径，就业是脱贫增收的重要渠道。一是通过转贷款、龙头企业带动等模式，大力支持贫困地区企业复工复产，吸纳贫困人口就业增收。二是把东部企业开展劳务协作作为产业扶贫新的业务增长点，推动东部政府与西部贫困地区建立各种形式的劳务协作工作机制，大力支持参与劳务协作的东部企业，尤其是政府重点扶持、带动就业成效好的龙头企业。三是做好易地扶贫搬迁后续扶持金融服务，助力搬迁群众真正做到"稳得住、有就业、能脱贫"。

第四节　其命维新

　　提要：金融研究与金融业务是辩证统一的。银行的核心竞争力，在于其融资模式，围绕信用可持续性进行创新。围绕信用可持续性进行创新。创新是对历史的扬弃和升华。

　　认识与实践，知与行，是辩证统一的。金融研究与金融业务是辩证统一的。研究，是为了把业务做得更稳更好，业务是为了检验理论，提高认识水平，实现经营目标和任务。

　　银行核心竞争力在模式创新。银行竞争，利率是一方面，但不是全部，甚至不是最重要的一方面。银行的核心竞争力，在于其融资模式，在于其可持续商业模式，在于综合金融服务能力和效率。一方面银行内部感觉信贷任务重，另一方面企业感觉融资难融资贵，这是一对矛盾。化解这对矛盾，一靠银行主动作为，善于作为；二靠融资模式创新，即围绕信用可持续性进行创新。

　　银行业务必须名正言顺，不要推出一些名义和实际不相符的品种。比如，名股实债，不仅容易误解，而且有严重法律后果。本意逃避监管，突破法律限制，结果局面失控，影响恶劣。

　　创新是推动银行业务发展的核动力。通过创新完善银行经营管理机制，增强银行经营管理工作的计划性、连续性、可比性，提升管理工作透明度和前瞻性，拓展工作广度和深度，提高运作效率，凝聚共识，形成合力，共同推进经济高质量发展，更好地服务国家重大战略。

围绕信用可持续性进行创新。创新不是闭门造车，不是空穴来风，不是标新立异。创新，从实践中来、到实践中去。迎着问题去，奔着解决来。针对经营管理过程中碰到的难点、堵点，及时提出务实管用的办法。实践、认识、再实践，循环往复，止于至美，不断增强制度的活力，提升银行治理体系和治理能力现代化水平。

创新是对历史的扬弃和升华。要在总结银行制度成果的基础上，全面评估现行经营管理制度体系科学性、有效性、可操作性。与时俱进，因地制宜。突出规划引领，坚持一体推进。破除藩篱桎梏，力争主动作为；允许试错容错，营造创新氛围。确保银行工作忙而不乱，紧张有序。

在继承中创新。周虽旧邦，其命维新。一个国家是这样，一个银行也是这样。历史长，是优势，也是隐患。传统习惯势力大，是好事，也是坏事。关键在处理好新与旧、传统与创新、继承与发展的关系。对过去，要采取扬弃的态度；对未来，要做好拥抱的准备。欧阳修写道："卧槎烧枿亦强发，老朽不避众艳哈。"（王水照　崔铭：《欧阳修传》）老银行也要创新，善于创新，要与时俱进。

信心很重要，办法总比困难多。有了信心，就有定力，也就有耐心。要视危为机，看起来是危，最后是机。同样，银行经营过程中，会遇到各种问题和困难。在问题和困难面前，要沉着应对、坚定信心、保持定力。不灰心，不气馁。积极、稳妥克服困难、化解风险。银行干部也会犯错误，甚至犯罪，影响银行弥足珍贵的声誉。银行要正确对待、吸取教训、查漏补缺、完善制度，更好地管好信贷、管好自己。

土地融资创新。将土地同货币稳定联系在一起，就误入货币本位问题了。死胡同，没有出路。将土地同有价证券联系起来，是可以考虑的。第一，土地可以折成资本入股。第二，发行土地券，可以让死资产变成活资产，让潜在的资产变成显性的资产，价格不确定的资产变成价格确定的资产。第三，由于土地券二级市场的存在，土地征用、转让、未来收益分享等变得方便。如果允许银行介入，银行将迅速成为一个国家最大的地主，同时，金融体系将变得更加稳定。

银行改革贵在因变。《庄子》一书 70 余次提及和论述"化"，认为万事万物都在"万化之途"。《易经》更直白："穷则变，变则通。"马克思主义讲，世界是物质的，物质是运动的，运动是有规律的。变化是绝对的，不变是相对的。变化及其规律，也是银行哲学必须探讨的一个命题。时间推移，空间变换，环境不同，银行的策略和经营管理方式方法必须改变，这叫与时俱进，或者推陈出新，革故鼎新。简言之，改革。问题是，变化的本源是否有？在哪？天不变，道亦不变，或者说，大变不变，以不变应万变，是否成立？绝对物、绝对精神、道、上帝、真人等，是否存在？现在看来，藐姑射之山，没有神人，也没有神一般的银行。一切都在变，唯有变化不变。连"服务"这个银行的本质特征，在起诉客户骗贷或拖欠贷款时，也会发生改变，情人变成了仇人。

银行要自主创新。人要有点自知之明，银行也要有点自知之明：知定位，明职责，扬长避短。人不能自负，但要自信。银行也不能自负，什么"宇宙行"，什么"央妈""开姨"呵，但要自信，坚持走自己的路，不去盲目模仿。《庄子·天运》："故西施病心而矉其里，其里之丑人见而美之，归亦捧心而矉其里。其里之富人见之，坚闭门而不出；贫人见之，挈妻子而去之走。"东施效颦要闹笑话，要吓人的。

同样，盲目模仿别人的银行，与东施无异，也是要闹笑话的、吓人的。要引领银行业，必须自主创新。

择善固执。创新是进步的不竭动力。银行应该创新，应该鼓励创新，并且善于创新。但是，银行不能为创新而创新，不能标新立异。银行在创新的同时，不能忘记择善固执这一条。朱熹说："其曰择善固执，则精一之谓也。"（《中庸章句序》）例如，银行的本质和基本功能不能改；为实体经济服务、降低社会融资成本的宗旨不能改；既要发放贷款，又要控制风险的信贷方针不能改。创新，推陈出新，旨在完善至善，抛弃错误的、恶的，坚持正确的、善的。择善固执与推陈出新，对银行来说，同等重要。

怀疑和批判是创新的前提。怀疑是自然科学的基本态度，而批判是自然科学的基本精神。可以说，自然科学是在不断地怀疑和批判过程中进步的。同样，银行业也是在扬弃和创新过程中前进的。例如，如果我们深信纸币是价值标示的终极合理形式，那么，价值数字而不是价值符号或数字货币概念就不可能出现，银行卡和手机终端支付工具也就不可能出现。允许怀疑，欢迎批判，银行业才能不断推陈出新，更好地服务经济和民生。

第五节　从业准则

提要：宁愿慢一点，也要稳一点。银行十忌。银行不能有衙门作风、官僚习气。

做银行，不要单纯追求速度。宁愿慢一点，也要稳一点。

银行管理的秘诀之一，搞好公共福利，避免行员行外寻租。

做银行工作，要坚持三个导向，即问题导向、目标导向、结果导向。找切入点，寻方向感，得实际效果。

做有政治信仰的银行家，这是方向；做有专业精神的银行工匠，这是饭碗；做银行界的哲学家理论家，这是水平；做银行界的行动派，这是品德。

做银行的人，教育背景好，学历高。银行出问题，不是出在行员的能力上，而是出在品德上；不是智商有问题，而是"三观"有问题，特别是贪婪和不负责任。

不做假账。无论你怎么遮掩和回避，岁月都会在你的身上留下痕迹。同样，无论你如何回避和遮掩，银行的行为都会在其表内表外账内账外留下痕迹。不做假账，应该成为银行信条和行员的基本品德。

银行十忌：一忌高息揽储、二忌股东淫威、三忌客户耍赖、四忌票据作伪、五忌行贿受贿、六忌银行内鬼、七忌贷款集中、八忌稻草程序、九忌押品不实、十忌司法不力。

银行是一个综合部门。所以，做银行的人要有广阔的视野，渊博的知识。同时，银行又是一个专业部门，要遵守几百年来形成的基本规矩。

每一个层级都要履职尽责。银行好比一座金字塔，有层级。每一个层级有每一个层级的权利和责任。依法用权，依法履职是基本要求。不能唯马首是瞻，该办的不办，不该办的也办，把制度当成稻草人。每一个层级在履职尽责过程中，都要视同为最关键的一个环节、最后一个环节。要对银行未来负责，对信贷资产安全负责，对单位制度和个人离任审计负责。

银行的层级管理十分重要，分工不分家，微观与宏观结合。层级管理不是一句空话，而是体现在具体的业务操作中。比如，行领导要关心年度半年计划制定和执行，局级领导要关心季度和月度的目标与任务，处科级干部要关心每天、每周的情况，普通员工呢？必须关心每一笔具体的业务。层层负责，层层压实责任，这样的银行才会井然有序，忙而不乱，举重若轻，事半功倍。

银行必须形神俱备。银行的人也要穿衣吃饭，也会喜怒哀乐。所以，管理一间银行，既要从物质层面考虑，也要从精神层面探索。口惠而实不至，或者戴高帽唱高调、空谈清谈，是不能聚人的，银行会散掉、垮掉。所以，银行的薪酬、福利、奖励还是很重要的。另一方面，没有理想、信念、文化、情怀，银行走不远。银行必须神形具备。所以，员工的思想教育、心理辅导等工作也非常重要。它们不创造利润，但影响利润，甚至银行的生存。

银行的品德是诚实信用。德国诗人约翰·高特夫里特·赫尔德（1744—1803）在《最高贵的品德》中写道："为了祖国战斗的，是一位高贵的英雄，为了国家的福利战斗的，比前者更高贵，但是最高贵的英雄，他是为人类而战斗。"同样，最高贵的银行是为人类服务，最高贵的品德是诚实信用。

银行必须微笑服务。聂鲁达在《你的微笑》中写道："你可以不给我面包、空气／光亮和春天／但是，你必须给我微笑。"银行业是服务业，行员即服务员，在客户面前就像在爱人面前，保持微笑至关重要并且须自然而然。

在银行，不管做什么工作，首先要自重。自重，才能受人尊重。自己要看得起自己那一份工作，要做细做实做深做透做出成绩。每一项工作都有存在的意义。关键是做好，做出特色。围绕主责主业添砖加瓦，加油鼓劲。

总、分行，各部门都要有大局意识。要有"功成不必在我，功成必定有我"的胸怀。没有这种胸怀，很多业务会在狭隘中死去，在艰难中爬行。

国有金融资源要用好管好。国有企业，包括国有金融机构，干部员工本质上是受托人，国家、政府、人民是委托人，二者的关系是信托关系，工资奖金是管理费。国有金融机构的干部和员工与保姆、家政管理人员本质上是一样的。唯有勤勉尽责，许党许国，才能取得信任。国有金融资源，既不能当作私产，随意挥霍，也不能当作别人的资产，漠不关心或拿去寻租交易。必须恪尽职守，竭忠尽智，为人民理财，替国家算账。

银行要弘扬优秀传统文化。海子在《期待》一诗中写道："靠着古城墙，就像倚着一个坚实世界。"由此联想，银行的古城墙有没有？在哪里呢？回答是肯定的，那就是中国自古以来的、绝大多数人推崇的信奉的优秀传统文化，比如，人无信不立、欠债还钱、杀人偿命、见得思宜，等等。靠这些，银行才能够真正行稳致远、蹄疾步稳。

做银行，要正确处理名与利、虚与实的关系。海子本人并没有处理好，但是，他的诗却写得很有道理，"一些花开在高高的树上 / 一些果结在深深的地下"（海子：《新娘》）。银行是信用机构，面子是要的；银行是企业，利润也是要的。

疴偻承蜩，一心一意办银行。《庄子·达生》讲了一个疴偻承蜩（捕蝉）的故事，并总结其成功经验，即用志不分，聚精会神。做银行的人，身体条件和教育背景，比疴偻强多了。办不好，只能怪自己三心二意。疴偻捕蝉，不反不侧，不以万物易蜩之翼，专心致志而已。办银行，要一心一意，切不可心猿意马。

银行不能有衙门作风、官僚习气。银行是企业，要算账，要赚钱，要干实事。银行不能有衙门作风，不能有官僚习气。衙门作风和官僚习气，曾国藩归纳为四大特征：

1. 退缩。"退缩者，同官互推，不肯任怨，动辄请旨，不肯任咎是也。"

2. 琐屑。"琐屑者，利析锱铢，不顾大体，察及秋毫，不见舆薪是也。"

3. 敷衍。"敷衍者，装头盖面，但计目前割肉补疮，不问明日是也。"

4. 颟顸。"颟顸者，外面完全，而中已溃烂，章奏粉饰，而语无归宿是也。"

曾国藩说：前两特征主要表现在京官身上，后两特征主要在外官身上。"有此四者，习俗相沿，但求苟安无过，不求振作有为，将来一有艰巨，国家必有乏财之患。"（《曾国藩全集·应诏陈言疏》）简言之，为官不为。

银行衙门化是很危险的。衙门不作为，有税收供养；银行不作为，吃什么呢？银行衙门化是有害的。融资难、融资贵必然伴随，效率低、效益差必然出现。

第六节　成事在人

提要：忠诚是银行职员的基本品德。银行人要形成三个习惯。银行是道德高尚的地方，却不能感化和管束那些不道德的人。人才是银行的根本。甘于做螺丝钉。每一个行员都要成为某一方面的专家。

银行职员要从跑步机上下来，跑基层，跑项目，跑政府。

职员对银行有无感情，首先看他对银行的损失心疼不心疼。

银行人应该有信仰和信心，有想法和办法。

忠诚是银行职员的基本品德。银行最怕吃里爬外、里应外合的人。

银行职员主动作为，夯基垒台，不只是对单位、对事业负责，也是对自己的未来负责。

银行职员无所事事，说明领导无方，不会分工派活；也说明当事人缺乏主人翁意识。

银行的人偏于保守。见过的骗子多，疑心重了。但在银行工作，走上犯罪道路的人例外。

银行的内鬼，就是那些千方百计帮助不良客户骗取银行贷款的人。

银行赚钱多、福利好，银行职员的背景相对硬。一方面，银行被诟病；另一方面，银行被追捧，都想把孩子送进去工作。

把国家资金或银行资金当作个人资源，并且用来谋取个人利益，是犯罪。君子爱财，取之有道，做银行的人要始终牢记这一点。

开发性金融机构不是纯粹的商业银行。开发性金融机构的人，要有政治站位，是半个政治家。

银行要重视员工个人薪酬，也要重视公共福利建设。改善行员的待遇，才能不断培育亲和力、归属感。

银行人要形成三个习惯：习惯于廉洁融资；习惯于在约束条件下工作，习惯于在承担责任的前提下行使权力。

本国银行业，要以本国人为主。不宜大量聘用外籍人员。忠诚度对于银行来说，十分重要。

相对于其他行业，银行业收入较高，但学历、综合素质也较高。聪明人只有把聪明用在正道上，才是真聪明。那些犯错误的人忘记了这一点。

梅花香自苦寒来！**银行的智慧是用钱买来的，是从损失中汲取的教训。**吃一堑，长一智，是银行员工必备的素质。只有不断总结提升，查漏补缺，防微杜渐，银行才能真正成熟起来。

银行的人不能养尊处优、养虎遗患。对客户了如指掌，廉洁融资，不会养虎遗患；主动积极，视行如家，不会养尊处优。

银行的文化首先是董事长和行长的一言一行。上梁不正下梁歪，选好班子才能带好队伍。班子三观不正，全行乱七八糟。

银行有绩效奖之说。银行行员受到行政或者党纪处分，要扣罚一定比例奖金。不过，这样做是否有上位法，值得怀疑。

银行职员性别比例。循规蹈矩，按部就班，相对稳定固定，这是银行工作的特点。这些特点更适合女性胃口。所以，在银行，女性的比例相对高。

不应该歧视女性。800 年前，德国诗人写道：我要向德国的妇人报告 / 这种消息：一切世人 / 将会越来越喜爱她们。然而，不幸的是，当今中国银行界在招收员工的时候，还歧视女性，以至于经常能收到她们的控告信。这是不应该的。

银行的薪水。银行的薪水，不仅要与物价水平、同业平均、年终业绩等挂钩，也要与未来挂钩。不允许拿高薪、留后患。贷款没有回来，薪水奖励不能全部支付。

立足长远。每一个员工在银行工作的时间都是有限的，但是银行要长期存在下去，要做百年老店、千年老店。所以，要教育员工，让他们有接续奋斗的思想，要打基础，利长远。

人能改变银行，银行改变不了人。老银行津津乐道的"三铁"，也管不住个别人的私心和贪欲。银行是道德高尚的地方，却不能感化和管束那些不道德的人。

对行员的监督，要随时随地，要体现在每一笔业务中。监督必须是全方位的、全过程的。严管就是厚爱。包括听听其周边的人、家属、老师和同学们对他的评价与反映。

银行要扩大人才来源。学校应届毕业生要招，社会上的人也要招。银行要善于从同业中吸收优秀人才，从特殊领域吸收专业人才。银行要时刻保持求贤若渴的状态。

扣好第一粒扣子。银行员工身上衣服的扣子，客户经理、信贷员等一线员工，扣的是第一粒。第一粒扣错了，后面都可能错。所以，夯基垒台，加大一线员工的责任，提高其识别、判断客户能力，极端重要！

人才是立行之本。银行是树，人才是根，根深才叶茂。人才，一看道德品质，二看学历经历，三看学识胆识，四看业绩口碑，五看脾气性格，六看胸襟悟性。能人无困难，庸人无办法；君子无恶行，小人无善念。

每一个员工都要甘于做螺丝钉。银行是门精细活，凡事讲认真。世界上最怕认真二字，成功的银行最讲认真。而认真源于敬业、乐业，源于准确定位。每一个员工都要甘于做螺丝钉。不认真，其余不足观也。心猿意马，人在曹营心在汉，是不行的；志大才疏，见异思迁，这山望见那山高，也是不行的。

银行既是行商，也是坐贾。 营销、贷款等业务，属于行商范围。而结算、柜台等业务，属于坐贾。银行行员配比要适中。好静的、好动的人都需要。

做银行的人，人品第一。 不贪，就不会上当。老实，就不会作假。认真，就不会吃亏。守法，就不怕诉讼。自律，就不会贪腐。

做银行的人要安分守己。 德国古代诗人 W. 弗格尔外德 1198 年写道：财富和世间的光荣／以及神的恩宠／很难兼备于身。做银行的人要安分守己，不要有太多的欲念，这是古训。

每一个行员都要成为某一方面的专家。 知行合一，终身学习。人人都是人才，关键要扬长避短，不拘一格。银行是宏观机构，业务范围广，客户覆盖面宽，了解客户才能更好地服务客户，让信贷资产更加有效和安全。

银行工作人员要在繁杂的事务中寻找规律。 其中重要的方式是，将日常的重复的工作标准化、格式化、程序化、数据化，这样才能提高工作效率和档案管理水平。事半功倍，举重若轻。

银行要舍得花钱培养项目国的人才，这些人是友谊的种子，合作的桥梁。 要让他们理解和接受中国的理念、文化。银行的软实力要体现在这些方面。互信建立起来了，沟通成本就下去了。国际友人多了，境外不良资产就少了。

做银行的人靠智慧和诚实。 1790 年，歌德在《给塔尔诺维茨附近的矿工》一诗中写道："只有智慧和诚实帮助你们，这两把钥匙／可以让你们打开每一座地下宝库的大门。"做银行的人又何尝不是靠智慧和诚实呢？

平庸与能干。 银行员工很多，有能干的，也有平庸的。能干的员工眼里没有困难，平庸的员工心里没有办法。学历经历等固然重要，但更重要的是处理问题的能力，克服困难办成事的能力。

从善如流是银行的价值取向。 从善如流，一心向善，弃恶从善，是人类的价值取向，亦即神性，也是银行的价值取向，正像歌德在《神性》一诗中所吟："愿人类高贵／友爱而善良！因为就是这点／使他有别于／我们所知的万物""让人类的范例使我们／相信神的存在！"

人上一百，形形色色。 银行大了，就像一个小社会。有人做业务工作，有人做思想工作。业务和思想工作都很重要。做业务，是为了安身；做教育，是为了立命。

人人都是银行的脸面和窗口。 声誉管理的关键是自身管理，即银行自律。身正不怕影子斜。从严治行，才能避免声誉风险。人人都是银行的脸面、窗口，要培养行员的集体荣誉感，倍加珍惜银行的脸面。

实践出真知。 越在一线，越近基层，思路越广，办法越多，信心越足。总行的工作人员，要经常听听基层和一线行员的意见、建议。否则，就会形成官僚主义和形式主义。官僚主义和形式主义的本质是，不愿作为，不善作为。

银行是一个组织，一个机体。与任何组织或有机体相比，没有什么特别处。董事长、行长就像人的大脑，班子成员和中层干部即左膀右臂。如果不能做到赏罚分明，恩威并济，严管与厚爱结合，一味严，乃至刻薄寡恩，那么，众叛亲离是迟早的；像霍金那样，出现头脑清醒而身子不能动荡症状，也是可能的。

奸商不可信。不要对某些商人充满幻想，他们认为一切都是交易，所以不会重情重义；他们崇拜金钱，所以他们没有敬畏之心；他们相信个人利益至上，所以没有忠心和亲情友情；他们像商品一样在尘世奔波，所以他们没有祖国概念；他们反对特权、独裁，但他们在自己的公司里做土皇帝。官员中有贪污之徒，但比率远不及商人中奸诈之徒。这一点，做银行的人是要记取的。

珍惜信任。银行和医院，是人世间可以绝对信任的两个地方，乃至于人们放心地将财富和生命交给它们处置。这是两个最神圣的地方！行员和医生要意识到这一点，要倍加珍惜，来不得半点敷衍塞责。医疗事故调查机制和存款保险制度建立的目的，无非是确保银行和医院绝对可信任。

发挥主观能动性。银行在经营管理过程中，既要看到客观条件限制，时势和大环境制约，也要看到主观能动性的作用。既要看到"上帝并不包办一切"，即在有利条件下，顺势而为，积极作为；也要看到"命运只是主宰了我们行动的一部分，可是命运还留下另一部分，也许是较小的一半，任由我们自己去支配"（马基雅维利：《君王论》

第 25 章）。即在不利情况下，创造条件，见微知著，逆势而上，与命运抗争，并争取胜利！

继往开来，薪火相传，银行事业需要接续奋斗。 银行各个岗位，都要传、帮、带，建立师傅带徒弟机制十分重要。银行各级组织老中青结合，有序进退，十分重要。即使改朝换代，银行的账表，也不能推倒重来，必须永远延续下去。

万丈高楼平地起。 做不好部下，做不了领导。银行员工也不例外。一个好的部下，要像领导一样谋划、观察、思考；像士兵一样听说、服从、执行。要不断完善自己，不断取得新的成绩。要发愤图强，止于至善。

银行工作的"多"与"少"。 在银行工作，要多一些地气，少一些仙气；多一份实干，少一份清谈；多一点思考，少一点安逸；多一些调查，少一些空想；多一些自省，少一些抱怨；多一些公心，少一些私欲。

团队建设要重视。 对于银行行长来说，银行最大的资产不是贷款，而是行员。有一支德才兼备的队伍，就会有一个伟大的银行。正像布隆伯格所说，"团队使一切成为可能。"所谓德，不是别的，是用自己的成功去造福社会，亦即仁爱、公心。

人与事结合。 人与事，有的场合需要严格分开，有的场合有很难分开。银行要加强内部控制，要把握好分寸，因地制宜，因时制宜。比如，利用职务之便，安排亲属在下属公司或被投资企业、贷款企业任职就有问题，存在利益输送和不能公正办理银行业务的风险。

银行干部要在日常工作和生活中去认识、评判。每一个人都可能是盲人。盲人摸象，印象片面，可以理解。但银行的人事部门，不能做盲人。必须全面、准确、定性定量，对每个员工情况了如指掌，并做出公正的评价，让他们在合适的岗位上发挥最大的作用。

一间伟大的银行，一定是由一支德才兼备的队伍开办的银行。 德才兼备，以德为先。德是什么呢？是忠诚，忠于党纪、国法和金融事业；是干净，腐败的人一定会出卖、输送银行的利益；是担当，担当意味着主人翁意识、荣誉感、责任感和使命感，经营勇气和能力。

纯洁股东队伍。 把银行当印钞厂，把入股当提取钞票的通行证，用银行的资金去支撑不切实际的扩张，这样的人和行为，是要银行的命的。政府和监管部门发现后要立即制止。把这样的人清除出股东队伍。将其股金冲抵欠款。永久取消其参股银行的资格。

银行必须对离退休人员给予关爱，不能一退了之。 要关心、关爱他们。中国人既是国家的人、民族的人、街道社区的人，也是单位的人、组织的人。要做有温度的银行，重情重义的银行。如果对自己的员工都漠不关心，怎么可能去为素不相识的客户着想呢？没有客户，哪来的市场？哪来的业务？哪来的利润？

做银行的人，一定要实在，不要搞那些虚头巴脑的事。 沽名钓誉或者欺世盗名，都是要不得的。"你很诧异我带一把小锤/到处敲敲/我是要证实/隆起的地平线下都是实心"（海子：《远山风景》）。做行长的人，心里尤其要有数，身边不妨带把小锤，到处敲敲，务必让银行职员不务虚名，不做虚功，脚踏实地工作。

　　什么是优秀的行员？首先是乐业。就业是不够的，敬业也是不够的，只有乐业的人才会主动地愉快地卓有成效地工作。其次是帮手。优秀的行员是领导的帮手，同事的帮手，业务的顶梁柱，团队的脊梁骨。绝不做坏人帮凶、坏事元凶。再次，爱行如爱家，主动作为，真心为银行，倍加珍惜银行的声誉和历史。不会见异思迁，人在曹营心在汉。更不会吃银行的饭，砸银行的锅。最后，好学习，善思考，善于开拓创新，勇于实践担当。

　　职业资格设置要合理。职业资格设置过多过严，弊病不少，第一，养活一大批中间人、寄生虫。第二，形成职业垄断和行业壁垒。第三，给求职人增加不必要的门槛和麻烦，也不符合"不拘一格降人才"的共识。金融业包括银行业职业资格考试名目繁多，应该清理。不然的话，也给有关部门有些人寻租腐败创造了机会，同时，不符合"党管干部"的基本原则。

　　前中后台都重要。在银行，有人做业务，有人做人事；有人做前台，有人做后台；有人做市场，有人做后勤。分工不一，但重要性是一样的。存在都有其存在的理由。如果某个部门、某些人不重要，那么从逻辑上说，他们就不应该存在。既然存在了，就有存在的必要性和合理性。非要在部门之间、部门内部分出个高低贵贱轻重荣辱不可，是形而上学思维的表现，是错误的。

　　怎样才能管住人？一百个人有一百个说法，但最关键的是，正人先正己，打铁还需自身硬。德、能、勤、绩、廉，五个字一个不能少。自己做到了，才有资格要求别人。其次是班子。领导班子是一个单位的核心。上梁不正下梁歪。火车跑得快，全靠车头带。车头是什么？车头就是班子。其次是中层干部。中层不正塌下来。最后才是一般员工。员工是一个单位的基石，事业的基础。要带好一支队伍，必须让这支队伍有方向，有目标、有动力、有压力。无事生非是最要不得的。一个单位必须充满正气，充满正能量。

管住人，难在管住自己，不是别人；难在管住领导，不是部下。管住自己管住领导，难在管住欲望，管住私心杂念，管住最终决策权和人事任免权。银行的人走上犯罪道路，与其他犯罪分子并无大的区别：不是仕途失意，理想信念动摇，放低对自己的要求。就是心理失衡，既想做官又想发财，既要体制内的稳又要体制外的富。结果像伊索笔下的蠢狗，为了抢夺河水倒影中虚幻的大肉，被河水冲走自己嘴里那块真实的肉。

银行负责人推选及员工招录不容易。事在人为。选人用人，对于任何一个组织来说，都是极其重要的。郑观应在《盛世危言》中说："惟银行用人实为第一难事"，银行负责人"宜由股商中，慎选一精明干练、操守廉洁之人"。激以奖励，警以刑诛。一般员工呢？"皆由公举，不得私荐。"如一定要荐，"荐而作弊，举主坐之。倘有亏蚀，荐主罚赔。"务使弊绝风清。不过，说起来容易做起来难，还是问题导向，结果导向比较实在，是骡子是马拉出来遛遛，精明干练操守廉洁最终体现在经营业绩和依法合规上。

为什么做银行的人越来越多，金融队伍越来越庞大？马克思在《资本论》第三卷第三十二章中居然也有解释。他说，随着物质财富的增长，货币资本家阶级也增长起来。第一，退出营业的资本家即食利者的人数和财富增加了；第二，信用制度更发展了，因此，银行家、货币贷款者、金融家等的人数也增加了。不过，马克思对搞证券的人评价实在负面。他说，银行家把公众的货币资金大量交给这伙商人去支配，因此，这帮赌棍就繁殖起来了。回头看最近中国 40 多年（1978—2018）历史，随着财富爆炸式的增长，金融队伍日益庞大起来！

欧洲银行业有句老话，叫"裁员求荣行不通"。可是，形势逼人呵。欧洲央行长期实行负利率政策，英国脱欧，经济下行，贸易保护，同业竞争，人工成本上升，利润微薄，智能化自动化……以至于 2019 年末欧洲银行界，也不管面子不面子了，老话不老话了，掀起了一股裁员风潮，裁员比例 7%—20%。毫无疑问，在商品经济社会，在资本主义生产方式下，人不是目的，金钱才是目的；人是工具，即猎取金钱的工具。如果雇员不能给他的雇主带来满意的利润，赚取更多的剩余价值，那么，他们会被无情地解雇，弃之若敝屣。人，只有在给他事实上的主人带来剩余价值的时候才有雇佣价值。否则，他只能退回到动物生存的状态，即被救济的状态，被养活的状态。他的确是自由的，但自由得一无所有，自由得走投无路。

银行干部员工也会犯错误、犯罪，这没有什么奇怪的。银行是社会的一部分，哪儿都有左中右。个人与银行有区别，尽管个人的行为影响银行的声誉，但二者不能画等号。有人犯错误甚至犯罪，那是他个人的事。单位以此为鉴，总结教训，查找不足，堵塞漏洞，真正管住人，看住钱，扎牢制度的笼子是必要的。前车之覆，后车之鉴，惩前毖后，治病救人，是正确的做法。

银行员工要学习蜜蜂。培根曾经用蜘蛛、蚂蚁、蜜蜂三种小动物形容世上做学问搞研究的人。比如，就本行统计，论本行业务，这种人好比蜘蛛吐丝织网；从外面搬来一大堆材料，不管有用无用，搁在那儿，不总结、不分析、不比较，这种人好比蚂蚁；既重视本行材料，也搜集同业数据，同时关注国内外形势和趋势，深入分析，横向比较，研究判断，得出正确意见和建议，这种人好比蜜蜂采花制蜜。银行员工要学习蜜蜂，从行内外、国内外纷繁复杂的事务中找方向、定目标、划重点，真正做到一切言行、意见建议有利于本行的发展。

懒人是做不好银行的。因为懒，不愿意深入了解客户，容易上当；因为懒，不愿意仔细审阅材料，容易被骗；因为懒，不愿意打破陈规陋习而与时俱进、具体情况具体分析，错失良机，贻误战机；因为懒，不愿意动态监测、动态调整，良莠不分，一刀切；因为懒，一抵（押）了之、一质（押）了之，不管抵（质）押物是否真实、足值、贬值；因为懒，一核（销）了之，不管银行损失多少；因为懒，不去研判利率、汇率之走势，从而不管负债成本高低，资产端竞争之难易；因为懒，不算细账，心中无数，大而化之，靠天吃饭；因为懒，不愿意下基层、上一线、闯市场，养尊处优，得过且过；因为懒，对内对外都不愿意积极、主动沟通，想当然，工作有没有进展无所谓；因为懒，新东西、新知识不愿意学，经验主义盛行，吃老本，摆老资格；因为懒，不愿意详细解剖具体风险案例，而是泛泛而谈；因为懒，不愿意全面准确了解行员，而是凭感觉和感情用干部；因为懒，正门不开，邪门不堵，爱憎不分、是非不明。

加大银行业务营销和宣传。马克思讲过，理论只要说服人，就能掌握群众；而理论只要彻底，就能说服人。所谓彻底，就是抓住事物的根本。比如，开发性金融业务如何营销和宣传，就是一个大课题。中国仍然是一个发展中国家，仍处于社会主义初级阶段。中国社会的主要矛盾是，人民对美好生活的向往与发展不充分、不平衡的矛盾，所以，开发性金融任重道远；开发银行潜力巨大，前途无量。这些道理既要给社会和大众说清楚，取得支持；也要给全行员工说清楚，树立信心。

藏银行于天下。《庄子·大宗师》主张，把天下当作公器，而不是私藏。私藏，藏来藏去，是藏不住的。"若夫藏天下于天下而不得所遁，是恒物之大情也。"做银行的人，也要有公共的、开放的心态，要有藏银行于天下的胸怀。金融界包括银行界查办的腐败分子，十有八九把机构、银行当作自己的领地，当作以权谋私的机会，当作施加影响延续利益的平台，总之，试图私藏起来。结果呢？银行当然不会是他的，利用银行捞取的不义之财也不会是他的。

银行既要有形也要有神。银行的大楼，西装革履的工作人员、钞票、账单……都是有形的、可见的；而银行的理念、文化、精神……都是无形的、看不见摸不着的。形神关系是辩证关系。过于看重外在的形式的人和过于书生气一味高谈阔论不切实际的人都失于片面，是形而上学的做法。做银行的人要两手抓，两手硬，让银行形神俱备。

行员教育重在培养自觉。行员教育的重要性不言而喻。而教育关键在哪，业界未必都知道。宋代周敦颐在《通书》中写的一段话很有启发："故圣人立教，俾人自易其恶，自至其中而止矣。故先觉觉后觉，暗者求于明，而师道立矣。师道立，则善人多；善人多，则朝廷正而天下治矣。"简言之，教育和学习是一个"先觉觉后觉，暗者求于明"的过程，其目标是唤醒和培养人的自觉性，迁善改过，中规中矩，勤勉尽责，克己奉公，正直担当。

银行须培训与教育，须将复杂的理论通俗化、简约化。银行做大了，动辄万人计。人员常新，业务常新，环境常新，故须不断培训和教育。易简之道，亦银行培训教育之道也。宋代程颐在《易说》中说得好："平易故人易知，简直故人易从。易知则可亲就而奉顺，易从则可取法而成功。亲合则可以常久，成事则可以广大。圣贤德业久大，得易简之道也。天下之理易简而已。"将复杂的理论通俗化、简约化是本事；相反，仍须努力。

培训与教材。没有教材的培训，犹如没有公路的行车，具有盲目性和随意性。银行培训教材编写很重要。首先，要有针对性，即不同的脚穿不同的鞋，不同的银行要有不同的教材。其次，要有时代感，即反映本行、本行业最新研究成果和最高认识水平。再次，要两统一，即编写时注意历史与逻辑统一，抽象与具体统一。最后，要有实用性。银行编教材，与大学编教材有区别，强调实用、可操作，不为编书而编书。要为银行经营管理服务，总结过往，看清未来，让每一个行员心中有数，知其然知其所以然。一些难点、堵点，一时解决不了，不要紧，鼓励大家探讨。办法总比困难多。

银行反复开展培训与教育，无非是让员工养成习惯。习惯会在重复行为中形成。熟，不仅能生巧，还能产生类似本能的自动功能。由此我们可以理解，银行业务培训和员工思想教育，为什么要反复地、经常地开展。目的没有别的，无非是让员工养成习惯，变被动为主动，变逼迫为自然，变约束为自警，变鼓励为自励。从神经医学角度讲，就是激活位于脑内最深处叫"纹状体"的区域。习惯是一种力量，而好习惯是一股积极向上的正能量。

银行的外行与内行。不同行业，不同单位，不同岗位，掌握的知识不同。这是矛盾的特殊性的表现。所以，世有内行、外行之说；有金融专家、银行家之说。但是，矛盾也有普遍性。用程颐《遗书》

的话说："格物穷理，非是要尽穷天下之物，但于一事上穷尽，其他可以类推。……万物皆是一理。"所以，掌握基础知识，明白大道理的人，什么事都难不倒他。换言之，没有不可逾越的内行、外行之分。做银行的人，一方面要尊重知识、尊重专业；另一方面要取长补短，互相学习，道理就在这里。

银行的心学。陆九渊、王阳明等人的心学，如同程朱理学，遭到很多误解。在中国一段时期，一旦戴上唯心主义帽子，基本上会像扔垃圾一样扔在一边。实际上，每一个人都有自己的心学，每一个党派、每一间银行也有自己的心学。银行能从陆九渊心学中汲取点什么营养呢？1.时空维度。陆九渊说："四方上下曰宇，往古来今曰宙。宇宙便是吾心，吾心便是宇宙。"办银行的人要有大格局，万物森然于方寸之间，皆备于我；2.心同此理。心是主观的，理是客观的，心同此理。"古之圣贤，道同志合，咸有一德，乃可共事，然所不同者，以理之所在，有不能尽见。"办银行的人必须树立正确的人生观、价值观、世界观。了解客户所思所想，设身处地，求同存异，才能更好地为客户服务，更好地沟通与合作。3.自在人心。是非自有曲直，公道自在人心。"人心至灵，此理至明。人皆有是心，心皆具是理。"（《杂说》）银行办得好不好，自吹自擂是不行的。得让客户说，让同业评，让员工议，让第三方打分，等等。4.一心一意。"心一也，人安有二心？"办银行要一心一意，心无旁骛。5.自立。"不必他求，在乎自立而已。"办银行，内因是关键，起决定性作用。同行只能借鉴，"自立自重，不可随人脚跟，学人言语"。办银行要有自己的特色。6.收拾精神。"有一段血气，便有一段精神。……但以此精神，居广居，立正位，行大道。"（《语录》）办银行的人要有点精气神，替国家算账，为百姓理财。显然，修心学，尊德性，才能办好银行。

做银行的人都可以成金融专家和伟大的银行家。在中国，一方面，有君子小人之分，有凡人圣人之别。另一方面，这种分别又不是不可逾越的鸿沟。只要大义凛然，大公无私，符合儒家道统，"去人欲而存天理"，小人可以变成君子，凡人可以变成圣人。反之，君子可以变成小人，圣人可以变成凡人。所以，从孟子"人皆可以为尧舜"到王守仁凡人亦可为圣人，一脉相承。旁及六祖人人皆可成佛，其理一也。思想之意义不证自明：第一，破除了出身论、天性说；第二，强调自觉自悟，自警自励，重视主观能动，抓住了修身养性之根本；第三，给人希望和警醒。只要下决心，每个人都可以成佛成圣成君子，做银行的人都可以成金融专家和伟大的银行家。心不正、行不轨，亦可成小人、恶魔、阶下囚。

修心学是修规矩意识。修心学，有三个阶段。王守仁《传习录》是这样划分的：一、初学。心猿意马，教之以息思虑。二、久之。悬空静守。教之以省察克治。好色好货好名等私念，一旦萌动，即与克去。三、天理纯全，无私可克。可见，王守仁的心学，归根到底，灵魂深处闹革命，狠斗私字一闪念。注意，人的正常需要，合理合法收入等，并不包括在"私"里面。所以，修心学，说穿了，是修规矩意识。做银行的人，难道不需要这样的意识吗？回答是：最需要！

做银行的人，不仅要操银行的心，还要操控自己的心。南宋陈亮笔下的操心，与世俗讲的操心不完全一样。操，操控。目的是走正道，守本分。他说："人心之危，不可一息而不操。不操其心，而从容乎声色货利之境，……此儒者之所大惧也。"毫无疑问，做银行的人，不仅要操银行的心，把方向、定目标、划重点、派任务、立规矩。还要操控自己的心，不能心猿意马、三心二意，不能野心膨胀、私心泛滥，不能让责任心缺失。尽管守正祛邪并不容易，有时还会遭遇恶人

先告状，像陈亮一生，几度下狱，倍感奇蹇艰涩，亦在所不辞，"故浩然之气，百炼之血气也。"（《陈亮集》）

离职率与入职率是衡量银行是否稳定的重要指标。"天地之性，人为贵。"（《孝经》）衡量一个银行是否有吸引力，是否稳定，入职率和离职率是两个很重要的指标。二者相等，银行比较稳定。入职率高于离职率，说明银行有吸引力。相反，有离心力，走下坡路。魏源说："人聚则强，人散则尪，人静则昌，人讼则荒，人背则亡。"（《默觚》）可见，队伍建设，人心向背十分重要。

一个银行好不好，风气很重要。而良好的风气取决于两方面：一是领导带头。己不正，何以正人。君子之德风，小人之德草。上行下效，风气有这样的特点。水源浑浊，水质清新不了，垃圾堆周边的空气好不了。二是扶正祛邪。不是东风压倒西风，就是西风压到东风。好的风气和不良风气是互为消长的，所以要扶正祛邪。对歪风邪气必须压制，否则，就会传染扩散。英文词 Contagion，既有传染病的意思，也有道德败坏、歪风邪气的意思。这个词的释义，说明英国人知道二者的关联性，知道歪风邪气传染，一定要预防和控制。在风气治理方面，最可怕的，不是那些面上兴风作浪的人，而是伪善者、变色龙、化身博士、内心阴暗的人，在传染病学里叫无症状感染者（Asymptomatic），表面没事，暗中使坏。应对的办法是，通过教育和制度，打疫苗，或提高群体免疫力；减少病毒与受体接触机会，勤洗手、洗心；凡事公开民主，让阳光普照大地，杀死病毒和细菌。

榜样的力量是无穷的。树典型，评先进，目的是为了营造比学赶超的氛围。是是非非，奖优罚劣，一个银行才有动力和压力，正气和活力。银行家不能学曹魏时的阮步兵，一边做着官，一边宣扬无政府主义无为论："今汝尊贤以相高，竞能以相尚，争势以相君，宠贵以相加，驱天下趣之。此所以上下相残也。"（阮籍：《大人先生传》）比学赶超、尊贤竞能，并不是什么上下相残，而是正常的比贡献、比品德、比能力，弘扬主旋律。

对员工的褒与贬是作用力与反作用力。牛顿第三定律告诉我们，力总是成对出现。相互作用的两个物体之间的作用力和反作用力总是大小相等，方向相反，作用在同一条直线上。响鼓不用重槌。在银行员工日常管理中，褒贬是一种作用力，在受者心理会产生反作用力。所以，聪明的人，提醒一下就可以了；而糊涂的人，屡教不改的人，要狠狠地批评才能见效。

银行工作人员的引力或者叫关系紧密程度，同样符合引力规律。宇宙中粒子之间的引力，与粒子的质量之积成正比，与粒子之间的距离的平方成反比，这叫引力定律。假定银行普通员工的"质量"是1，中层是2，高层是3，那么，我们会发现：银行工作人员的引力或者叫关系紧密程度，同样符合引力规律，即较低层的引力低于较高层，同层低于其与较高层混合引力；层级之间的距离越大，引力越小。所以，要保持同群众的紧密联系，就必须坚持从群众中来，到群众中去，与群众打成一片。群众路线，是成功组织的法宝之一。目的是要增强组织的凝聚力，群众向心力。如果银行高管高高在上、脱离行员，那么，根据引力定律，银行不会有凝聚力（引力）。

确保银行的引力和行员的惯性力之间的平衡。星球在轨道上运行，是由于引力和惯性力相互作用的结果。同样，一家银行要井然有序，运行正常，就必须确保银行的引力和行员的惯性力之间的平衡。包括职务高低、能力大小、收入多少、环境宽严、未来明暗……此时此处，双方满意，则按部就班、相安无事。

为什么银行工作的平衡点（质心）偏向于董事会和高管？ 质量相等的两个物体的质心，位于它们中间，而一个物体质量增大，质心即向其偏移。假如我们把银行不同层级的划分，比作质量不同的物体，那么，级别越高，质量越重，亦即人们戏称的"重量级人物"，我们很容易理解，为什么全行工作的平衡点（质心）偏向于董事会和高管？部门工作的平衡点会偏向于部门的主要负责人？同时，我们也能理解，为什么以自我为中心、平均主义、无政府主义、绝对平等思想等是错误的。

银行出现不同声音和不同现象很正常。粒子是物质的基本组成。电子和质子都是带单位电荷的基本粒子。不过，电子带负电，质子带等量的正电。与中国古代阴阳理论一样，物质都具有对立统一特点或一体两面性。当一个银行出现不同声音和不同现象时，或者同一个行员表现出不同甚至截然相反的言行时，我们应该将它视作正常现象，不足为怪。相信并发挥正能量作用，同时，借鉴负能量，从中发现工作中的不足和失误，使计划和行动更加周全。

银行的作风和形象，关系到银行的公信力、凝聚力、营销力，决定银行事业的兴衰成败。银行的历史长了，体量大了，进取心可能不足了，心猿意马了，初心和使命淡薄了。如果放任不管，必然积重难返，影响银行的发展，甚至造成银行的不稳定和大事变。银行上下应该经受严格的思想淬炼、政治历练、实践锻炼、专业训练。作风无小事，每一个行员都是银行的窗口和形象。

每一间银行都有自己的优势。要看到自己银行的优势，增强行员的信心。例如，开发银行有"保本微利"经营方针下"微"的优势；由各级政府更加信任和支持的行政资源优势；有贷款、投资、租赁、证券等综合、联动优势；有低成本长期批量政策性资金来源和低成本信用创造优势；有准国家债信优势，等等。这些优势是开发银行员工信心的根基。

随着分工不断细化，某些职能不断地独立出来，一些人变成了"多余的人"。这是问题的一方面；另一方面，新的"多余的人"又在人为地制造出来。马克思讲，在资本主义生产的基础上，一种涉及管理工资的新的欺诈在股份企业中发展起来，这就是：在实际的经理之外并在他们之上，出现了一批董事和监事。对这些董事和监事来说，管理和监督实际上不过是掠夺股东、发财致富的一个借口而已。

第七节　做一个伟大的银行家

提要：银行领导岗位绝不是一个享清福的地方。伟大的银行家，是伟大的家国情怀与具体的银行业务相结合的人格化。是战略家、预言家、实干家。银行家是生息资本的人格化。银行家是天生的经济学家。

伟大的银行家，是伟大的家国情怀与具体的银行业务相结合的人格化。

银行家不应该是一个账房先生、守财奴、高利贷者、冷血动物。银行家必须是宏观经济学家和微观财务专家；是战略家、预言家、实干家。

银行家身份的多重性。在银行工作的人，既要看到市场机制的灵活性，也要看到金融风险暴露的滞后性；既要看到高薪的激励作用，也要看到风险溯源及处置时责任追究；既要看到自身的专业特长，也要看到作为一名党员和一名共和国公民的义务。全面、系统、辩证地思考问题，才是真正的银行家应具备的素质和品质。

银行是一座大厦。董事长、行长是设计师，规章制度是设计图，存款是地基，贷款是梁柱，结算是门窗，行员是施工队。设计师水平低出不了精品，地基不牢建不成高楼，梁柱折断大厦要垮塌，门窗不开憋死人，施工质量差浪费钱财。

银行领导岗位绝不是一个享清福的地方。如果图享受，最好不要做领导。台上三分钟，台下十年功。关键时候，留给领导表演的机会并不多。如果平时不下功夫，一定会演砸的。做领导，要吃苦耐劳、尽心尽责。

银行的领导力与执行力。领导力与执行力相对而言。在上者，常恨执行力不够；在下者，常怨领导力不行。事实上，两者相辅相成、相得益彰。一般来说，执行力取决于领导力。所谓：兵熊熊一个，将熊熊一窝。如何提高领导力？需要领导能力和水平。陆九渊说："居其室，出其言善，则千里之外应之；出其言不善，在千里之外违之。"（《杂说》）反是则非，终古不易。正确的指令，没有不响应的；错误的指令，怎么能执行呢？一而再再而三犯错误的人不配做领导。比如，银行高管的指令经常导致风险和损失，行员能执行吗？高管能不换吗？

银行领导干部要身先士卒。习近平同志讲过，党政主要领导干部要以身作则，率先垂范，不仅要"身入"基层，更要"心到"基层。具体到银行管理，领导不能高高在上，官僚主义，而要做第一营销员、首席客户经理，走在银行经营工作第一方阵。

银行家不能待在信息茧房。极化（polarization）现象越来越明显、普遍。原因多方面，而新兴技术、媒体、政治推波助澜的信息茧房（information cocoons）效应无疑是其中之一。银行没有开设在真空，与世隔离。银行家生活在社会，他并没有特异功能避免信息茧房效应。因此，我们能看到大批银行牺牲在某一个行业（如，光伏）或类似的项目（如，海外矿产）里。银行家要扑下身子沉下心，调查研究，做出独立的判断。绝不能人云亦云，亦步亦趋，跟风从众，被居心叵测的媒体和信息牵着鼻子走，带进沟里。

做领导其实是很难的。说得明白，才会有人听；决策精准，才会有人跟；效果好，才会有人信。有能力才有权威，有胆略才有魄力，有品德才有信用。柔弱不足以驭众，刚愎不足以合众，无能不足以服众。银行领导也不例外。

董事长和行长的定位。董事长、行长既是官也不是官。作为银行最后决策人、最高管理者和最终责任承担者、行员职务予夺人，他是官。作为业务开拓者，他又不是官。他应该是第一营销员、首席客户经理。必须身先士卒，率先垂范，干在实处，走在前列。

懂事与董事长，行员与行长。非世袭制下，人是一步一步成长起来的，而且，唯有这样，更加老练持重。银行是成熟行业，做钱生意的，尤其需要老练持重，一步一个脚印。懂事然后可能做董事，很懂事然后可能做董事长；在行然后可能做行员，很在行然后可能做行长。少壮不努力，老大徒伤悲。做不好部下，是很难做领导的。婆婆可以熬出来，领导只能干出来。

危难事件面前，是对领导能力和组织能力的最大考验。 危难时刻，也是对银行站位和服务能力的最大考验。银行的主要负责人必须全身心地投入一线，靠前指挥，并且有板有眼，胸有成竹，临危不惧。银行的各部门、各分支机构，要创造性地工作，众志成城，协同配合，攻坚克难，为实现共同目标而奋斗。是驴是马，危难面前，原形毕露矣！

权衡利弊，对银行管理者来说，至关重要。 古人说，两害相权取其轻，两利相权取其重。这一点，马基雅维利也这样认为。他说："无论你用什么方式去统治，都不要认为自己会稳操胜券，恰恰相反，你应当将其设想为它是一条吉凶未卜之道路，因为事物总有自己的规则——人们在力求逃避一种困境时，常常会陷入另一种困境。而智者应当能认清各种危害的轻重程度，从中选择那些最轻的作为上策。"（马基雅维利：《君王论》第 21 章）。比如，强化风险控制，就会弱化信贷扩张，减少市场份额，失去某些机会；强化循规蹈矩，就会弱化金融创新，失去开拓精神。所以，明智的银行管理者，要权衡利弊，因时制宜，如，弹钢琴、走钢丝绳，注意平衡与协调。

选择助手和中层干部，对银行管理者来说，极其重要。 人们会通过你的左膀右臂、你的团队判断你的组织才能和志趣，知道你是否英明、是否德位相配。当然，问题是怎样识别？马基雅维利讲，"有一个可以算得上是屡试不爽的办法：要是你发觉大臣所有的事都要从中谋求私利，而且为其谋胜于为君谋，那么这种人绝对不是良臣，你也不应该去相信他，因为他会危害到你的存亡。"（马基雅维利：《君王论》第 22 章）换句话说，极端自私的人，重利轻义甚至见利忘义的人，是不能用的，是要提防的！

君臣佐使。中医讲究辨证论治，综合施策。中药君臣佐使，意在治病而尽量减少副作用。《黄帝内经》记载："上药一百二十种为君，主养命；中药一百二十种为臣，主养性；下药一百二十种为佐使，主治病；用药须合君臣佐使。"六味地黄丸是其中的佼佼者。治理一个社会，治理一家银行，与治病的道理是相通的。社会、银行和人体，都是机体。良医比乎良相，也可以反过来说。一个伟大的银行家，既要强调风险控制，也要强调业务拓展；既要强调人民币业务，也要强调外币业务；既要看重国内市场，也不能丢掉国际市场；既要做好业务工作，也要做好人的思想工作；既要表扬先进工作者，也要批评不思进取的人；既要管好总部，也要管好分支机构。

债权人与债务人的关系，一开始就不那么愉快。银行家要是成天快活，银行就惨了。

在银行工作一辈子的人未必就是银行家，只有知行合一，用心体察，不断总结提升的人，才能成为银行家。银行家是生息资本的人格化。

谨信为根本。《弟子规》倡导，首孝悌，次谨信，足见其对谨信的重视。孩子须谨信，银行更须谨信。对存款人要"信"，"诈与妄，奚可焉！"对借款人呢？要"谨"，审慎。

吃亏是福。银行的高层管理人员要有吃亏的思想准备。吃小亏办小事，吃大亏办大事，不吃亏办不成事。银行高层管理人员斤斤计较，自私自利，银行就会像一盘散沙，没有战斗力、凝聚力。

伟大的银行家是孤独的。伟大的人都是孤独的，他走得太远，站得太高，说着同时代人们一时听不懂的语言。伟大的思想家是这样，伟大的银行家、企业家、政治家也是这样。

银行高管的权威来自哪里？银行高管的权威，不是来自豪华的办公室，真皮大交椅；也不是来自高的地位，吓人的薪水。而是来自高管自身能力、品德；来自银行同业口碑，社会声誉；来自银行的竞争力和可持续发展能力。

做银行领导，要善于给行员派活。如果不派活，一方面，工作不能往前推；另一方面，无事生非，银行变得复杂、敏感甚至八卦。银行领导就是一个生产队队长、一个包工头、一个监理。实现经营目标，需要调动每一个人的积极性，需要协调和监督。

做银行领导，一定要是非分明。对的，鼓励；错的，批评。不当和事佬。没有是非的领导，很快会失去权威，得不到尊重。没有是非的银行，很快会成一盘散沙，一团乱麻。领导是风向标，有责任引领好银行的风气。

有什么样的人，就有什么样的银行，而不是相反。高素质的人，才能办高素质的银行。乌合之众，只会使银行乌烟瘴气、乱七八糟。管住人，看住钱，扎牢制度的笼子，这三句话对银行管理层至关重要。

处理好人际关系，是对领导力的考验。从面上看，每一个单位都风平浪静。一旦深入，一旦接触底层，一旦处理具体人和事，单位的真面目就暴露了。家家都有一本难念的经，每一个单位都有难办的事。银行也不例外。职位晋升，岗位挪动，奖金分配，荣誉授予，责任认定……大凡涉及个人利益，人际关系就复杂了。处理好这些关系，是对行长领导力的考验。

银行家必须是行动派。1875 年 5 月 5 日，马克思在《给威廉·白拉克》（纲领批判）的信中写道："一步实际运动比一打纲领更重要……绝不拿原则做交易。"可见，马克思主义者是真正的行动派。讲原则，不搞投机。对于当代中国共产党的银行家们来说，这些论述仍然意义非凡。银行家必须是行动派，而不是清谈客，更不能拿银行稳健经营原则做交易、谋私利，那样只能自食其果。

银行家也要学会用锤子探究经营哲学。尼采《偶像的黄昏》，用锤子探讨哲学，宣布旧的真理临近结束。一个好的银行家，也要学会用锤子探讨经营哲学。他不应该盲从、迷信。什么东西都应该在实践中掂量掂量。实践是检验真理的唯一标准。不过，锤子，不是尼采式的锤子，不是毁灭一切价值的工具。

久炼成钢。然而，在银行工作一辈子的人，未必能成为银行家。银行工作人员与银行家有很大的区别。银行工作人员知其然而已。银行家知道银行及其业务的前世今生，知道它们的走势，知道其所以然。银行家是思想家、战略家、行动派。像机械一样工作的人，绝不可能成为银行家，虽然这样的人也需要。

银行家需要辩证思维。做什么事情都需要辩证思维，做银行工作也一样。存贷汇一个不能少，都很重要。制度和教育，必须并重。

风险要控制，业务要拓展。不良资产总是有，贷款还得放。一个项目垮了，其他项目继续做。因噎废食，不是真正的银行家；片面极端，也不是真正的银行家。

银行高管必须综合协调，科学判断。 银行内部部门众多。每一个部门都容易从自己的角度看问题想问题。像瞎子摸象或者像井底之蛙坐井观天，片面化极端化在所难免，当然，也可以理解。银行高管绝非等同于地位高薪水高，银行高管意味着站位高眼界高见识高，善于去粗存精去伪存真，善于综合协调科学判断，擅长择善而从。谁都可能有点本位主义，唯有领导不能有。

银行家必须谦虚低调。 银行获得了利息，企业获得了利润，表面上看，货币资本带来利息，产业资本带来利润。活劳动产生利润，物化劳动产生利息。可变资本带来利润，不变资本带来利息。实际上，马克思说，利息是利润的一部分，利息是货币资本对产业资本利润的分割。货币资本不生产利润，但参与利润分割，利息是分割出来的一部分利润。货币资本像家里的老爷，不下厨，但上桌。因此，银行家虽然很有钱、很体面，但很难获得人民发自内心的尊重。银行家必须谦虚低调，热衷于公益事业。

银行是做钱生意的，但银行家未必都是财迷。 莫泊桑的短篇小说无疑是世界级文学精品。流畅、夸张，幽默、诙谐、始料不及，刻画人性和批判现实均入木三分。不过，他在《知心话》里，借雷纳东侯爵夫人的嘴说："在我们的社会里，所有的男人都是些马夫或者银行家。他们爱的只是马匹或者钱。并且如果他们爱女人，那也是用爱马的方式。……当今生活里感情是毫无地位的。"是的，银行是做钱生意的，但银行家未必都是财迷。他们也有理想、有信念、有感情。

大多数守规矩的银行家赚的也是血汗钱，不比一般经理阶层高多少。当然，为富不仁的、见利忘义的人和事，银行业有，各行各业都有！

纯粹的、普世的银行家是没有的。保罗·沃尔克做过尼克松、里根时期的美联储主席。被誉为世界上最正直的央行行长。为确保美联储的独立性，他拒绝过总统到访。为稳定物价，他拒绝过白宫降低基准利率的口令。他为第二次世界大战时期被杀害的犹太人的亲属追回他们在瑞士银行的存款。他还为抑制金融市场过度投机，禁止或限制银行的自营业务，出台了沃尔克规则。所有这些，都是正面的、积极的、值得纪念的。但是，不要忘记，也是沃尔克，推动美元同黄金脱钩，让美元贬值，世界其他国家深受其害。可见，纯粹的、普世的银行家是没有的。

银行家是天生的经济学家。银行是综合经济部门，离企业最近，与企业交往最频繁。所以，银行家是天生的经济学家。格奥尔基耶娃是新任 IMF 总裁，保加利亚人，长期在基金组织工作。2019 年 11 月 22 日，她问我，最关心的是什么？我说，是中美关系。她问我对自己国家经济怎么看？我说，充满信心。第一，政局稳定，共产党强大，这是经济发展的前提。第二，市场大，经济韧性强，回旋空间足，不用担心，谁抛弃中国，谁自绝于市场。第三，中国人勤劳、智慧，中国经济能顺利转型升级，高质量发展不是问题，自主创新谁也挡不住。第四，东边不亮西边亮，中国人走的是正道，信的是正义，德不孤，必有邻，我们对未来充满信心。

银行家要懂点心理学。人们在日常生活、心里感觉上的差别，远没有想象的大。但是，地位低的人、没有钱的人是不会相信的。他们总以为别人，尤其是领导、老板比自己过得好得多。所以，羡慕妒忌恨。这种现象是无法改变的。领导，包括银行领导，要心里有数，做到谦虚低调、务实平和、埋头苦干、勤政廉政。必须让人看到辛苦的一面，严肃紧张的一面，人性的一面，下决心担责任的一面。

做银行仅仅停留在存贷汇上是远远不够的。真正的银行家是能帮助客户创造好的商业模式，使资金充分发挥作用，带来效益，找到盈亏平衡点，实现利润。一贷了之，是银行懒政的表现，也是银行经营管理水平低下的表现。

银行家是很体面的职业。但是，如果不能自律，只看重钱财和好处，贪图享乐，甚至贪污受贿，那么，他迟早会因为失去原则而失去尊严和体面。而人的尊严和体面最宝贵。任何物质的东西，都可以用金钱衡量。尊严和体面是无价之宝。以无价之宝，去换有价之物，不值得。因此，那些违法违纪的银行系统干部，本质上不懂银行：不懂核算方法，不懂资产负债平衡原理，不懂损益表的意义，不懂净资产为负的严重后果。他们是披着羊皮的狼，混进了银行系统。他们是伪装的银行家，咎由自取。

银行管理要讲平衡。管理是一门艺术，一门平衡艺术。银行管理也不例外。一要平衡好资产与负债，重在匹配，确保资产流动性；二要平衡好成本与收益，重在覆盖，确保银行盈利；三要平衡好供给与需求，重在沟通，确保业务连续性。

银行的理论、制度、方法等是否正确，最终要看银行风险的防控和银行经营的业绩。胡适讲方法的自觉，其核心思想是，强调证据、重视证据，自我批驳。突出实验、实践结果在纠偏过程中的决定性意义。同样，银行的理论、制度、方法等是否正确，最终要看银行风险的防控和银行经营的业绩。不过，内在逻辑的作用和力量也是不能否定的。

银行管理也要讲"勤、谨、和、缓"四个字。这是宋代人讲的做官四字诀。其实，银行管理何尝不是？银行业是服务业，不勤挣不到钱。至于谨，不用多说。执事敬。遇客如见大宾，放贷如承大祭。数字即钱，账户即库。能不谨么？和，除了心平气和、和气生财，这些大家都明白的道理外，就是谦虚、谦恭。跟着事实走，不固执己见，不刚愎自用。缓，似乎与高效不一致。这里说的缓，指决策不草率、不随意，保持定力。九分调研，一分决策。决策是一个调研过程。但一旦决策，必须雷厉风行去推。或者说，一分决策，九分落实。所以，慎重决策与行动迅速和有效不矛盾。

银行如同其大厦，要立体看，底蕴、情怀、专业，即长、宽、高。有底蕴，遇事不慌，沉着老练，既不激进，也不保守；有情怀，处事不俗，登高望远，从不见利忘义，鼠目寸光；有专业，行事不乱，井然有序，心中有数，有板有眼。银行如同其大厦，要立体看，底蕴、情怀、专业，即长、宽、高。底蕴，是优秀文化的积淀；情怀，是崇高理想信念；专业，是银行常识。

银行家的"心斋"。《庄子·人间世》云，"唯道集虚。虚者，心斋也。"这里的虚，不是"什么都没有"的意思。是什么呢？《管子·心术》有一段话可资理解："虚其欲，神将入舍。扫除不洁，神乃留处。"《内业》讲："耳目不淫，心无他图。正心在中，万物得度。"可见，心斋之虚，虚其欲也，将不好的东西清除出去，装的是似有似无、非有非无的精神（理想信念），住的是"神"（明白人）。

银行的一把手或班子，必须与所有的同事保持等距离。天人感应是中国古代哲学里一个重要概念和观点。从迷信的角度看，它是不科学的。比如，把天灾、异象和国家的政策、领导人的个人品德联系在一起。从自然现象及其规律对人类社会的启示看，它又是有意义的。比如，天文学上天体自转和公转概念，完全可以借助描述社会组织运行规律。中央政府像太阳，省市政府像行星和卫星。各级组织一方面要自我运转，另一方面要围绕中央政府运转。同样，银行的总行像地球，它的分行、子公司、代表处像月亮，既要自转，又要公转。再如，几何中的圆与椭圆。两个焦点重合时，所画的曲线为圆；交点间的距离越大，椭圆越细长，或越偏心。同样，银行的一把手或班子，必须与所有的同事保持等距离，而不是有的长、有的短，有的近、有的远，出现"偏心"现象。所以，古人说，道法自然。又说，圣人法天。

银行长盛不衰的"道"在真正的银行家那里。老庄哲学中的众妙之门即知识论。不知、知止、无知、真知，为其关键词。银行哲学试图打开的是银行众妙之门，然而，人们会发现，尽管银行已有数百年的历史，掌握的知识与未掌握的相比，仍处于"不知"状态。已有知识限于看得见摸得着的事物，如制度、报表、损益等，换句话说，止于此，亦即"知止"。一些长远的、规律性的、隐性的、心理的、非确定性东西，依然在困扰业界。问之，曰"吾恶乎知之！"亦即"无知"。那么，银行规律，银行长盛不衰、蹄疾步稳之"道"在哪里呢？"真知"在哪里呢？用庄子话说，在真人、神人、智人那儿，在真正的银行家那儿。而谁是真正的银行家，恐怕只有时间和实践知道！

论真正的银行家。

（一）真正的银行家，不是精打细算的家庭妇女，不是鼠目寸光的贩夫走卒，不是锱铢必较的市侩小人，不是坑蒙拐骗的无良商人。真正的银行家，把国家、民族和公众的利益放在第一位，视声誉如生命，与时代同呼吸、共命运。

（二）真正的银行家，看到的是未来，不是眼前；想到的是全局，不是局部；关注的是变化，不是静止。他做的生意，是大趋势中包含着必然性的生意，而不是通过人际关系制造的偶然买卖。他的银行也会有风险，但是整体可控。他始终与时俱进，从不相信天上掉馅饼。

（三）真正的银行家，是很实在的。他不会生活在幻想和假设之中，闭门造车。他必须因地制宜，实事求是，具体情况具体分析，注重调查和研究。就像马基雅维利 500 年前说的，"要是一个人只存在于假设而将现实世界置于脑后，那么他不但无法自己生存，反而会招致自我毁灭。"（马基雅维利：《君王论》第 15 章）银行家必须对贷款客户和经济形势、政策了如指掌。

（四）真正的银行家，并非特立独行，而是独立思考；并非出于虚荣而标新立异，而是从善意的角度去创新，从不人云亦云，亦步亦趋，东施效颦。哪些能做，哪些不能做，心里有数。比如，贷款可以做，理财不能做，因为理财是建立在人们贪婪的心理和高成本高风险不确定收益的基础上，它加重了业已虚弱的实体经济的负担。银行能提供比理财更安全、更有利于企业的金融服务。为什么要舍近求远，弃实就虚呢？银行"唯一可靠的、确凿而有效的防卫之道，那就是自信与自立"（马基雅维利：《君王论》第 24 章）。回归主业，恪尽职守，不让贪婪、眼前利益、业界忽悠牵着鼻子走。

（五）真正的银行家，是关心社会的人。看到社会问题，并想方设法去解决。例如，在中国，12 岁到 14 岁的孩子 70% 以上患有近视（The Economist January 18th—24 th 2020）。这无疑是一个严重的社会问题。银行家应该思考造成这样一个问题的原因是什么？教育资源不足和教育资源供需不平衡显然是主因。为了接受更好的教育，享受更优质的教育资源，孩子们及其家长必须拼，哪怕方式方法不科学。可以说，近视是蛮拼苦读的恶果之一。所以，作为金融资源的分配者，银行应该将更多的资金投向教育，以减少学生的竞争压力，拓宽学生们的选择空间。又如，全球看，机动车道越过 HIV、疟疾和凶杀，成为更大的死神。银行家应该思考如何支持城市交通配套设施特别是机动车道的下穿道和人行天桥建设，以确保人们的人身安全。可见，真正的银行家，他在思考社会问题的过程中，思考着信贷的方向和力度；他在替社会补短板的过程中，履行银行的社会责任和义务；他在合作共赢的过程中，实现银行的增长与发展。

（六）真正的银行家，洁身自好是不够的。这是底线，是普通人都应该守住的底线。他必须对银行负责，对银行的未来负责，对国家和民族负责。他的每一个决策，都要把公共利益放在第一位，把国家和民族的利益放在第一位。如果因为他的决策失误而导致银行巨额损失，给后人留下困境，他应该感到内疚和羞耻。许多错误的决策都是在匆忙中做出的。实践证明，对手而不是同伴、同胞、同志，越催办的事，越要缓办，越要充分论证后办，越要想清楚后办。所有的对手无不希望你在匆忙和轻率中，掉进他的陷阱；所有的中介无不为自身的蝇头小利而急于撮合成功。毛泽东同志讲过，谁是我们的朋友，谁是我们的敌人，这是革命的首要问题。银行在做每一笔交易、每一笔投资、每一笔贷款前，都要看看对方是敌人还是朋友，是共赢还是单方面付出，是同质还是异质，是必要还是多余，是确定还是不确定，是赚还是亏。对中间人讲得天花乱坠的故事，多打几个问号，多长几个心眼。否则，一定会偷鸡不成反蚀一把米，沦为历史的笑话。

（七）真正的银行家，敢于担当。他是银行的主心骨，定海神针。他不应该只是传话筒，遇到什么问题都请示。他应该在众所周知的大方向、大目标下创造性地工作。无私无畏，无欲则刚。他在执行监管政策和其他政策的过程中，发现问题，敢于反映。在被咨询的时候，敢于发表自己独立的见解。善于总结实践中好的做法，并争取这些做法成为政策和法律。他应该主动工作，让上级放心、放手。忠心耿耿，恪尽职守。当然，担当是要有能力的，文弱的身子扛不起重担。

（八）真正的银行家，是执行民主集中制的典范，是运营民主集中制的高手。他不自负，所以，愿意倾听各方面的意见，喜欢民主；他也不自卑或优柔寡断，他有自己主意和见解，所以，不会被别人牵着鼻子走，善于集中。民主的前提是，行员尽心尽力尽责，意见有根有据有意义。集中的前提是，管理层公道正派，择善而从。上下一心，其利断金。上下视行如家，民主集中制才有意义和效果。

（九）真正的银行家，心胸开阔，胸怀坦荡，因为他一心为公，没有什么见不得人的，无须暗箱操作。言堂满堂，言室满室。如果有什么秘密的话，那也是因为敌对势力存在从而公共利益受威胁的可能性存在，它符合保密法的要求和保密规范，是可以理解和支持的。

（十）真正的银行家，不是高利贷者，乘人之危，想在一头牛身上剥下两张皮；不是票号、钱庄，官商勾结，不顾自己的经济基础。真正的银行家，雪中送炭，他知道客户是自己的衣食父母；知道为实体经济服务，培植自己的深厚根基。

（十一）真正的银行家，他的知识绝不限于银行。他是渊博的，因为银行是宏观经济部门，现代经济的核心。客户来自各行各业，业绩与项目成败、行业兴衰密切相关。只有登高望远，才能趋利避害、蹄疾而步稳。所以，真正的银行家是终身学习的榜样，"每事问"的现代孔夫子。

（十二）公正，是人类的共同追求。银行要做到上下一条心，或者说凝心聚力、同心同德，领导公正，十分重要。古人说：吏不畏吾严而畏吾廉，民不服吾能而服吾公。廉则吏不敢慢，公则民不敢欺。

公生明，廉生威。从几何角度解释，圆和椭圆的重要区别是，圆的偏心离是 0（焦点重合，即焦点距离为 0），而椭圆存在偏心问题（有两个圆心或焦点不重合，其间距离与长轴长度之比即偏心率）。领导不公，表现在处事标准不一，做人有亲疏，犹如椭圆，有偏心。要防止这一点，也很简单，即与人保持等距离，以党纪国法为心即可。

（十三）大多数银行家，并不是银行的所有人，而是银行的职业经理人。养浩然之气，不为私心所蔽者，则委之以银行管理，可矣！宋代程颢《遗书》说："思无邪，无不敬。只此二句循而行之，安得有差？有差者皆由不敬不正也。"敬业、敬法规，正心、正行为，怎么会犯错误走邪路而身陷囹圄身败名裂呢？

（十四）玄，是纯、深黑色的意思，英文字叫 Atrus。银行家既要有专业，更要有品德，这是无疑的。而在众多的品德中，玄德不可或缺。"生而不有，为而不恃，长而不宰，是谓玄德。"（《老子》第 10 章）即英文 Altruism。许多银行出事，就出在玄德缺失：入股银行，做了银行的董事长、董事，几倍、几十倍从银行借钱，盲目扩张或转移资产，掏空银行者有之；聘上银行管理层，靠山吃山，不仅领着高薪，还将信贷资源当作交际、攀附资本用，造成巨大风险和损失者有之；入职银行，优亲厚友，把银行当作自留地、小金库，甚至贪污受贿者有之。所以，银行家要有点"玄德"，银行才能办好。

马克思对资产阶级银行家的负面评价。

（一）马克思在《资本论》第三卷第三十三章末尾，引用了苏格兰银行董事贝尔《股份银行业哲学》（1840 年版）一段话。"银行制度是宗教的和道德的制度。青年商人不是往往由于害怕被他的银行家的警戒的、非难的眼睛看见而不敢结交吃喝玩乐的朋友吗？他渴望博得银行家的好评，总是表现得规规矩矩！银行家皱皱眉头，也比朋友的忠告对他的作用更大。他总是提心吊胆，怕人说他是在骗人，或者有一点点不老实，以致引起怀疑，因而可能使银行家限制甚至取消对他的贷款！对他来说，银行家的忠告比牧师的忠告更为重要。"当然，马克思对这段话并不认可。他认为，资本主义国家的银行家是"寄生者阶级"，他们拥有"一种神话般的权利"，他们是一伙"既不懂生产，又同生产没有关系"的"匪帮"。

（二）马克思提到一个叫纽曼的人的观点，说银行家所以受人尊重，而高利贷者所以受人憎恨和鄙视，是因为前者贷款给富人，而后者贷款给贫民。马克思说，他没有看到这里的区别是两个社会生产方式之间以及和他们相适应的社会制度之间的区别，并且这个问题是不能以贫富的对立来解决的。而且榨取贫苦小生产者的高利贷是和榨取富裕的大地主的高利贷携手并进的。一旦罗马贵族的高利贷把罗马的平民、小农毁灭，这种剥削形式也就到了末日，纯粹的奴隶经济就取代了小农经济。在马克思眼里，资本主义社会的银行家也没有那么高贵。

马基雅维利的启示。

（一）真正的银行家首先应是狐狸，同时又是狮子。马基雅维利的很多观点和说法，我并不同意。比如：人性本恶；努力做一个伟大的伪装者和假好人；为达到个人目的不择手段；命运是一个女人，你只有对她大打出手才能将她制服；等等。但我能理解，一个为救亡图存而提建议的人，部分观点的激进与极端。何况其余一些观点值得深思和借鉴。比如，君王首先应是一头狐狸，能够识破陷阱，同时又须是一头狮子，能震慑豺狼（马基雅维利：《君王论》第 18 章）。说到一个真正的银行家，要让银行稳健经营下去，长盛不衰，成为"百年老店"，离开类似的招数，行吗？

（二）真正的银行家避免轻蔑的方法，是有能力的。马基雅维利说："君王要是被人认为：变幻无常，轻率怯懦以及优柔寡断，那他一定会招人轻蔑，对此，明君必须像提防暗礁一样提防这一切。"（马基雅维利：《君王论》第 19 章）从银行管理角度看，也是这样。但是，避免轻蔑的方法并不像马基雅维利说的，"他应当力求在行动中向人们展示其伟大、魄力、威严以及坚韧不拔"，"他还应当努力留给人们这样一种印象——没有人能让他上当或者蒙头转向"。要知道，印象、性格和行为是结果，是个人能力的外化，是思辨能力的体现。没有能力，装一时可以，装一生难。总的来说，能者为王，这是动物界的规律，也是人类社会的规律。要在银行有权威，必须具有大多数行员不具备的综合经营管理能力。

（三）真正的银行家能调动大多数。"对君王而言最牢固的堡垒就是别让你的臣民憎恨你。"（马基雅维利：《君王论》第 20 章）显然，对于其他管理者来说也是这样。做银行的领导，不可能不得罪个别人，但是，大多数行员憎恨你，那是很危险的。肯定大多数，调动大多数，按绝大多数人的意志办事，才能真正管好一家银行，带好一家银行。

（四）真正的银行家不给谎言空间和市场。马基雅维利的分析，入木三分，精准到位。"由于人们一向对自己的作为易于自满自足，而且通常自己欺骗自己，从而使他们很难防御这种阿谀之灾，而且即使他们想防备，也将冒着受人轻视之险。因为一个人有防止人们阿谀谄媚，除非人们知道不会因为说真话而获罪，不然很难防止人们的阿谀奉承。可是，一旦当大家都能够对你讲真话时，对你的尊重就日渐减少。因此，精明的君王常常会采用第三种方法，选择一些有识的贤士，单独给予其享有对他讲真话的自由，不过只限于他所询问之事而不论其他。"（马基雅维利：《君王论》第 23 章）可见，马氏既不想要所有人都说逆耳之忠言，也不想要所有人都说好听的谎言。他的办法，类似中国古代创设的谏议大夫、御史制度。同样，银行的管理者也会遇到这样的困惑，在理智与情感的矛盾中砥砺前行。好在银行的一切行为都记录在案。银行经营货币，从事财富管理，有账有表，有审计有监督，谎言的空间和市场很小。谄媚者在事实面前，在数字面前，在损益表面前，很快会露馅。

责任编辑：曹　春

封面设计：汪　莹

图书在版编目（CIP）数据

银行哲学大纲／欧阳卫民 著 . —北京：人民出版社，2021.10

ISBN 978－7－01－023003－0

I.①银⋯　 II.①欧⋯　 III.①银行管理－研究　 IV.① F830.2

中国版本图书馆 CIP 数据核字（2020）第 272851 号

银行哲学大纲

YINHANG ZHEXUE DAGANG

欧阳卫民　著

人民出版社 出版发行

（100706　北京市东城区隆福寺街 99 号）

北京盛通印刷股份有限公司印刷　新华书店经销

2021 年 10 月第 1 版　2021 年 10 月北京第 1 次印刷

开本：710 毫米 ×1000 毫米 1/16　印张：24.25

字数：326 千字

ISBN 978－7－01－023003－0　定价：128.00 元

邮购地址 100706　北京市东城区隆福寺街 99 号

人民东方图书销售中心　电话（010）65250042　65289539